创新视角下的企业管理与经营策略

刘巨宏 著

中国商务出版社

·北京·

图书在版编目（CIP）数据

创新视角下的企业管理与经营策略 / 刘巨宏著．

北京 ：中国商务出版社，2025.4. -- ISBN 978-7-5103-5761-9

Ⅰ．F272.3

中国国家版本馆 CIP 数据核字第 2025LX3661 号

创新视角下的企业管理与经营策略

刘巨宏　著

出版发行：中国商务出版社有限公司

地　　址：北京市东城区安定门外大街东后巷 28 号　　邮　　编：100710

网　　址：http://www.cctpress.com

联系电话：010-64515150（发行部）　　010-64212247（总编室）

　　　　　010-64515164（事业部）　　010-64248236（印制部）

责任编辑：王　宁

排　　版：北京天逸合文化有限公司

印　　刷：宝蕾元仁浩（天津）印刷有限公司

开　　本：710 毫米 ×1000 毫米　1/16

印　　张：16.25　　　　　　　　　　字　　数：257 千字

版　　次：2025 年 4 月第 1 版　　　　印　　次：2025 年 4 月第 1 次印刷

书　　号：ISBN 978-7-5103-5761-9

定　　价：79.00 元

前　言

在当今快速发展的商业世界中，企业面临着前所未有的机遇与挑战。科技创新的浪潮、市场环境的多变与竞争的日益激烈，都促使企业必须不断寻求创新，以适应时代的新要求并实现可持续发展。其中，企业管理与经营策略的创新成为关键所在，它贯穿在企业运营的各个环节，影响着企业的生存与发展。

本书聚焦于创新视角下的企业管理与经营策略，深入剖析企业在创新驱动下的发展路径。通过对企业管理理论、经营环境、组织架构、经营决策与计划、市场营销、财务管理、人力资源管理等多个方面的探讨，旨在为企业提供全面且实用的创新思路和方法。书中结合了大量的实际案例，从理论到实践，展示了不同企业在创新过程中的成功经验与挑战，为读者提供了可借鉴的模式和深刻的启示。

本书注重理论与实践相结合，围绕企业管理、经营、战略、文化、市场、财务与人力资源等多个维度，系统分析了企业创新的关键路径。聚焦生成式 AI、Web3.0、RPA、区块链、Mar Tech 等前沿技术的应用，提出创新实践策略，并结合企业实际情况，提供切实可行的实施步骤和方法，具有较强的实操性和参考价值。

希望本书能够为企业管理者、创业者对企业发展感兴趣的人士提供有益的参考，帮助大家更好地理解和把握企业创新的核心要素，在复杂多变的市场环境中找准方向，推动企业不断创新发展，实现新的突破。

本书的研究虽然努力结合理论与实践，但在内容的深度与广度上或存在一定的不足。由于篇幅有限，无法涵盖所有相关领域的创新应用，恳请读者批评指正。

作　者
2025 年 3 月

目　录

第一章 企业管理及其创新理论概述

第一节 企业管理与经营的内涵

一、企业管理的内涵

企业管理是对企业的生产与经营活动进行组织、计划、指挥、监督和调节的一系列职能的统称，旨在提高企业效益、确保企业目标完成。企业经济活动包括资源筹措、资源转化和产品销售三大核心环节。以T公司为例，其在电动车研发初期积极筹集人力和财务资源，并利用先进的技术将零部件转化为高性能电动车，最终通过线上直销和线下体验店销售产品，实现收入增长。

企业管理的核心要素包括管理主体、管理对象、管理目标和管理内容。管理主体由管理层和员工共同构成，负责推动企业运作；管理对象涵盖人力、项目、资金、技术、市场等多种资源，是企业管理活动的基础；管理目标旨在提升企业效益并实现战略发展；管理内容涉及计划、生产、物资、人员、质量、成本、财务、营销等业务模块，以确保企业各项活动的有序开展、资源的高效配置和经营目标的完成。

企业管理的五大职能——计划、组织、领导、控制与创新——构成企业运行与发展的核心支撑体系。计划职能通过科学预测和系统分析制定具有前瞻性的行动方案，以确保资源的优化配置与经营活动的有序推进；组织职能通过结构优化与流程整合，建立高效的管理体系以支持战略决策的实施；领导职能强调通过沟通协调与激励机制，提升员工的工作积极性与组织认同感；控制职能通过监测与评估经营活动,确保目标完成与运营稳定；创新职能则贯穿管理的全过程,推动技术、管理与商业模式的持续优化,以增强企业的竞争优势和可持续发展能力。

企业管理具有自然属性和社会属性。自然属性体现在企业管理是生产力发展和社会化大生产的产物；社会属性则强调企业管理与社会制度、文化、经济结构的关联性。不同国家的管理方式因社会背景不同而各具特色。

二、企业经营的内涵

企业经营是指企业围绕发展目标,利用市场机制,通过投资、生产和销售等环节,实现资源配置与市场环境的动态平衡,以获取利润并维持企业的可持续发展。

企业经营的要素包括人力资源、生产资料、资金、经营组织与管理和环境。人力资源是企业的核心动力,员工素质直接影响企业效益；生产资料作为企业的物质基础,为经营活动提供必要的支持；资金是企业经营的财务保障,以确保各项活动的顺利进行；经营组织与管理通过科学的管理手段优化资源配置,推动目标的实现；环境作为企业的外部条件,尤其是市场环境,直接影响企业的生存与发展。

企业经营是一个完整的动态过程,涵盖市场调研与分析、经营目标的确定、资源筹备与配置、产品或服务的生产与开发、产品销售与价值实现、经营绩效评估与反馈和再生产与经营循环等环节。通过市场调研了解需求与竞争状况,为决策提供依据；结合企业条件明确发展目标；整合人力、资金、物资等资源,保障生产的顺利进行；注重技术创新,推动产品研发；制定营销策略,实现产品销售和价值转化；通过绩效评估优化经营策略,并利用销售利润推动再生产,持续提升企业的竞争力。这些环节相互联系,共同构成企业经营的完整体系。

第二节 企业创新之新观念的树立

企业创新离不开观念创新,观念创新应体现持续追求的创新品格。企业管理者的思想更新深度和广度决定着企业是否能突破传统思维模式,构建全新的思想体系。管理者必须具备持续追求的创新品格,主动寻找发展机遇,避免因满足现状而错失变革良机。K 公司因忽视数码技术趋势,未能及时转型,导致市场份额流失并走向衰落;而佳能公司积极拥抱数码变革,成功转型并保持了行业领先地位,充分说明了持续创新品格的重要性。

企业要实现观念创新,还必须具备突破现有利益格局的风险精神。创新往往伴随着利益冲突和变革阻力,企业管理者应敢于冒险、主动变革,以短期损失换取长期竞争力。Q 公司在数字化转型过程中,面对传统业务部门的抵制和利益冲突,管理层坚持推进变革,优化组织架构和业务流程,推动了工业互联网平台 Predix 的发展。尽管短期内承受了较大的压力,但从长远来看,这一举措显著提升了该企业的竞争力。

此外,企业要实现观念创新,必须充分准备创新知识。观念创新并非凭空产生,而是源于理论积累与实践探索的持续学习过程。字节跳动通过建立完善的学习体系,鼓励员工不断学习,涵盖技术、管理、市场等多个领域,为创新发展提供了知识保障。管理者应持续学习行业前沿知识,为创新决策提供支持,使企业在短视频、在线教育等领域取得新的突破。

企业要实现观念创新,还必须具备创造性思维。创造性思维能够突破传统观念,优化资源配置,形成产品或服务优势。马某某在 T 公司及其开发项目的发展中,运用创造性思维突破传统模式,推动了电动汽车直销模式和可回收火箭技术的发展,为企业在全球市场中占据竞争优势提供了重要支持。企业应注重培养和践行创造性思维,激发创新活力,以应对复杂多变的市场环境。

案例分享

案例一：S 公司的创新发展之路

S 公司是一家在快时尚电商领域取得显著成就的新兴企业，其创新实践为行业发展提供了诸多借鉴。

在商业模式创新方面，S 公司构建了柔性供应链体系。这一体系的核心在于利用大数据分析精准把握市场潮流趋势和消费者需求。S 公司通过收集和分析来自社交媒体、搜索引擎、销售数据等多渠道的海量信息，深度洞察消费者的喜好。例如，S 公司每天会收集超过数百万条来自全球各地的消费者数据，涵盖社交媒体上的时尚话题讨论、搜索引擎中的关键词搜索趋势以及用户在平台上的购买行为数据等。通过对这些数据的深度挖掘，S 公司能够精准预测时尚潮流走向。基于数据分析结果，S 公司的设计团队每周能推出约 1000 款新款产品，以快速响应市场需求。在生产环节，S 公司与超过 3000 家供应商紧密合作，采用小批量、多批次的生产方式。这种生产模式不仅能根据市场反馈迅速调整生产计划，避免库存积压风险，还能满足消费者对于时尚产品多样化和及时性的需求。例如，当某一款式的服装在市场上表现出较高的需求时，S 公司可以在一周内迅速增加该款式的生产批次，快速补货；而如果某一款式销售不佳时，则能及时停止生产，降低库存成本。这种模式使得 S 公司的库存周转率比行业平均水平高出约 30%，有效地降低了库存风险和成本。

S 公司的成功离不开技术创新、管理创新与制度创新的协同推进。在技术创新上，大数据应用贯穿在企业运营的各个环节。除了在产品设计环节利用大数据进行潮流预测和款式设计外，在供应链管理中，大数据也发挥着重要作用。通过大数据技术，S 公司能够实现对供应商的实时监控和管理,确保原材料的及时供应和产品的质量稳定。在库存管理方面,大数据分析能够帮助 S 公司精准预测库存需求,优化库存布局,提高库存周转率。S 公司的库存管理系统能够实时跟踪库存水平,根据历史销售数据和市场趋势预测未来需求,使库存准确率达到了 95% 以上,大大减少了缺货和库存积压现象。

管理创新体现在对供应链管理的优化上。S 公司建立了一套高效的供应链协同管理机制,与供应商之间实现了信息的实时共享和快速沟通。通过这种方式,S 公司能够对整个供应链进行有效的整合和协调,提高供应链的响应速度和灵活性。例如,在面对突发的市场需求变化时,S 公司可以通过与供应商的紧密协作,在 48 小时内快速调整生产计划和配送方案,确保产品能够及时送达消费者手中。这种高效的供应链管理使 S 公司的产品从设计到上架的周期平均缩短至 2～3 周,而行业平均周期为 6～8 周,大大提高了企业的市场竞争力。

制度创新则体现在 S 公司灵活的生产合作模式上。S 公司与供应商建立了一种基于数据驱动的合作制度,通过明确的质量标准、快速的结算机制与长期稳定的合作关系,激励供应商积极参与到 S 公司的柔性生产体系中。例如,S 公司为供应商提供了详细的质量标准和生产指南,帮助供应商改进生产工艺和提升产品质量。同时,S 公司采用了快速结算机制,缩短了付款周期,减轻了供应商的资金压力,增强了供应商的合作意愿。这种制度创新不仅保障了供应链的稳定运行,还促进了供应商之间的良性竞争,推动了整个供应链的不断优化和升级。

在观念创新层面,S 公司突破了传统快时尚品牌依赖于大规模线下门店的经营模式,专注于线上销售渠道的拓展。通过数字化营销手段,S 公司精准锁定全球各地的目标客户群体。利用社交媒体平台、搜索引擎广告、与网红合作等多种数字化营销方式,S 公司将品牌信息和产品推广到全球 220 多个国家或地区,实现了品牌的快速扩张。在 2023 年,S 公司的全球销售额达到了 230 亿美元,其中线上渠道销售额占比超过 95%。同时,S 公司注重培育创新文化,在企业内部营造了鼓励创新的氛围。公司设立了创新奖励机制,对于提出有价值的创新建议的员工给予丰厚的奖励,从物质和精神两个层面激发员工的创新积极性。此外,S 公司还积极与全球各地的设计师合作,引入多元化的设计理念,不断丰富产品的风格和款式,满足不同消费者的需求。这种开放包容的创新文化,为 S 公司的持续创新提供了源源不断的动力。

评论：S 公司的成功是多种创新因素共同作用的结果。其柔性供应链体系通过大数据实现了精准的市场响应，有效降低了库存风险，提高了运营效率。技术、管理和制度创新的协同，让 S 公司在供应链管理上具备了强大的优势，能够快速适应市场的变化。而观念创新则使其在渠道拓展和企业文化建设上领先一步，数字化营销助力其打开全球市场，创新文化则为企业发展注入了持久的活力。S 公司的模式为快时尚行业乃至其他电商企业提供了范例，证明了在数字化时代，企业创新驱动的发展模式能够创造巨大的商业价值。不过，随着规模的不断扩大，S 公司也面临着供应链管理的复杂程度增加、品牌的可持续发展等挑战，如何在保持创新优势的同时应对这些挑战，是 S 公司未来发展需要思考的问题。

案例二：B 公司的创新驱动发展

B 公司在新能源汽车领域的成功，是对其创新战略的有力证明，尤其是垂直整合模式的应用和观念创新的引领。

B 公司采用垂直整合模式，实现了对从原材料供应、电池研发生产到整车制造的全产业链覆盖。在技术创新方面，B 公司在电池技术、电动驱动系统等核心技术领域进行了大量的研发投入。以刀片电池为例，这是 B 公司自主研发的一种新型动力电池，通过创新的结构设计，大幅提升了电池的能量密度和安全性。刀片电池的能量密度相较于传统的磷酸铁锂电池提升了约 50%，续航里程也得到了显著提高，部分搭载刀片电池的车型续航里程可达 700 公里以上。刀片电池的成功研发，不仅为 B 公司的新能源汽车产品提供了强大的技术支撑，使其在续航里程和安全性能方面具备竞争优势，还推动了整个新能源汽车行业的技术进步。除了电池技术，B 公司在电动驱动系统、电子控制系统等方面也取得了一系列的技术突破，不断提升产品的性能和品质。截至 2023 年，B 公司累计申请专利超过 4 万项，其中发明专利申请超过 2 万项，这些专利技术为其产品创新提供了坚实的保障。

B 公司的管理创新体现在企业内部资源的整合和生产流程的优化上。B 公司通过整合内部资源，实现了各业务环节之间的高效协同。在研发环节，不同部门之间紧密合作，共享技术和信息，加快了新产品的研发速度。例如，B 公司的汽车研发部门、电池研发部门和电子研发部门之间建立了常态化的沟通机制,共同攻克了多项技术难题,使得新车的研发周期平均缩短了约 20%。在生产环节,B 公司引入了先进的生产管理理念和技术,如精益生产、智能制造等,优化生产流程,提高生产效率,降低生产成本。B 公司在生产线上采用了自动化设备和信息化管理系统,实现了对生产过程的数字化监控和管理,有效提高了生产效率和产品质量的稳定性。数据显示,通过引入智能制造技术,B 公司的生产效率提升了约 35%,产品不良率降低了约 20%。

B 公司的制度创新体现在建立了适应垂直整合模式的组织架构和管理体系。公司根据产业链的不同环节设立了相应的事业部,明确了各事业部的职责和权限,实现了专业化管理。同时,建立了完善的内部协同机制和绩效考核制度,鼓励各事业部之间相互协作,共同为实现企业的整体目标努力。例如,B 公司设立了跨部门的项目小组,针对重点项目进行联合攻关,项目成果与各事业部的绩效考核挂钩,有效促进了部门之间的协作。这种组织架构和管理体系的创新,确保了 B 公司在全产业链运营过程中的高效协同和资源的合理配置。

B 公司的观念创新体现在对新能源汽车市场的前瞻性判断和坚定投入上。早在新能源汽车市场尚未成熟,面临诸多技术难题和市场的质疑时,B 公司管理层就凭借敏锐的市场洞察力和创新精神,果断加大对新能源汽车技术研发的投入,坚持走自主创新道路。这种对新能源汽车发展趋势的深刻理解和坚定信念,使得 B 公司在新能源汽车领域早早布局,积累了丰富的技术和市场经验。随着市场的逐渐成熟,B 公司的先发优势得以凸显,在全球新能源汽车市场中占据了重要地位。2023年,B 公司新能源汽车的全球销量达到 302 万辆,并连续两年位居全球第一,市场份额约为 14%,远超其他竞争对手。

此外,B 公司积极拓展业务领域,将新能源技术应用于轨道交通、储能等领域,实现了多元化发展。在轨道交通领域,B 公司研发的云轨、云巴等产品,为城市的交通拥堵问题提供了新的解决方案。这些产品采用了先进的技术和创新的设计理念,具有建设成本低、占地面积小、适应性强等优点,受到了众多城市的青睐。截至 2023 年,B 公司的云轨、云巴项目已经在国内外多个城市落地,其中在巴西的萨尔瓦多,云轨项目为当地提供了高效、便捷的交通服务,有效缓解了城市的交通压力,提升了城市的交通效率。

在储能领域,B 公司的储能系统在电网调峰、分布式能源存储等方面发挥了重要作用。通过将新能源汽车的电池技术应用于储能领域,B公司不仅为企业开辟了新的利润增长点,还为能源的高效利用和可持续发展做出了贡献。据统计,B公司的储能系统在2023年帮助全球多个电网实现了更稳定的电力供应,其在澳大利亚的储能项目中,成功解决了当地电网峰谷差问题,降低了电力成本,提升了可再生能源的利用效率。

评论:B公司通过垂直整合模式,将技术创新、管理创新和制度创新深度融合,打造了全产业链的竞争优势。其在新能源汽车领域的技术突破,尤其是刀片电池的成功研发,不仅提升了自身产品竞争力,还推动了行业发展。管理创新实现了内部资源的高效协同,制度创新则保障了组织的高效运转。观念创新促使B公司提前布局新能源领域,并积极拓展多元化业务,为企业的持续增长提供了动力。然而,随着全球市场竞争的加剧,B公司在国际市场上面临着不同国家或地区的政策法规差异、文化差异等挑战,在多元化业务的拓展中也需要进一步平衡资源分配,确保各业务板块的协同发展。B公司未来需要继续坚持创新,加强全球市场布局和风险管理,以保持行业领先地位,引领新能源产业的发展潮流。

第二章　企业经营环境与战略创新

在当今复杂多变的商业环境中,企业的生存与发展犹如逆水行舟,不进则退。企业经营环境作为企业运营的"土壤",对其成长起着至关重要的作用。深入剖析企业经营环境,不仅能让企业清晰地认识自身所处的位置,更能为企业战略创新提供有力的支撑。而企业战略管理理论则是企业在市场竞争中披荆斩棘的"利剑",不同的理论流派为企业提供了多样化的战略选择。本章将围绕企业经营环境分析、其对创新的影响、战略管理理论和战略创新的实施与控制展开深入的探讨,助力企业在市场浪潮中找准方向,实现可持续发展。

第一节　企业经营环境分析

一、企业经营的内部环境分析

(一)企业素质与企业活力

企业素质是企业在经济活动中所具备的潜在能力,是企业固有的内在资源和优势,主要包括人员素质、技术装备素质、管理素质与企业文化素质四个要案。这些要素相互关联、相互影响,共同构成了企业发展的基础。

企业活力是指企业作为一个有机整体,通过自身的素质和能力,在与外界环境的互动形成的良性循环中展现出的自我成长能力和强大生命力。企业活力的强弱不仅受到外部环境因素的影响,更重要的是由企业内部素质决定。在当前经济高质量发展的社会背景下,如何激发企业新的活力,成为每个企业必须深入研究和解决的重要课题。

企业素质与企业活力紧密相连,高素质的企业更易激发强大的活力,而活力十足的企业又能进一步提升自身素质,二者相互促进,共同推动企业发展。在实际经营中,众多企业通过提升人员素质、优化技术装备、强化管理与培育独特文化,成功激发了企业活力,实现了快速发展。

要激发企业活力,可从多个方面入手。大力培养员工的爱国、爱企、爱岗思想,增强员工的归属感和责任感,使其与企业的命运紧密相连。全面提升企业管理人员的综合素质,选拔具有丰富实践经验的管理人员,有助于更好地进行企业管理。对基层班组实施人性化管理,以人为本,充分调动班组员工的积极性和主观能动性。发挥基层班组长的榜样作用,合理运用权力,搭建好上下沟通的桥梁。完善绩效考核,注重团结协作,在激励员工个人的同时,增强团队凝聚力。弘扬企业精神,倡导企业文化,使员工心往一处想、劲往一处使。

（二）企业经济效益

企业经济效益是衡量企业经营成果的关键指标,它反映了资源投入与成果产出之间的对比关系。企业经济效益的高低直接影响企业的生存与发展,良好的经济效益能为企业提供充足的资金,用于技术研发、设备更新和市场拓展,增强企业的竞争力;反之,经济效益不佳则可能导致企业资金短缺,发展受限。企业在追求经济效益时,需综合考虑宏观与微观、内部与外部、直接与间接等多方面因素,以实现经济效益的最大化。

经济效益的核心目标是通过尽量降低资源的消耗和占用,创造出满足社会需求的物质财富,从而实现更高的产出。根据经济效益的不同层面,可以分为宏观经济效益与微观经济效益、内部经济效益与外部经济效益,以及直接经济效益与间接经济效益。不同层面的经济效益相互关联,宏观经济效益为微观经济效益提供了良好的发展环境,微观经济效益的提升又有助于推动宏观经济效益的增长;内部经济效益是企业发展的基础,外部经济效益则能为企业带来更多的发展机遇;直接经济效益是企业经营的直接回报,间接经济效益虽然难以直接量化,但对企业的长期发展具有重要意义。

（三）企业市场营销能力

企业市场营销能力是指企业在应对市场变化、引导消费者需求、争取竞争优势并实现经营目标方面的综合能力。这种能力集中体现了企业在决策、应对变化、市场竞争与销售方面的整体水平。在市场竞争日益激烈的今天，企业必须具备强大的市场营销能力，才能在市场中立足。

企业市场营销能力的强弱，直接关系到企业能否在激烈的市场竞争中脱颖而出。强大的市场营销能力能够帮助企业敏锐洞察市场变化，精准把握消费者需求，有效提升市场份额和品牌影响力，从而为企业创造更多的价值。企业应不断提升自身的市场营销能力，以适应市场的变化和发展。

（四）企业资源

企业的资源通常可以分为五大类：财务资源、物质资源、人力资源、技术资源和管理资源。①财务资源，包括企业拥有的资金、融资能力与财务管理水平，是企业运作的基础保障。②物质资源，涵盖企业的生产设备、厂房、原材料等有形资产，为企业的生产经营提供支持。③人力资源，指企业的员工及其专业知识、技能和经验，是推动企业发展的核心动力。④技术资源，包括企业掌握的专利技术、研发能力和生产工艺等，为企业提供创新和竞争优势。⑤管理资源，指企业的组织结构、管理体系、领导能力与战略规划水平，是协调各类资源的关键要素。

企业资源是企业开展经营活动的重要保障，各类资源相互配合，共同支撑企业的运转。企业应合理整合和优化配置创新资源，提高资源利用效率，以增强自身的竞争力。

（五）企业组织效能与管理现状

企业组织效能与管理现状直接影响企业的运营效率和发展潜力。一个高效的组织能够充分调动员工的积极性和创造力，实现资源的优化配置,提升企业的竞争力;而管理不善则可能导致组织混乱、效率低下,阻碍企业的发展。因此,深入分析企业的组织效能与管理现状,及时发现问题并进行优化改进,是企业实现可持续发展的关键。

企业管理组织的分析是内部环境分析的重要组成部分。组织是实现有效管理的工具,企业的所有运作都通过组织来完成。深入剖析企业的组织管理,能够识别组织架构中的低效的问题,推动组织优化,从而提升管理效率。对组织效能的分析,实际上是对企业组织及其管理现状的全面审视,有助于企业发现自身的优势和不足,为制定科学合理的管理策略提供依据。

二、企业经营的外部环境分析

(一)宏观环境分析

宏观环境是指企业所处行业和市场以外的大环境,它对企业经营活动产生了深远的影响,虽然这些宏观环境因素通常不受单个企业的直接控制,但它们对行业和市场的发展起着至关重要的作用。宏观环境的变化能够决定行业的存亡、市场的大小、竞争的激烈程度等多个方面,因此企业必须密切关注这些外部环境的变化。

1. 政治法律环境

政治法律环境主要涉及国家的政治体制和法律体系。政治环境包括国家政府的性质及其政策方针,而法律环境则包括国家所制定的法律法规。政府的政策调整会对企业的生存和发展产生深远的影响,例如政府对某些行业的支持政策,或是对企业的税收政策。企业需要根据政治法律环境的变化调整自身的战略,以确保合规运营并抓住政策带来的机会。法律环境涉及企业如何保护自己的知识产权、如何遵循劳动法和环保法等,这些都会直接影响到企业的运营成本和市场竞争力。

2. 经济环境

经济环境是指国家的经济状况及相关的经济政策。它涵盖了经济体制、宏观经济发展水平、国民收入水平、经济增长率、通货膨胀率等因素。经济发展水平直接影响到企业的市场规模和消费者的购买力,经济萧条可能导致消费者需求下降,而经济繁荣则为企业提供了更广阔的市场空间。此外,政府的宏观经济政策(如财政政策、货币政策、税收政策等)也会对企业的财务结构、投资决策产生重大影响。企业需要根据经济环境的变化来调整自己的经营策略,以抓住市场上的机会并应对潜在的风险。

3. 技术环境

技术环境指的是技术发展的现状及其对社会和产业的影响。技术的不断进步和创新是推动产业发展和企业竞争力提升的关键因素。例如,新技术的出现不仅能提高生产效率,还能推动产品创新,改变企业与顾客、供应商的关系。然而,技术变革也可能导致竞争加剧,尤其是技术进步可能会降低行业的准入门槛,降低顾客的转换成本,从而使得更多竞争者进入市场。因此,企业需要积极跟进技术创新,采用先进技术,并尽可能地将技术转化为生产力和经济效益,以在激烈的市场竞争中占据优势。

4. 社会文化环境

社会文化环境包括社会的结构、风俗习惯、价值观、行为规范等,它直接影响消费者的需求和行为。人口结构、社会习惯、信仰价值观等文化因素决定了企业产品的市场需求,进而影响到企业的营销策略和产品定位。例如,随着消费者生活水平的提高和消费观念的改变,环保、健康等因素越来越成为消费选择的重要标准。

总的来说,宏观环境因素的变化是企业无法控制的,但它们对企业的生存和发展至关重要。企业需要定期分析这些外部环境因素,以适应变化的市场条件,抓住有利机会,同时规避潜在的风险,从而确保其长期可持续发展。

(二)微观环境分析

企业的微观环境是外部环境分析的核心部分,应重点关注行业范围内的关系网络,主要研究企业与行业、客户、供应商、竞争对手、合作伙伴之间的互动。

1. 行业竞争结构

尽管各行业的竞争状况有所不同,但它们都包含相似的基本特性。任何行业的竞争都由五种基本力量组成:行业内企业之间的竞争、潜在进入者的威胁、替代产品或服务的竞争、供应商议价能力,以及买方议价能力。这五种竞争力量的强弱及其相互作用,决定了行业竞争的激烈程度,进而影响行业整体的盈利潜力和资本流动的意愿。

2. 客户

客户是企业产品和服务的购买方,既包括直接使用产品或服务的消费者,也包括中间环节的分销商和代理商。

3. 供应商

供应商是企业正常运营所需资源的提供者,包括人力、资金、物资、信息和技术等各种要素的来源方。与供应商建立稳定且合理的交易关系,并确保其能够获得合理的利润,是企业供应链管理的重要目标。

4. 竞争者

竞争者是企业在市场和资源争夺中面对的主要对手。企业与竞争者的关系主要表现在两个方面:①争夺关系。企业与竞争者为在市场份额、客户资源和物质资源上获得更多优势而展开争夺。这种竞争既针对现有市场,也涉及潜在市场;既围绕现有资源,也着眼于对未来资源的争取。②削弱能力关系。企业在竞争中通过削弱对手的市场和资源争夺能力,来扩大自身的竞争优势。在这一过程中,企业需要密切关注竞争者的经营战略和战术,明确其强项与劣势,同时分析自身在行业中的地位和优势,从而为制定战略提供依据,实现"知己知彼"。

5. 合作伙伴

合作伙伴可以分为多种类型,例如基本合作伙伴(全面合作)、临时合作伙伴(针对特定事项合作)、直接或间接合作伙伴、当前或潜在合作伙伴,以及长期或短期合作伙伴。随着外部环境的变化,企业与合作伙伴的关系可能变得复杂且具有动态性,例如合作伙伴可能转化为竞争者,而竞争者也可能成为合作伙伴。此外,同一合作伙伴可能同时与本企业和其竞争对手合作。因此,企业需要对各种类型合作伙伴的特点、发展趋势和潜在变化进行全面分析,以适应不断变化的竞争格局。

第二节　企业经营环境对创新的影响

一、创新与环境不确定性带来的相互影响

创新是推动经济发展的基本动力,同时也是中小企业和国家在竞争中获取优势的关键。然而,创新的内涵已从传统的产品与工艺创新扩展至商业模式创新,其影响范围与深度不断扩大。在技术迅速发展的背景下,企业面临的竞争格局和产业结构正经历着深刻变革。这种变化带来了高度的不确定性,既为企业提供了突破性成长的机遇,也可能颠覆传统企业的既有优势。创新与环境不确定性之间的相互作用具体表现为以下几个方面。

(一)创新带来的社会经济变迁

技术变迁往往伴随着行业的优胜劣汰,一些企业因技术创新而崛起,另一些则因未能跟上技术发展的步伐而衰退。以智能手机行业为例,随着触屏技术、移动互联网技术的发展,新型互联网企业凭借持续的技术创新,推出具有创新性的产品,迅速占领市场份额,而曾经的手机巨头由于未能及时适应技术变革,逐渐失去市场竞争力。

(二)环境不确定性对企业创新的挑战

不确定性是创新管理中最大的难题之一,尤其对于资源有限的中小企业,产生的影响更加深远。不确定性可能来自技术、市场、组织和资源等方面,这些因素往往导致企业内部的传统部门与创新部门之间矛盾重重,使创新管理变得异常复杂。例如,某智能硬件创业公司在研发一款新型智能家居产品时,由于对市场需求的判断不准确,产品功能未能满

足消费者的实际需求,同时在技术研发过程中遇到了难题,导致产品上市后销量不佳,公司面临巨大的经营压力。

(三)应对不确定性:创新与组织变革的协同

企业要在不确定的环境下保持持续成功,管理者需要掌握革命性创新与组织变革的策略。一方面,企业需要前瞻性地识别技术变革的趋势,主动开展变革性创新,抢占行业制高点;另一方面,组织内部需建立灵活的结构与文化,削弱核心刚性,增强适应力与韧性。例如,G公司始终保持对技术发展趋势的敏锐洞察力,积极投入对人工智能、大数据等前沿技术的研发,同时在公司内部营造开放、包容的创新文化氛围,鼓励员工敢于尝试新事物,宽容失败,使得公司在快速变化的互联网行业中始终保持领先地位。

二、人才管理环境对创新的影响

人才是企业创新的核心资源,人才管理环境的优劣直接影响到企业的创新能力。一个良好的人才管理环境能够吸引和留住优秀人才,激发他们的创新潜能;反之,则可能导致人才流失,创新动力不足。企业应重视对人才管理环境的建设,优化人力资源管理体系,为创新提供有力的人才支持。

(一)企业人才管理环境问题对创新的影响

在推动企业创新的过程中,人才扮演着至关重要的角色。企业家的视野与决策直接决定了企业的创新战略与方向。创新的成功不仅依赖于技术和资源的积累,还与企业人才管理环境的优化密切相关。

很多企业缺乏完善的人力资源管理体系,人力资源管理人员数量有限,且缺乏必要的专业知识和管理经验。这些问题导致人力资源管理力量不足,难以承担更为复杂的现代人力资源管理职能,直接影响了企业创新的基础。此外,企业管理者往往将主要精力集中在业务拓展和日常运营上,忽视了内部管理和创新活动的建设,使得创新工作得不到足够的重视,创新资源的投入不足。例如,某小型制造企业,由于人力资源管理部门人员不足且专业能力有限,在招聘创新人才时,无法准确识别和吸引到合适的人才,同时在人才培养和激励方面也缺乏有效的措施,导致企业创新能力薄弱,产品同质化严重,市场竞争力低下。

(二)缺乏科学适用的人力资源管理方法对创新的影响

首先,在管理模式层面,许多企业未能根据其实际情况建立合适的人力资源管理模式。由于很多企业的规模较小,资源有限,管理模式往往较为简单且缺乏系统性。如何在这种环境下制定有效的人力资源管理策略,并确保这些管理职能能够得到充分的发挥,成为企业管理者急需解决的课题。合理的管理模式不仅可以提高人力资源管理的效率,还能在一定程度上激发企业创新的动力与潜力。

其次,在操作层面,企业的人力资源管理面临着多重挑战,这些问题在一定程度上限制了企业的管理效能和创新能力的发展:①岗位体系管理与岗位定义不明确。很多企业的人力资源管理体系往往缺乏清晰的岗位管理框架。由于人员规模较小,岗位职责通常未被明确区分,导致传统的岗位设计理论和方法难以有效适用。这种岗位职责模糊的状况不仅给日常管理带来困难,还对创新性工作的开展形成阻碍,削弱了企业内部分工协作的效率和效果。②低支付能力与薪酬管理激励效果之间的矛盾。很多企业的薪酬管理通常受到资金能力的限制,难以在薪资待遇方面与大企业竞争。这种低支付能力使得薪酬体系难以起到足够的激励作用,从而在一定程度上影响了企业吸引和留住优秀人才的能力,进而限制了创新团队的稳定性与成长性。③绩效管理的科学性、完备性与可操作性不足。在绩效管理方面,企业往往面临资源和决策能力的双重约束。一方面,许多企业缺乏科学的绩效管理体系,制定的方案往往缺乏足够的完备性和针对性;另一方面,即便方案得以设计,但在执行层面也面临人力和物力投入不足的问题,使得绩效管理体系难以落实,这种执行困难最终导致绩效管理未能发挥其激励和监督作用,从而制约了员工的积极性与企业的创新能力。

最后,人才吸引力低与人才获取之间的矛盾也十分突出。就中小企业而言,相较于大型企业,其品牌效应和资源吸引力较弱,这使得它们在人才招聘市场上处于不利地位。人才短缺、创新动力不足,以及没有有效的激励机制等问题,进一步加剧了企业在吸引和留住人才方面的困难,从而影响了创新能力的发展。

三、文化环境对创新的影响

企业的文化环境对创新的影响深远而直接。然而,许多企业倾向于将企业文化简单化,仅停留在口号、标志等表面形式,认为企业文化的作用仅限于外部展示,忽视了其在内部管理、创新推动和长期发展中的核心价值。事实上,企业文化的真正意义不仅体现在外部形象的塑造上,更在于通过内部贯彻和长期沉淀,形成支持创新的组织氛围和价值导向。

如果企业文化能够真实地体现企业的核心理念、价值观和创新意识,就能为创新奠定坚实的基础。有效的企业文化并非依靠空洞的口号或形式化的宣传,而是通过企业全体员工在实际工作中的行动来展现。如果企业文化缺乏创新精神,企业就容易陷入保守和僵化的思维模式,难以接受变革或尝试新方法和新技术,从而直接削弱创新能力。

企业文化过度注重形式宣传而脱离实际行动,往往会导致员工对企业文化产生反感,进一步削弱其凝聚力和创造力。只有企业文化的"言"与"行"保持一致,才能真正激发员工的创造力和积极性。相反,虚假宣传、夸大文化价值或忽视社会责任,不仅会损害企业声誉,还会削弱消费者和员工对企业的信任,长此以往,可能会危及企业的长期生存与发展。

因此,企业文化建设必须注重实际,内外一致,并把创新精神作为核心内容融入其中。企业文化对员工行为、创新动力和组织氛围的塑造具有关键作用,是推动企业持续创新的重要动力。只有以创新为导向,培养文化的适应性和灵活性,企业才能为创新提供源源不断的支持和保障,助力企业在激烈的市场竞争中脱颖而出。

第三节　企业经营战略管理的理论

在企业的发展历程中,经营战略管理理论犹如灯塔,为企业指引前进的方向。不同的战略管理思想流派从各自独特的视角出发,为企业提供了多样化的战略制定和实施方法。了解这些理论流派,有助于企业根据自身情况和市场环境,选择合适的战略管理方式,提升自身竞争力。

一、企业的战略管理思想流派

(一)设计学派

设计学派起源于 20 世纪五六十年代,其思想的传播与哈佛商学院"通用管理小组"密切相关,肯尼思·安德鲁斯等学者的著作对该学派核心思想的阐述起到了关键作用。设计学派认为,战略的制定应是一个深思熟虑、有意识的过程,强调战略必须经过精心设计。组织的战略家通常是处在组织金字塔顶端的首席执行官,战略形成的决策集中在高层管理人员手中。同时,战略形成过程应保持简单和非正式,避免过于复杂的理论框架影响战略的执行,且战略的制定与执行是分开进行的。

以某计算机公司为例,在 20 世纪 90 年代,计算机行业竞争激烈,某计算机公司面临着巨大的挑战。时任首席执行官的郭某某经过深思熟虑,决定对公司进行战略转型。他认为某计算机公司不应仅仅是一家硬件制造商,而应向提供综合信息技术服务转型。郭某某主导制订了详细的战略计划,明确了公司在服务领域的发展方向、目标市场与业务布局。在执行过程中,某计算机公司围绕新战略进行了一系列调整,包括大规模的业务重组、人员结构优化与服务能力提升等。通过这次战略转型,某计算机公司在信息技术服务领域成功站稳脚跟,重新恢复了行业领先地位。这一案例充分体现了设计学派在企业面临重大转折点时,由高层主导进行系统化战略设计,帮助企业实现战略转型的重要作用。

设计学派适用于那些具有相对稳定、可预测环境的组织,尤其是在企业面临重大的转折点或战略转型时,该学派的模型能够发挥重要作用。新兴企业在与更为成熟的竞争对手竞争时,也可以采用设计学派的战略模式,明确战略方向,通过集中管理实现战略目标。

(二)计划学派

计划学派的战略形成过程强调正式、系统化的步骤,它与设计学派相比,具有更规范、结构化的框架。虽然计划学派认同设计学派的大多数前提条件,但在战略制定过程中,它要求在非常明确的步骤和分析技术下,进行详细的规划和控制。计划学派的核心理念是通过正式的规划来确保战略的可控性和执行的精确性。

计划学派的前提基于以下关键思想:首先,战略应当通过一个系统化、正式的规划过程来形成,这个过程被分解为一系列可操作的步骤。每一个步骤都需要通过检查清单和分析技术来详细描述和完成。其次,虽然在理论上,首席执行官(CEO)应当是战略的设计师,但在实际操作中,战略的制定和实施更多依赖于专门的计划人员。战略的制定并非由CEO个人完成,而是由各级管理人员和规划团队共同参与并批准,确保战略通过目标、预算、程序等具体内容转化为可执行的行动计划。

T公司在20世纪七八十年代,为了应对日益激烈的汽车市场竞争,采用了计划学派的战略规划方法。T公司组建了庞大的计划团队,对市场趋势、竞争对手、技术发展等进行了深入的分析和预测。根据这些分析结果,制订了详细的战略计划,包括产品线扩展、市场细分策略与生产布局调整等内容。通过设定明确的目标、预算和执行程序,T公司有条不紊地推进战略实施。在一段时间内,T公司的市场份额得到了一定程度上的提升,在汽车行业保持了较强的竞争力。

然而,计划学派也存在局限性。20世纪70年代以来,许多企业发现战略规划不仅耗时耗力,而且实际成效也有限。这是因为战略计划往往缺乏高层管理的支持,组织环境难以适应过于正式和规范化的规划模式,同时也导致了中层和高层管理人员的疏远,限制了组织的灵活性,使得创新和变革的步伐迟缓,未能有效处理组织内各部门之间的协调问题。

(三)定位学派

定位学派继承并扩展了计划学派和设计学派的前提条件,但也有所区别,特别是在战略的选择与市场位置的分析上。与设计学派认为每个企业的战略都是独特的不同,定位学派认为在特定的行业中,战略选择是有限的,只有少数几种战略能够有效应对竞争对手并实现盈利。定位学派强调企业通过占据市场中有利的位置来获得更高的利润,这种利润可以帮助企业扩大规模并巩固其市场地位。

　　定位学派认为战略是可以辨识的通用位置，并且市场环境是充满竞争且有利可得的。在这种环境下，企业通过选择合适的战略来进行防御，避免现有和未来的竞争威胁。其战略形成过程更加注重分析和计算，旨在通过选择通用战略来适应行业的成熟度和细分特点，而非强调为每个企业量身定制独特的战略。因此，定位学派提出了一种分析方法，旨在将正确的战略与市场条件相匹配，通过研究数据找出最适合的战略路径。

　　战略形成被视为一个有意识、受控的过程。不同于设计学派注重特殊性和完整性，定位学派关注的是找到一系列可选的通用战略，并在这些战略中做出选择。战略的形成过程在定位学派中依然是受控的，但更多依赖于计算与分析，而不是通过深入的计划和协调。产业结构对战略位置有着决定性影响，企业的战略位置最终会反作用于其组织结构。

　　在定位学派中，分析人员的角色至关重要。他们通过大量数据分析为企业的战略选择提供支持，而最终的战略选择则由管理人员做出。定位学派强调市场结构对战略的决定性作用，认为产业的竞争格局决定了企业能否成功实施某一战略。这个观点延续了计划学派对战略和结构关系的理解，但引入了对产业结构的分析，突出了产业内竞争的复杂性和企业间的相互依赖性。

　　以 K 公司为例，在饮料行业，K 公司通过对市场的深入分析，明确了自己的定位。K 公司认识到消费者对碳酸饮料的需求广泛且具有一定的稳定性，于是将战略重点放在巩固和扩大碳酸饮料市场份额上。通过大规模的广告宣传、完善的销售渠道建设与品牌塑造，K 公司在全球碳酸饮料市场占据了主导地位。同时，K 公司也关注到消费者对健康饮品的需求逐渐增加，适时推出了果汁饮料、瓶装水等产品，进一步丰富了产品线，满足了不同消费者群体的需求，巩固了其在饮料行业的有利市场地位。

　　不过，定位学派的分析方法适合数据明确且市场结构相对稳定的环境，对于那些条件不确定、动态变化的市场，其框架可能过于简化。随着市场环境的变化，定位学派的思维也在逐渐演变，强调竞争与合作的有机结合，如与供应商、客户以及替代品提供者建立合作关系，以适应复杂的商业环境。

（四）企业家学派

企业家学派认为，战略的核心存在于企业领导者的心中，将战略视为一种长期的、具有方向性的观念和组织愿景。这种战略愿景具有延展性，即在总体方向上经过深思熟虑，但具体细节则具有涌现性，能够随着环境和条件的变化逐步发展和调整。

这一学派将战略形成视为一个隐秘且难以捉摸的过程，强调优秀企业领导人凭借个人的超凡能力改变企业命运。然而，当外部条件发生变化时，过度依赖"伟人"式的领导模式可能导致组织丧失活力。对于面临运营困难的企业，单纯依靠寻求一个具有远见卓识的领导者来扭转局面并不现实。

T公司的创始人马某某就是企业家学派的典型代表。马某某有着极具前瞻性的战略愿景，他坚信电动汽车将成为未来汽车行业的发展方向，并且致力于通过科技创新改变人们的出行方式和能源使用模式。在T公司的发展过程中，马某某凭借其个人的远见卓识和强大的领导力，带领团队不断突破技术难题，推出具有创新性的电动汽车产品。同时，马某某还积极布局对电池技术研发、超级充电网络建设与自动驾驶技术的探索，推动T公司在电动汽车领域取得了重要成就。

然而，企业家学派对个人主义导向的战略领导方式可能带来的负面影响缺乏足够的重视。过分依赖企业家式领导，容易让企业过度集中于个别领导者的愿景，在灵活性和多样性方面存在不足。一旦领导者陷入个人危机或无法继续履职，企业的战略可能迅速失效或陷入困境。

（五）认知学派

认知学派的核心思想在于将战略形成视为一种认知过程，尤其是战略作为概念的形成。该学派借鉴了认知心理学，尝试理解战略家如何形成概念，如何整合复杂的输入信息，以及这些信息如何在战略形成过程中发生变化。虽然认知学派的贡献相对较小，但其发展潜力巨大，特别是它揭示了战略形成中的认知偏差和心理过程。例如，战略家可能因认知的局限性导致决策失真，但在面对复杂信息时，他们依然能够通过创造性思维实现战略的飞跃。

认知学派进一步强调，战略家的认知风格对战略选择有重大影响，不同的战略家由于认知差异，可能会偏好不同类型的战略。与其他学派相比，认知学派具有更强的个性化和不确定性，尤其是在面对外部环境时，战略家并非单纯依赖于外部机会，而是在认知过程中主动构建他们的战略世界。尽管认知学派对战略的形成提供了新的视角，它也指出战略形成不仅是一个个体过程，还应考虑群体间认知的互动。但由于群体认知研究的难度较大，认知学派更多聚焦于个体的认知过程。

例如，在互联网行业，字节跳动的创始人张某某有着独特的认知风格和战略眼光。张某某及其团队在分析市场和用户需求时，采用了与传统互联网企业不同的认知模式。他们通过对海量数据的挖掘和分析，敏锐地捕捉到短视频领域的巨大潜力，从而推出了抖音这款现象级产品。在抖音的发展过程中，字节跳动根据用户的行为数据和反馈，不断调整产品功能和运营策略，快速迭代，使抖音在短视频市场迅速崛起。这一过程体现了认知学派中战略家通过独特的认知方式构建战略世界，以及在战略形成过程中对信息的动态处理和调整。

不过，认知学派在实际应用中的贡献仍然有限，尚未完全实现理论与实践的有效结合。由于群体认知研究的难度较大，该学派更多聚焦于个体的认知过程，在一定程度上限制了其对组织整体战略形成的全面解释。

（六）权力学派

权力学派的核心观点是，战略不仅是理性决策的产物，还深受组织内部权力结构和外部政治环境的影响。因此，战略的形成本质上是一个动态的、充满权力斗争和政治博弈的过程。在重大战略决策中，领导层往往需要协调不同权力的利益，推动变革或维持现状，而这一过程的背后则包含了复杂的博弈与利益争夺。

权力学派揭示了战略形成过程中政治因素的重要性，但容易过分强调权力在战略决策中的作用，从而忽视了领导力、文化与战略自身的作用。其分析更多聚焦于组织内部的分裂和局部矛盾，未能充分解释整体战略形成的规律，对政治可能引发的负面影响的探讨也不够充分。不过，在权力关系剧烈变化的时期，或是在分权程度较高、政治活动频繁的环境中，权力学派的理论能够对战略决策提供重要的解释和指导。

（七）文化学派

文化学派主张，战略并非仅仅是具体的定位选择，而是根植于集体意愿和意识形态之中，这种意识形态体现了组织如何运用内部资源和能力来获取竞争优势。因此，战略可以被视为一种"深思熟虑"的过程，尽管这种"深思熟虑"并不总是完全显意识的。

然而，文化学派面临概念模糊性的问题，"共同信念""意识形态"与"组织文化"等术语定义多样，缺乏统一的操作性标准，难以提供清晰且可操作的战略管理框架。同时，组织文化的强大惯性可能成为战略变革的障碍，过度固化的差异化可能导致组织自满和封闭，忽视外部环境的动态变化。

（八）环境学派

环境学派的核心观点是，环境作为一种强大的外部力量，扮演着战略形成过程中的中心角色。该学派认为，组织的战略是对外部环境的反应，组织必须在特定的环境压力下做出选择，从而生存和发展。在形成初期，组织能够根据自身需求对环境做出响应，但随着时间的推移，组织在环境中的响应能力逐渐减弱。随着外部环境的变化，组织的战略选择受到越来越大的约束。

2008年全球金融危机爆发后，许多汽车企业面临巨大的市场压力。F汽车公司敏锐地察觉到市场环境的变化，消费者对汽车的需求从追求豪华和高性能逐渐转向注重节能和性价比。F汽车公司迅速调整战略，加大对混合动力汽车技术的研发和推广力度。普锐斯作为F汽车公司的一款代表性混合动力车型，在市场上取得了巨大的成功。F汽车公司通过适应环境变化调整战略，不仅在危机中保持了相对稳定的发展，还进一步巩固了其在节能汽车领域的领先地位。

不过，环境学派的环境定义往往过于抽象，缺乏对具体、细化环境变量的深入分析，容易将所有组织置于相似的环境压力下，忽视了组织在不同情境下可能采取的不同战略应对方式，过于强调外部环境的决定性作用，而忽略了战略家的能动性和选择。

（九）结构学派

结构学派的理论前提强调组织在特定时期内通过稳定的结构形式与环境相匹配，进而形成独特的战略。组织的结构由其内在特性决定，通常能够维持一定的稳定性，但也会受到变革过程的干扰。变革可能导致组织向另一种结构转变，这种转变会随着时间的推移逐渐形成模式，进而影响组织的生命周期。战略管理的关键在于维持战略的稳定状态，并根据需要进行适应性的战略调整，但变革不应危及组织的整体稳定。

以 W 公司为例，在发展初期，W 公司采用了较为灵活的直线职能制组织结构，这种结构有利于集中资源进行产品研发和市场拓展，使 W 公司在通信设备领域迅速崛起。随着公司规模的扩大和业务的多元化，W 公司逐渐引入了事业部制结构，将不同的业务划分为独立的事业部，给予事业部更多的自主权，以提高公司对市场变化的响应速度和业务管理效率。在这个过程中，W 公司注重战略的稳定性与变革的平衡，既保持了核心业务的稳定发展，又通过对组织结构的调整适应了市场环境的变化，推动了公司的持续发展。

对结构学派的批评主要有：过于简化组织形式，将组织划分为理想化结构与现实不符，组织变革往往是渐进的；分类方式存在主观性，无法避免过度简化的问题；忽视了组织中的边缘部分，而这些边缘往往是创新和变革的源泉。尽管如此，结构学派为战略的形成提供了一个系统化的框架，在应对组织生命周期、环境适应和战略稳定性方面起到了重要作用。

企业经营环境分析结果在企业选择战略管理思想流派时起着关键的参考作用。如果企业所处的经营环境相对稳定，市场可预测性强，那么设计学派或计划学派的理论可能更适合，企业可以通过精心设计和规划战略，实现稳定发展；若企业面临的市场竞争激烈，行业结构较为清晰，定位学派的理论则有助于企业找准市场位置，获取竞争优势。而当企业处于快速变化的经营环境中，企业家的个人洞察力和决策能力至关重要时，企业家学派或认知学派的理论则可能更具指导意义；若企业内部权力结构复杂，战略决策受政治因素影响较大，权力学派的理论则能为企业提供分析和应对的思路。对于具有深厚文化底蕴的企业，文化学派的理论可帮助其更好地利用文化优势制定战略；在环境对企业战略起主导作用的情况下,环境学派的理论能引导企业顺应环境变化;结构学派则适用于企业需要调整组织结构以适应环境和战略发展的阶段。了解各学派的特点和适用条件,并结合经营环境分析结果,企业能够更科学地选择和应用战略管理理论,提升战略管理水平,实现可持续发展。

二、企业的战略目标

(一)战略目标的内涵

战略目标是指企业在特定的竞争环境中,充分利用自身的资源、能力和核心竞争力,以实现长期的目标。这些目标不仅是公司的奋斗方向,还要求全体员工共同致力于某一重要任务,形成统一的努力方向。当公司上下团结一致、朝着共同的战略目标努力时,战略目标才可能有效地推动企业的发展。战略目标为员工提供了明确且具有激励性的工作方向,激发了他们的工作热情,使他们更加热爱产品和行业,并积极与竞争对手展开竞争。

然而,单纯了解自己的战略目标是不够的,企业还需对竞争对手的战略目标有清晰的认识。只有了解竞争对手的目标,才能深刻理解其决心、毅力和创新能力。比如,苹果公司不仅需要理解自己的目标,还需了解竞争对手如戴尔和维旺迪环球音乐集团的战略目标。只有这样,企业才能更好地预测竞争态势,制定更具针对性的战略。

(二)战略目标的类型

战略目标结构体系通常采用树形图表示,通常分为两个基本部分:企业的总体战略目标和企业的主要职能。管理者通常通过明确企业的使命和功能定位来确定经营计划和战略目标。为了确保战略目标的实现,管理者需要对这些目标进行层层分析和细化,从而保证目标能够按照预期得以完成。

在确定企业使命和功能时,企业的战略目标可以从市场目标、创新目标、盈利目标和社会目标四个方面进行深入的解析。这四个基本组成部分是构成企业战略目标体系的核心。

1. 市场目标

市场目标是企业在整个行业市场中占据的地位。市场目标的实现不仅能体现企业的竞争力，也是企业形象与综合实力的象征。为了完成市场目标，企业需要在产品从原材料采购到售后服务的每一个环节进行严格管理和优化。市场目标的组成要素包括产品目标、渠道目标和沟通目标。以 X 公司为例，在产品目标上，X 公司不断推出具有高性价比的智能手机和智能家电产品，丰富产品组合，满足不同消费者的需求；在渠道目标方面，X 公司不仅通过线上电商平台进行销售，还积极拓展线下门店，优化销售渠道；在沟通目标上，X 公司通过社交媒体、粉丝社区等渠道与消费者保持密切沟通，提升售后服务质量，增强品牌影响力。

2. 创新目标

创新目标通常分为制度创新目标、技术创新目标和管理创新目标。制度创新目标着眼于企业资源配置的合理化，以提升资源配置的效率；技术创新目标着重推动企业技术的进步和生产方式的革新，从而增强产品的市场竞争力；管理创新目标则关注企业管理层的经营思路、管理方式和组织结构，目的是整体优化经营管理，为现代化的制度和经营模式奠定基础。例如，W 公司高度重视创新目标，在技术创新方面，持续投入大量资金进行 5G 通信技术、芯片研发等，保持了技术领先地位；在制度创新方面，建立了完善的研发激励制度，激发了员工的创新积极性；在管理创新方面，引入了先进的管理理念和方法，优化了组织结构，提高了运营效率。通过集成产品开发（IPD）体系，W 公司实现了从客户需求到产品研发、生产和交付的全流程高效协同，确保了产品得以快速推向市场并满足客户需求。

3. 盈利目标

盈利目标是企业经营的基本动力，直接关系到企业的生存和发展。实现盈利目标需要企业从多个方面入手，包括生产资源目标、人力资源目标和资本资源目标。生产资源目标关注通过对投入产出的调整提高获利水平；人力资源目标则聚焦于提高员工的专业技能、职业道德素质与增强员工的忠诚度，以确保企业在激烈的市场竞争中稳定运营；资本资源目标则要求企业合理分配利润，并为未来的发展留足资金，以保证持续的盈利能力。以 L 公司为例，在生产资源方面，利用云计算、大数据等技术优化电商平台运营，提高交易效率，降低运营成本；在人力资源方面，为员工提供丰富的培训和发展机会，提升员工的能力，同时打造良好的企业文化，增强员工的忠诚度；在资本资源方面，合理规划资金，进行战略投资，拓展业务领域，保障公司持续盈利与发展。

4. 社会目标

社会目标反映了企业对社会的责任。在现代企业管理中，承担社会责任已成为企业不可忽视的任务。企业通过树立积极健康的企业形象，关注环境保护和社会慈善事业，能够增加市场和消费者对企业的好感，进而促进产品销量和利润增长。社会目标具体包括公共关系目标、社会责任目标和政府关系目标。例如，T 公司积极推动电动汽车的普及，减少汽车行业对传统燃油的依赖，降低碳排放，这不仅符合环境保护的社会责任目标，还提升了企业的社会形象。同时，T 公司与政府在新能源汽车的推广政策上密切合作，符合政府关系目标，为企业发展创造了有利的政策环境。通过这些举措，T 公司赢得了消费者的认可，促进了产品的销售，实现了社会目标与企业经济效益的良性互动。

总之，企业的战略目标通过细化和具体化的不同目标类型，形成了一个层次分明的目标体系，帮助企业明确方向并有效实现其长远战略。这些目标在实际运营中需要灵活调整，以应对市场和社会环境的变化。

第四节　企业经营战略创新的实施与控制

在快速变化的市场环境中，企业经营战略创新是保持竞争力的关键。战略变革为企业注入新的活力，战略创新为企业提供发展的新动力，而战略的选择与执行则决定了企业能否将创新转化为实际的市场优势。这三者相互关联、相互影响，共同构成了企业经营战略创新的实施与控制体系。

一、企业经营战略的变革

（一）战略变革的内涵

战略变革的概念至今尚未有广泛认同的统一定义。美国战略管理学者安索夫在其 1965 年出版的《公司战略》一书中首次提出"战略变革"这一术语，并将其定义为"企业对产品、市场领域的再选择和对其组合的重新安排"[①]。这一表述突出强调了战略变革所涉及的业务领域重组与产品组合的重新配置。而根据明茨伯格等学者的观点，战略变革的实质在于组织在面对深刻变革时，对方向性要素的调整，包括战略愿景、市场定位，以及具体操作层面的变动，如程序和设施的再设计等。

战略变革常与战略转型、战略调整、战略复兴等概念交替使用，有助于加深对战略变革内涵的理解。例如，有学者认为，若企业未能在根本上调整其环境导向，那么其所进行的更改仅能视作战略调整而非战略变革。虽然"变革"与"调整"在某些情境下的界限可能较为模糊，但这种细微的区分在理论建构中具有重要意义。因此，尽管学者们从不同视角对战略变革进行了解释和阐述，但它们的共同核心是，通过实施战略变革，企业旨在确保或获得市场竞争优势，通过重新定义战略目标与执行路径，为组织行为提供清晰的方向，并增强组织的内在凝聚力。

N 新能源科技股份有限公司（以下简称 N 公司）是全球领先的锂离子电池研发制造公司，专注于新能源汽车动力电池系统、储能系统的研发、生产和销售，致力于为全球新能源应用提供一流解决方案。N 公司根据锂电池行业和企业自身特点制定智能制造战略，通过精益化、数字化和智能化相结合的方式进行实践探索，实现提质、降本和增效的目的。在锂电池的生产制造过程中针对万米级的极片长度、亚微米级的精度控制、秒级的电芯生产速度、毫秒级的数据处理与多场耦合的复杂制程，率先应用孔隙自由构筑的高速双层涂敷和亚微米级智能调控卷绕等技术，开发了具备自主产权 AI（人工智能）多级"云—边—端"联动缺陷检测系统，通过和设备互动形成加工参数的全线正反向反馈机制，使产品一致性达到了 CPK2.0 以上，并对全程 3000 多个质量控制点进行

---

① 吴照云,舒辉,胡大立,等.战略管理[M].2 版.北京:中国社会科学出版社,2013.

缺陷检测,将缺陷率控制在 9σ 的 PPB 级水平。[1]

(二)企业战略变革的动因

企业进行战略变革的原因是多种多样的,不同的学者从不同的角度对其进行了归纳和总结。一般认为,战略变革是一个由多个因素相互作用、共同促成的过程。从宏观角度上来看,企业战略变革通常受到三个紧密关联的因素的影响,这就是环境变化、组织知觉变化与组织权力变化。

1. 环境变化

外部环境对企业来说是不可控的因素,但它对企业的生存和发展起到至关重要的作用。在战略变革中,环境变化往往是企业面临的最为严峻的挑战。例如,随着智能手机的普及和移动互联网的发展,传统的功能手机厂商面临着巨大的生存压力。市场需求从简单的通话和短信功能转向了智能化、多功能化的需求,那些未能及时察觉到这一环境变化的企业,逐渐被市场淘汰。

2. 组织知觉变化

对于组织而言,要想在动态的环境中生存和发展,就必须对外部环境保持高度的敏感性。面对环境变化带来的新机会和新威胁,如果组织能够及时察觉这些变化,经仔细分析和权衡后,就有可能采取相应的战略变革措施。例如,共享经济的兴起,为出行方式、住宿等行业带来了新的机遇和挑战。一些传统的出租车公司和酒店企业,由于未能及时察觉共享出行和共享住宿模式对市场的冲击,市场份额被迅速蚕食。而另一些企业,如部分酒店集团,认识到这一变化后,积极调整战略,推出了具有特色的短租服务,与共享住宿平台展开差异化竞争,成功应对了挑战。

---

[1] 智能制造系统解决方案供应商联盟,中国电子技术标准化研究院.智能制造探索与实践:智能制造标杆企业案例汇编(一)[M].北京:电子工业出版社,2021.

3. 组织权力变化

战略变革是一种涉及企业整体的深层次变革,要求组织的各个方面从结构到文化都必须进行全面调整。这种变动无疑会对组织中人员的既有目标、期望和利益产生影响。在这种情况下,无论是高层领导还是基层员工,都会运用自己的影响力,确保自己的实际和期望利益不会遭受损失或尽可能减少损失。例如,某企业计划进行数字化转型战略变革,引入新的生产管理系统,这意味着部分员工需要学习新的技能,一些岗位可能会进行调整。如果变革方案能够充分考虑员工的利益,为员工提供培训和转岗机会,那么变革更容易得到员工的支持,从而推动变革的顺利实施;反之,如果忽视员工的利益,变革可能会受到员工的抵制,增加变革的难度。

环境变化、组织知觉变化和组织权力变化是与战略变革密切相关的三个环节。缺少任何一个环节,战略变革都难以实现。环境变化、组织知觉变化,以及组织权力变化构成了一个密切相连的原因链,它们之间的相互作用因具体的变革情境而有所不同。因此,对于战略变革的起因分析,还需根据具体的情况来判断哪个因素发生在前,哪个因素发生在后。

二、企业战略的选择与执行

(一)企业经营战略的选择

1. 成本领先战略

成本领先战略是一种旨在通过控制成本来获得竞争优势的战略。它通过实现比同行业竞争者更低的生产成本,帮助企业在价格上占据优势,从而提升市场份额和盈利能力。以 E 公司为例,作为全球知名的电子制造服务企业,E 公司通过大规模的生产制造和精细化的成本控制,实现了成本领先。E 公司在全球范围内建立了庞大的生产基地,利用规模经济降低生产成本。同时,通过优化生产流程、提高生产效率、严格控制原材料采购成本等措施,进一步降低成本。在面对市场竞争时,E 公司凭借成本优势,为客户提供具有竞争力的价格,赢得了众多国际知名电子品牌的订单,在电子制造服务行业占据了重要地位。然而,虽然成本领先战略可以带来许多好处,但也存在一些潜在的劣势。

(1)成本领先战略的优势

①在竞争者中保持领先地位。利用低成本优势,企业可以通过降低产品价格吸引更多消费者,并从竞争对手那里夺取市场份额。即便在市场低迷时,低成本优势仍能帮助企业保持盈利,从而具有更强的生存能力。随着市场份额的不断扩大,企业能够在行业中持续保持领先地位。

②降低进入者的威胁。成本领先企业可以通过定价优势给潜在的新竞争者设置较高的进入障碍。新进入者通常面临技术不成熟、设备陈旧、经验不足等问题,导致其无法达到成本领先企业的规模效益,进而使其难以进入市场。成本领先者能够利用其价格优势抵御新竞争者的进入,保持市场控制力。

③减小替代品的威胁。在面临替代品威胁时,实施成本领先战略的企业因其低成本优势而具备更大的灵活性。替代品虽然具有一定的吸引力,但需要时间来被市场接受。成本领先企业可以通过进一步降低价格来稳定现有顾客,减缓替代品的威胁,保持市场份额。

④增强讨价还价的能力。成本领先企业通常能承受原材料和零部件价格上涨的考验,这使其在与供应商和购买者的谈判中占据有利位置。由于其成本低,企业能够接受在价格降低的同时提高产品质量,维持或提高市场竞争力。与强有力的购买者合作时,即使在价格被压低的情况下,成本领先企业仍能在长远发展中获利。

(2)成本领先战略的劣势

①投资过高使转换成本提高。实施成本领先战略通常需要大规模投资,尤其是在扩大生产规模和引进先进技术方面。随着科技进步和竞争对手的技术更新,企业原有的技术设备可能逐渐过时;但转换到新技术的成本较高,企业可能由此陷入困境,无法及时更新设备,失去原有的成本优势。

②忽视消费者的需求。如果企业过于关注成本控制,而忽视了消费者需求的变化,可能会导致产品无法获得市场认可。即使产品价格低廉,如果不能满足消费者的需求,企业仍然难以获得市场份额。为了保持竞争优势,企业不仅要关注成本控制,还要重视市场需求的变化和产品的差异化。

③模仿者的出现。成本领先战略可能面临其他企业的模仿。新竞争者可能会引入更先进的生产技术和管理经验,从而降低生产成本,增

强市场竞争力。这将导致原有的成本领先企业失去优势,被后来者赶超。因此,企业需要不断创新和提升效率,以保持成本领先的可持续性。

④缺少差异性。虽然成本领先战略可以带来价格优势,但如果产品缺乏差异性,它可能会面临较大的市场压力。在市场中,消费者往往会选择那些具有差异化特色的产品,而忽略单纯依赖低价格的产品。当差异化企业占据市场时,依赖成本优势的企业可能会失去竞争地位。因此,企业在追求低成本的同时,必须注重产品的差异化,以提高市场吸引力。

总体而言,成本领先战略通过降低生产成本为企业带来了竞争优势,但企业需要警惕其劣势,尤其是在产品创新、技术更新和市场需求变化方面的挑战。为了实现长期的竞争优势,企业不仅要在成本控制上保持优势,还要关注消费者需求和市场环境的变化,不断进行创新。

2. 差异化战略

差异化战略是一种通过提供独特的产品或服务来实现竞争优势的战略。企业通过创造与众不同的产品特性、品质或服务,来满足消费者的特定需求,从而获得市场的认可和消费者的忠诚。[①]A 公司是实施差异化战略的典型代表。A 公司的产品在设计、用户体验和技术创新方面都具有独特之处。以 iPhone 为例,其简洁美观的外观设计、流畅的操作系统、强大的生态系统和不断创新的功能,如 Face ID 的面部识别技术、高像素摄像头等,与其他智能手机形成了明显的差异化。消费者对产品产生了高度的品牌忠诚度,愿意为其独特性支付较高的价格。这使得其在智能手机市场中占据了高端市场的重要份额,获得了高额的利润。

（1）差异化战略的优势

①降低顾客的敏感度。当消费者接受并认同企业的差异化产品或服务时,他们往往会产生较高的品牌忠诚度,这使得他们在面对价格上涨时的敏感度下降。企业通过不断提升产品的独特性,增强消费者的忠诚度,从而能够在价格上保持一定的弹性,不容易失去顾客。这种忠诚度有助于企业在竞争中占据有利地位,成为行业的领导者。

②增强企业讨价还价的能力。通过实施差异化战略,企业能够提供独一无二的产品或服务,这使得消费者对其品牌有高度依赖性,愿意为

---

① 　陈龙.青岛银行投资银行业务竞争战略研究 [D].济南:山东大学,2022.

产品的独特性支付较高的价格。这为企业带来了较高的收益,从而降低了整体成本,提高了与供应商谈判的能力。即使供应商提高了价格,企业也能通过将价格上调转嫁给消费者,保持盈利水平。

③对进入者设置壁垒。差异化的产品或服务使得市场上的消费者对某一品牌具有较高的忠诚度,这就增加了新进入者的挑战。新的竞争者若要进入市场,不仅要模仿现有的产品特性,还需要投入大量资本和精力去超越原有企业的差异化优势。这样的进入壁垒使得潜在竞争者难以在短期内改变消费者的忠诚度,从而保护了现有企业的市场地位。

④降低替代品的威胁。实施差异化战略的企业通过其独特性和高消费者的忠诚度,使得替代品在市场上难以站稳脚跟。替代品必须能够满足消费者的多样化需求,并且能够克服消费者的忠诚和转换成本,这对替代品的进入设置了较高的障碍。通过不断推出新的产品,优化性价比,企业能够进一步加大替代品竞争的难度。

(2)差异化战略的劣势

①消费者需求的变化。企业的差异化产品或服务必须能够持续满足消费者的需求,并为其带来附加价值。[1] 如果产品虽然独特,但未能提高消费者的认同感或未能有效降低其购买成本,差异化战略就可能会失败。消费者如果认为某一产品的差异化没有实际意义或价值,企业将无法获得预期的市场回报,就可能导致亏损。

②差异化战略成本过高。为了实施差异化战略,企业通常需要增加研发投入、选择更高质量的原材料,并提供更为优质的服务。这些投入会显著增加生产成本,导致产品价格相对较高。并不是所有消费者都能接受高价格,特别是当价格远高于竞争对手时,消费者可能会放弃差异化产品,转而选择性价比更高的产品,导致企业无法通过差异化获得预期的市场份额。

2019 年,产品 C 凭借短视频出圈,在很短的时间内实现两轮融资,一条短视频可以撬动 5500 万元的销售额,年销售额十几亿元,可以说是呈指数级增长。产品 C 号称"高质低价基础爆款",其产品面料、工艺对标奢侈品牌,同时科技感十足,具有"三防"(防水、防油、防污)功效,始终坚持品质如一的用户承诺,但价格是老百姓买得起的。既然定位为科技型的服装企业,其产品理念对整个服装行业的发展都是具有前瞻性

---

① 孟杰.新零售下 A 超市 WJ 店营销策略研究 [D].成都:电子科技大学,2021.

的。2022年,产品C与宁波江北区政府联合成立木星实验室,该实验室主要做材料研发,对一些科学成果进行商业化落地,并将其更好地应用到纺织服装行业。截至目前,产品C在面料和包装方面取得了一些专利,包括领插片专利、纽扣专利和领口双针链条线专利。[1]

③差异化需求的降低。随着消费者的消费观念日益理性化,消费者在购买产品时更加注重性价比,并根据品牌和产品的实际价值做出决策。消费者对差异化的需求可能会随着市场竞争的加剧而逐渐降低,尤其是在他们对多种品牌和产品有了深入的了解后,往往更注重价格和实际功能,而非仅仅追求独特性。这种趋势可能导致差异化优势的丧失。

④竞争对手的模仿。差异化战略通过提供独特的产品或服务,帮助企业赢得消费者的忠诚和市场份额。企业能够凭借差异化的优势提高品牌价值,增强竞争力,降低替代品的威胁,并通过价格的灵活性增加讨价还价的能力。然而,实施差异化战略的企业也需要关注成本的控制、市场需求的变化与竞争对手的模仿等潜在挑战。为了实现差异化战略的长期成功,企业需要不断创新并确保差异化特性能够满足消费者的实际需求。

3. 重点集中战略

重点集中战略是一种将资源和能力集中在某一特定的细分市场领域,以满足该领域消费者需求的战略。尽管这一战略可以帮助企业在特定市场中获得竞争优势,例如,D公司专注于民用无人机市场,通过将所有资源集中在这个特定领域,深入地了解目标市场顾客的需求,不断进行技术创新和产品优化。D公司推出的无人机产品在拍摄画质、飞行稳定性、操作便捷性等方面具有明显优势,能够满足摄影爱好者、农业从业者、测绘行业等不同客户群体在航拍、农业植保、地理测绘等方面的特定需求,在民用无人机市场占据了极高的市场份额,获得了强大的竞争力和较高的利润。但它也带来了一些局限性和挑战。

（1）重点集中战略的优势

①在竞争者中保持领先地位。通过实施重点集中战略,企业能够专注于目标市场,从而增强对该细分市场的专业化理解和服务。相较于同行业的其他竞争者,集中化的企业能够更深入地满足目标市场顾客的需

---

[1]　赵栋梁.时尚零售企业年度经营计划[M].北京:北京联合出版公司,2024.

求,提供更具针对性的产品和服务。因此,企业可以在细分市场中获得更大的市场份额和更强的竞争力,从而维持较高的利润和行业地位。

②降低潜在进入者的威胁。重点集中战略使得企业在目标市场内形成了一定的专业化能力,赢得了顾客的忠诚。一旦企业在该市场内建立了品牌优势并获得顾客的信任,新的竞争者就会面临较高的进入壁垒。进入者需要投入大量的资金和资源来模仿和超越原有企业的优势,这使得潜在竞争者的进入变得更加困难,从而有效降低了竞争威胁。

③降低替代品的威胁。由于重点集中战略企业专注于满足目标市场的特定需求,其产品或服务往往具有较高的独特性和专门化,使顾客对其产生较高的忠诚度。当替代品尝试进入市场时,必须满足顾客的特殊需求并克服现有产品所建立的顾客忠诚度和转换成本。这给替代品进入市场设置了较高的障碍,从而降低了替代品的威胁。

（2）重点集中战略的劣势

①替代品的出现。重点集中战略的企业往往将所有资源集中在特定的细分市场上,当市场需求发生变化时,企业可能没有足够的灵活性和资源来快速适应这些变化。如果顾客的偏好发生变化,或者有新的替代品出现并能够满足顾客的新需求,企业可能会遇到需求下降的问题,从而失去其在细分市场中的竞争优势。

②失去目标小市场的威胁。实行重点集中战略的企业通常在市场规模上相对较小,因此对于整个行业的主导企业来说,其竞争力较弱。如果行业的领导者意识到细分市场的潜力,并决定将其资本和技术优势应用到该市场上,那么原来专注于这一市场的企业将面临巨大的竞争压力。在这种情况下,资本薄弱的企业可能无法与行业巨头相抗衡,从而失去市场份额。

③竞争对手更加集中。当企业的竞争对手在目标市场找到新的细分领域时,企业原有的市场优势可能会被削弱。竞争对手在细分市场上的深入挖掘可能导致企业失去原有的竞争优势。为了保持领先地位,实施重点集中战略的企业需要持续对目标市场进行深入的分析,及时调整战略,以防被竞争对手抢占市场份额。

重点集中战略使企业能够在特定的细分市场中集中资源,增强对目标市场的专业化服务,从而在该市场中保持竞争优势。然而,企业在实施这一战略时也必须面临诸多挑战,如市场需求变化、潜在进入者的威胁和竞争对手的集中等。因此,企业需要时刻关注市场动态,灵活调整战略,才能确保在竞争激烈的环境中保持长期的竞争力。

（二）企业战略的执行

1. 单一产业的战略执行

在单一产业中,企业通常会根据不同的市场需求和竞争环境选择不同的战略执行方式,来获取竞争优势。以下是常见的几种战略执行方式。

（1）成本领导战略的实施

成本领导战略的实施旨在通过降低成本成为市场中的低成本制造商,从而在价格竞争中占据优势。企业通过优化流程、提升效率和提供标准化产品等手段实现成本控制,将研发重点放在对产品和工艺的改进上,以降低制造成本,而非高风险、高投入的创新。例如,H公司在微波炉生产中,通过不断优化生产流程,引入先进的生产设备,提高生产自动化程度,降低了生产成本。同时,H公司提供标准化的微波炉产品,减少了营销和分销费用,并通过大规模生产实现了规模经济,进一步降低了单位成本。为支持这一战略,H公司构建了精简高效的职能型组织结构,并借助跨职能团队推动质量管理和持续改进,提升了运营效率并降低了成本,使其在微波炉市场具有强大的价格竞争力,占据了较高的市场份额。

（2）地域结构的实施

当企业扩展到更广泛的地域市场时,通常采用地域结构,将活动和资源配置按照不同地理区域进行组织。这种结构通过在各地设立制造工厂或运营中心,减少运输成本,提高物流效率,并根据各地需求差异调整产品或服务。在服务行业,如连锁零售或银行,地域结构帮助企业针对特定地区的客户需求定制销售和营销策略,从而提高市场占有率并更好地服务不同地区的客户。

例如,K公司在中国市场采用地域结构,根据不同地区的消费习惯和市场需求,在各地设立运营中心。针对南方和北方消费者在口味上的差异,推出不同口味的产品,如在南方部分地区推出具有地方特色的甜辣口味产品,在北方则更注重产品的分量和口味的浓郁度。同时,K公司根据不同地区的市场情况,制定差异化的营销策略,提高了市场占有率,更好地服务了不同地区的客户。

（3）市场结构法的实施

市场结构法侧重于根据不同客户群体的需求设计企业组织结构,以提供定制化的服务或产品,提升客户响应能力。企业识别并满足各类客户群体的独特需求,通常设立专门的团队来服务不同的客户群体,这些团队根据客户反馈调整产品和服务,以增强客户的满意度。企业将销售、研发和产品设计等职能与客户需求结合,确保每个客户群体都能得到定制化的产品或服务,同时快速响应市场变化,保持竞争优势。例如,招商银行针对不同客户群体,设立了专门的团队来服务高端客户、中小企业客户和普通零售客户。针对高端客户,提供专属的理财顾问、个性化的金融产品和高端的增值服务;针对中小企业客户,提供定制化的贷款产品、财务咨询等服务;针对普通零售客户,通过优化手机银行界面、推出便捷的线上金融服务等,满足不同客户群体的需求,提升了客户的满意度和忠诚度。

2. 多元化和全球化企业的战略执行

在多元化和全球化的背景下,企业在不同地区和市场执行的战略各有不同。根据企业的全球扩张目标及其战略需求,主要有三种战略执行方式:本地化战略、国际化战略和全球标准化战略。

（1）本地化战略的实施

本地化战略强调根据各地区或国家的市场需求和文化差异,定制产品或服务,通常采用全球—地区结构,在全球范围内设立多个独立的地区运营单位。各地区经理拥有较大的决策权,负责制定和执行符合当地市场需求的战略,并灵活应对当地商业环境。全球总部通过市场份额、ROIC 等指标评估各地区的绩效。每个区域内的部门采取统一的产品设计和行为控制,有助于降低沟通和调拨成本。然而,本地化战略可能出现的主要问题是功能活动重复,进而导致整体成本上升,并限制全球竞争力和资源共享机会。

（2）国际化战略的实施

国际化战略旨在将国内产品和服务推广到国际市场,并逐步培养海外运营能力。初期,许多企业选择将国内生产的产品直接出口到海外市场,并在海外设立销售子公司,负责分销、营销和零部件供应。对于多产品线企业,通常设立专门的国际部门来处理跨国产品流动和市场协调,以确保全球战略的顺利执行。然而,这种结构可能导致国内和国际部门之间的冲突,尤其在战略控制和资源分配上,文化差异也可能影响对管理的协调,进而挑战全球战略的执行。

（3）全球标准化战略的实施

全球标准化战略强调通过提供标准化的产品和服务,优化全球价值链的效率和一致性,以降低成本。为实现这一战略,企业通常采用全球产品部门结构,集中管理产品的设计、研发、生产和销售等活动。各产品部门协调全球运营,决定哪些职能活动应在哪些国家进行,以提高效率。例如,Q公司通过不同的全球产品部门协调灯泡和医疗设备等产品的全球运营。这一战略能够降低成本、提高产品质量和促进创新,但面临的挑战在于如何协调不同市场需求和文化差异,确保标准化产品在全球范围内的接受度。

案例分享

案例一：N公司——碳中和战略的全球实践

在全球应对气候变化、积极推进碳中和的大背景下,N公司作为全球领先的锂离子电池研发制造公司,积极践行碳中和战略,通过技术创新和制度创新,在减少碳排放方面取得了显著成效,为全球新能源产业的可持续发展树立了典范。

一、技术路径

2023年,N公司推出"零碳电池",这一创新性产品在减少碳排放方面成绩斐然。经SGS认证,其全生命周期碳排放较传统电池降低45%。这一突破得益于N公司在电池技术研发上的持续投入和创新。在原材料采购环节,N公司注重选择低碳排放的原材料供应商,从源头上减少碳排放。在电池生产过程中,通过优化生产工艺,提高能源利用效率,进一步降低生产环节的碳排放。在电池回收利用阶段,N公司建立了完善的回收体系,提高了电池的回收利用率,减少了因电池废弃处理产生的碳排放。

四川宜宾工厂是 L 公司践行碳中和战略的重要实践基地。该工厂 100% 使用水电,实现了能源供应的清洁化。与行业平均水平相比,宜宾工厂的每吉瓦时产能碳强度仅 28 吨,而行业平均为 85 吨。这一巨大的差距不仅体现了 N 公司在能源利用方面的优势,也为行业绿色发展提供了借鉴。通过使用水电,宜宾工厂避免了传统火电带来的大量碳排放,同时也降低了对传统能源的依赖,提高了能源供应的稳定性和可持续性。

二、制度创新

在制度创新方面,N 公司采取了一系列具有前瞻性的举措。与国际知名企业签订"绿电绑定"供应协议,这一举措不仅体现了 N 公司在绿色能源供应方面的实力,也为其带来了一定的经济收益。协议中的溢价率达 15%,这意味着 N 公司在提供绿色电力供应的同时,能够获得比传统供应更高的利润。这一模式不仅激励了 N 公司进一步加大对绿色能源的使用和开发,也为其他企业提供了一种新的合作思路,推动了整个行业向绿色供应链转型。

N 公司投资印尼红土镍矿,并构建"采矿—冶炼—电池"一体化供应链。这一战略布局旨在确保原材料的稳定供应,同时减少中间环节的碳排放。从采矿环节开始,N 公司就采用先进的采矿技术,提高了资源利用率,减少了能源消耗和碳排放。在冶炼过程中,通过技术创新,优化冶炼工艺,降低了冶炼过程中的碳排放。将采矿、冶炼与电池生产紧密结合,减少了原材料运输等中间环节的碳排放,提高了整个供应链的效率和可持续性。

三、碳中和目标规划与技术杠杆

在碳排放强度方面,2020 年为 85t/GWh,到 2023 年降至 28t/GWh,并且设定了 2025 年降至 10t/GWh 的目标。为实现这一目标,N 公司采用了多种技术杠杆。

　　绿电采购在减少碳排放中发挥了重要作用,占比达 40%。N 公司积极与各地的绿色能源供应商合作,确保生产过程中使用的电力尽可能来自可再生能源,如水电、风电、太阳能等。这不仅减少了碳排放,也有助于推动全球可再生能源产业的发展。

　　工艺优化也是 N 公司降低碳排放的重要手段,占比 30%。通过持续改进电池生产工艺,N 公司提高了生产过程中的能源利用效率,减少了能源浪费和碳排放。例如,在电池制造过程中,优化生产流程,采用先进的设备和技术,提高了原材料的转化率,降低了单位产品的能源消耗。

　　循环回收同样占比 30%,是 N 公司碳中和战略中的关键一环。随着电池市场的不断扩大,电池回收利用变得越来越重要。N 公司建立了完善的电池回收体系,通过回收废旧电池,提取其中的有价金属,实现资源的循环利用。这不仅减少了因开采新矿石带来的碳排放,也降低了对自然资源的依赖,实现了经济与环境的双赢。

　　N 公司在碳中和战略的全球实践中,通过技术创新和制度创新,在减少碳排放方面取得了显著成果。其推出的"零碳电池"、宜宾工厂的绿色能源利用、与国际企业的"绿电绑定"合作和一体化供应链的构建,都为全球新能源产业的可持续发展提供了宝贵的经验。N 公司的实践也表明,企业在实现自身发展的同时,积极践行社会责任,推动碳中和目标的实现,不仅有助于应对全球气候变化,也能为企业带来新的发展机遇和竞争优势。未来,随着技术的不断进步和制度的不断完善,N 公司有望在碳中和道路上取得更大的成就,引领全球新能源产业向更加绿色、可持续的方向发展。

案例二:M 公司——Web 3.0 时代的战略升维

　　在 Web 3.0 时代的浪潮下,M 公司凭借敏锐的市场洞察力和强大的创新能力,积极进行战略布局与升级,在跨境支付、区块链技术应用与组织变革等方面取得了显著成果,展现出在新兴技术领域的引领地位。

一、战略重心

（一）跨境支付技术革新

M 公司推出的跨境支付技术——"Trusple"成为其在全球支付领域的重要利器。该技术目前已覆盖全球 56 个国家和地区,为众多中小企业提供了高效、便捷的跨境结算服务。在传统跨境支付模式下,中小企业往往面临着结算成本高、流程烦琐、到账时间长等问题,严重制约了其在国际市场的竞争力。Trusple 的出现极大地改善了这一状况,通过优化支付流程、降低中间环节费用,成功将中小企业的结算成本降低了 70%。这使得中小企业在跨境贸易中能够节省大量资金,提高资金周转效率,增强其在全球市场的竞争力。例如,一家从事跨境电商的中小企业,以往每笔跨境交易的结算成本较高,利润空间被压缩。使用 Trusple 后,结算成本大幅降低,企业可以将节省下来的资金投入产品研发和市场拓展中,实现了业务的快速增长。

（二）区块链技术的深度应用

M 公司在区块链技术领域一直处于领先地位,其区块链专利已连续 5 年全球第一。这一技术实力为其在数字人民币跨境结算试点中提供了强大的技术支撑。在数字人民币跨境结算过程中,区块链技术的去中心化、不可篡改、可追溯等特性发挥了关键作用。它确保了交易信息的安全可靠,提高了跨境结算的透明度和效率,降低了交易风险。通过区块链技术,数字人民币跨境结算可以实现实时到账,减少了传统跨境支付中的中转环节,进一步推动了数字人民币在全球范围内的应用和推广。例如,在一些跨境贸易场景中,交易双方可以通过数字人民币和 M 公司的区块链技术,快速、安全地完成结算,无须担心汇率波动和资金安全问题。

二、组织变革

（一）元宇宙领域的布局

M公司成立元宇宙事业部，积极探索元宇宙领域的发展机会。旗下的数字藏品平台"鲸探"便是这一布局的重要成果之一。2023年，鲸探的交易额突破百亿元，成为数字藏品市场的领军平台。鲸探通过区块链技术为数字藏品提供唯一的数字凭证，确保藏品的真实性和稀缺性，吸引了大量用户参与。数字藏品不仅具有收藏价值，还为文化艺术、娱乐等行业提供了新的发展模式。例如，一些艺术家可以通过鲸探平台将自己的作品以数字藏品的形式呈现给全球观众，拓展了艺术作品的传播渠道和提高了其商业价值。同时，鲸探也为用户提供了全新的数字消费体验，满足了人们对数字化文化产品的需求。

（二）DAO试点的推行

M公司推行"DAO试点"（去中心化自治组织），这是一种创新的组织管理模式。在传统组织模式下，项目决策往往需要经过多层审批，决策周期长，效率低下。而DAO试点通过智能合约和区块链技术，实现了组织的去中心化管理，项目决策由组织成员共同参与，大大缩短了决策周期。据统计，DAO试点使得项目的决策周期缩短了80%。在一些项目中，成员可以通过投票等方式快速对项目方案进行决策，提高了组织的灵活性和响应速度。同时，DAO试点还增强了组织成员的参与感和责任感，促进了组织内部的协作与创新。

M公司在Web3.0时代的战略升维，通过聚焦跨境支付技术创新、区块链技术应用与组织变革，不仅为自身的发展开辟了新的空间，也为行业的发展提供了借鉴。在跨境支付领域，Trusple技术为中小企业带来了实实在在的利益，推动了全球贸易的发展；在区块链技术应用方面，M公司的领先技术为数字人民币跨境结算试点提供了保障，加速了数字货币的全球化进程；在组织变革方面，对元宇宙事业部和DAO试点的探索为企业在新兴领域的发展提供了新的组织模式和管理思路。未来,随着 Web3.0 技术的不断发展, M 公司有望继续保持领先地位,为全球用户提供更多创新的产品和服务。

第三章　企业组织与企业文化创新

第一节　企业组织结构创新的机理与方法

一、组织结构创新的推动因素

（一）企业组织结构创新的外部推动因素

企业的组织结构创新在很大程度上受到外部环境的驱动,这种推动来自社会、政治、经济与技术等多方面的宏观环境变化。以下是对主要外部推动力因素的分析及其对企业组织结构创新的影响。

1. 社会与政治环境的变革

①法律与政策驱动。国家立法的强制性规定是推动组织结构创新的重要外部力量。当企业规模达到垄断程度时,反垄断法可能要求企业进行拆分或调整其组织结构。此外,为保障劳动者权益的法律法规,如劳动保护法,可能要求企业设置专门的部门或岗位,进一步推动组织结构的变革。

②政府政策变化。税收、金融等领域的政策调整,如税率变动或金融市场开放,也会对企业的资源配置和组织架构提出新的要求,促使其做出相应调整以适应新的政策环境。

2. 经济环境的影响

①产业结构调整。当一个行业发生重大变化时,相关企业可能需要调整其组织结构,以适应新的产业分工。例如,某些企业通过纵向一体化形式实现供应链整合,以应对上下游企业的结构调整。

②市场竞争驱动。激烈的市场竞争迫使企业必须优化组织结构,以提高反应速度、产品质量和服务效率。当现有的组织结构无法满足市场需求时,企业往往会通过扁平化、灵活化的调整来增强竞争力。

③买方市场的成熟。随着消费者需求趋向个性化和多样化,企业需要摆脱传统的大规模、标准化生产模式,转向定制化服务。这种市场变化推动企业组织结构向更灵活和敏捷的方向发展。

3. 技术进步的推动

①信息化技术的发展。信息技术、网络技术和自动化办公的普及,使得企业可以通过扁平化、网络化的结构提升效率。这种转变使传统的金字塔式管理架构逐步让位于更加开放、动态的组织形式。

②知识经济的兴起。在知识经济时代,企业需要通过优化组织结构提升知识管理和创新能力,以增强竞争优势。这要求企业在内部构建学习型组织,并满足知识密集型业务的需求。

4. 全球化的挑战

①分权化与灵活化。国际化带来的市场细分和个性化要求,促使企业由集中化管理向分权化、灵活化的组织形式转型,以更好地应对不同区域市场的需求。

②跨国经营的组织调整。为了应对全球市场的复杂性,企业需要调整其组织结构,确保跨国经营的协调性和适应性。

上述外部因素相互作用,迫使企业对组织结构进行持续优化和创新。组织结构的创新不仅是对外部环境变化的被动适应,更是企业提升核心竞争力、抓住市场机遇和实现可持续发展的主动选择。

（二）企业组织结构创新的内部推动力因素

1. 创新的需求

创新是企业生存与发展的核心动力之一。组织结构的创新不仅能够提升企业的管理水平和灵活性，增强企业的活力，还能为其他领域（如流程、制度和政策等）的创新提供推动力。要保持企业的创新精神和活力，必须不断进行组织结构的调整与变革，以激发企业组织的创新潜能。

2. 企业目标与价值观的变动

企业的组织目标及其价值观的调整是推动组织结构创新的直接原因。企业组织目标的制订或调整通常是在组织价值观发生变化的基础上进行的，这一过程往往为组织结构创新提供了持续的动力。当企业的价值观发生转变时，组织结构往往需要进行相应的调整，以符合新的目标和文化要求。

3. 绩效缺口的影响

绩效缺口是指实际绩效与潜在绩效之间的差距，通常表现为企业意识到其当前绩效未达预期，或者认识到通过创新能够提升绩效。企业在面对绩效缺口时，往往通过组织结构创新来优化内部流程、提升效率，进而缩小这一差距，提升整体绩效。

4. 企业高层管理人员的变动

高层管理人员的变动可能会导致组织结构的重大调整。管理团队的更替或其管理理念的变化，往往会导致战略和组织结构的重组。新的管理团队可能基于其个人经验和对外部环境的理解，选择不同的组织形式，并通过变革消除原有组织结构中的不利因素，从而提升企业运营效率。

5. 企业员工素质的提高

员工素质的提升是推动组织结构创新的重要因素。当员工的文化素质、专业能力和综合素质提高时，企业的目标、价值观、工作态度等也会发生变化。这种变化不仅影响企业的战略调整,还会影响组织结构、权力分配、激励机制等方面,进一步推动组织结构的创新与优化。

6.企业内部交易成本的波动

交易成本的波动通常发生在企业需要处理专用资源和资产时。当企业内部的交易成本上升时,组织结构的创新便成了降低成本、提高效率的有效手段。例如,若企业发现自制某些原材料的成本过高,可能会通过外购或与其他企业建立战略联盟来降低交易成本,进而推动组织结构的调整。

7.人力资本结构变化的要求

随着知识型员工比例的提高,企业在组织结构的设计上需要进行相应的调整,以激发员工的创造力。传统的层级化、指令性组织结构可能会限制员工的自主性和创新能力,而更具灵活性和自主性的组织形式(如团队型结构)能够为员工提供广阔的发展空间,促进知识型员工的潜能释放。

8.计算机在管理中的应用要求

信息技术的快速发展,尤其是计算机在企业管理中的广泛应用,对组织结构的创新提出了新的要求。计算机技术的应用不仅提高了企业管理的效率和精准度,还改变了传统的管理方式,推动了组织结构的创新。企业需要根据新的技术手段设计出更加高效、灵活的组织结构,以充分利用信息技术带来的便利。

二、基于过程论的创新导向主体结构选择分析

技术创新是一个循序渐进、不断推进的过程,企业的创新活动在此过程中受到新技术、外部环境与市场需求的深刻影响。创新导向企业,作为积极践行创新的前沿力量,必然经历从萌芽到市场化的各个阶段。

(一)创新导向过程学说

企业的创新导向过程也可视为一个完整的演进过程,涵盖了创新导

向的萌芽、研究、实现与市场化四个主要阶段。

1. 创新导向萌芽阶段：创新战略的初步形成

推动创新导向萌芽的关键因素主要包括：①竞争压力的上升；②企业家战略理念的转变；③企业核心竞争力的提升；④企业长期发展战略；⑤市场需求的变化；⑥外部环境与新技术的影响。为了确保创新导向萌芽的顺利开展，企业需具备若干先决条件：①企业内部需积极推动创新文化，鼓励创新活动与冒险精神，形成创新驱动的组织文化；②企业应具备一定的创新资源与能力，拥有充足的研发投入和技术储备；③企业需对市场需求与新技术发展趋势有深入了解，能够捕捉潜在的市场机会。

2. 创新导向研究阶段：创新战略的延续与深化

当创新导向战略确立后，企业进入研究阶段，需进一步检验创新战略的可行性，并评估其实施的技术与资源条件。此阶段的核心任务是对创新构思进行验证，确保企业具备实施该战略的能力，且能够持续推进创新活动。具体而言，企业在此阶段的主要任务：①评估企业现有的科研能力与技术开发水平；②明确可开展的外部技术合作形式；③评估当前可利用的科学技术资源；④确定必要的研发资金投入。

为了推动创新导向战略的实施，企业需具备以下条件：①高水平的研发部门，能够为创新活动提供技术支持；②与外部科研机构建立稳固的合作关系，以获得外部技术的援助；③良好的生产设备基础和相应的风险承受能力，以支持新产品的研发和市场验证。

3. 创新导向实现阶段：创新的物化与产品化

创新导向的实现阶段是将创新战略与研究成果转化为具体创新产品的过程。在此阶段，企业应当已经营造了良好的创新氛围，并开始将创新的思想与技术投入实际生产中，从而提升持续创新能力。为了确保创新导向的物化过程顺利进行，企业需要采取以下措施：①提高员工的技术能力和职业素养，确保创新活动的技术基础；②更新生产设备与提高工艺水平，提升生产效率与产品质量；③营造支持创新的组织文化氛围，推动创新项目的顺利实施；④对现有的组织结构进行优化调整，以适应创新导向的实施要求。

4. 创新导向市场化阶段：创新成果的商业化应用

影响创新导向市场化成功的因素主要包括：①创新产品的质量与价格；②消费者对创新产品的接受度和偏好；③企业的营销策略与推广方式；④创新产品的售后服务水平；⑤市场中替代产品的竞争力。

为推动创新导向的市场化，企业需采取以下策略：①积极推广和宣传创新产品，提高消费者的认知度和接受度；②提升营销和售后服务质量，为企业扩大市场份额提供保障。

（二）创新导向主体结构系统性分析

创新导向的主体通常指企业，企业作为创新导向的核心载体和实践者，承担着推动创新战略落地的责任。为了实现创新导向的成功实践，企业必须调整和优化其组织结构，以适应创新导向的需求。企业的组织结构是由多种要素构成的系统，这些要素之间存在复杂的互动和层次关系，决定了创新导向的实施效果。在不同的创新战略背景下，企业的主体结构应根据具体的创新导向目标进行调整。因此，对创新导向主体结构的选择和调整是企业在制定创新战略时必须考虑的关键问题。

1. 创新导向多层次主体分析

对于创新主体的研究文献众多，学者从不同角度探讨了创新主体的特征与角色差异，尽管各观点有所不同，但普遍认为，创新导向主体的结构具有多层次性和复杂性。

在整个创新导向过程中，企业家扮演着关键角色，通过以下方式推动创新战略的实施：首先，企业家提出创新导向的战略愿景，并通过对组织制度和管理机制的调整，将这一愿景传播到企业的各个层面；其次，企业家积极鼓励创新活动，并提供必要的资金和资源支持；再次，企业家还需承担创新过程中的风险，推动企业内部的创新文化，建立奖励机制以激励创新；最后，在创新产品实现和市场化的过程中，企业家通过资源优化配置、资金支持与战略引导，确保创新产品能够成功占领市场份额。

尽管企业家处于创新导向主体的第一层，但企业本身却是第二层，这一层最为关键。企业内部的各项生产要素，如人力资源、技术、资金和设备,必须协同才能确保创新导向的顺利实现。因此,企业作为创新导向的实践者,承担着关键责任,是创新导向战略得以成功落实的基础。第三层的创新主体包括大学、科研机构、技术市场、经济环境等外部组织和因素。这一层体现了创新导向的多元性和复杂性,表明企业的创新活动并非孤立进行的,而是与社会环境、技术进步、市场需求等外部因素紧密相连。在创新过程中,企业往往需要依靠外部科研机构的技术支持、市场信息的反馈,以及技术交流和合作,才能顺利推动创新产品的开发和市场化。

2.创新导向多层次动力分析

创新导向的动力体系同样具有多层次性和复杂性。学术界对创新动力的研究已形成较为完善的理论体系,涵盖利润驱动论、技术推动论、综合性动力因素等多个理论模型。

利润驱动促使企业不断寻求新的利润增长点,而创新正是实现这一目标的关键途径。通过创新,企业可以提升产品附加值,满足消费者日益变化的需求,并在竞争中占据有利位置。掌握核心技术的企业通常能够获得更高的市场份额和更丰厚的利润回报。同此可见,利润驱动为企业创新提供了内在动力。

新技术的产生为企业提供了创新的契机,企业必须及时掌握并应用新技术,才能在激烈的市场竞争中保持优势。

现实中,推动企业创新的动力通常是多方面的,企业创新不仅是为了获得利润,也是在应对技术变革和市场变化的过程中,为了保持竞争力而做出的多重努力。因此,企业在实践创新导向战略时,往往是多重动力因素交互作用的结果,包括利润驱动、技术创新的契机、市场需求的变化、外部环境的变化等多重因素,形成了一个复杂的创新动力体系。

(三)基于过程论的创新导向主体结构选择

1.以产品为核心的创新导向主体结构选择

(1)第一层次:产品创新

产品创新的过程包括从市场信息的调研到产品设计,再到产品投入生产并进行营销推广。这一过程不仅需要研发部门的创新设计,还涉及生产工艺和生产设备的创新。为实现这些创新,企业需要调整和改革其生产要素,以确保创新能够在整个企业中协调推进。企业的各个部门需要紧密合作,共同完成产品的创新。这就意味着,企业本身作为一个整体,是第一层次创新导向的主体。

在产品创新中,最为重要的是生产工艺与生产设备的创新。企业需要不断提升生产效率,优化生产流程,以实现产品的创新。这些创新不仅体现在产品本身的功能或外观上,也涉及如何通过更先进的技术和工艺来提升生产力和产品质量。因此,在这一层次上,整个企业的组织结构和各个部门的协调配合起到了至关重要的作用。

（2）第二层次:管理创新

管理创新通常由企业家和高层管理者主导,涉及组织制度的创新与企业文化的变革。管理创新不仅是为了优化内部管理流程,还包括为员工营造一个支持创新的组织文化氛围。企业家需要引导企业形成一个鼓励创新、包容失败、追求持续改进的文化环境,使得员工在创新的过程中能够更加积极地参与。通过创新的管理制度和组织文化,企业能够有效激发员工的创造力,并将创新产品的研发和市场化推向更高层次。因此,管理创新是确保第一层次产品创新能够顺利实施的重要支撑。

（3）第三层次:市场或服务创新

市场或服务创新是创新导向的第三层次,它涉及企业与外部相关方的合作与互动。企业的创新活动不可能是孤立的,它通常会受到外部环境、科研机构、竞争者、政府政策等多方面因素的影响。为了推动产品的创新并实现市场化,企业必须加强与外部科研机构的合作,借助其技术力量提高自身的研发水平。同时,企业还需要与市场上的相关方进行合作,通过创新的营销策略来推广产品。

企业在市场化过程中,除了依赖内部创新,还需要与顾客、供应商、政府和其他合作伙伴形成一个多元的创新主体群体,共同推动产品的市场化。例如,企业可以通过与科研机构的技术交流合作,提升自身的技术水平,并且根据市场反馈调整产品或服务,最终实现产品的市场推广和商业化。因此,市场或服务创新依赖于企业与外部多个利益相关者的协同合作,它为企业提供了一个通向创新成功的便捷通道。

2. 以服务为核心的创新导向主体结构选择

进入 21 世纪,服务业成为全球经济的重要支柱,特别是在国民生产总值中的占比逐年上升。服务业的创新与传统的产品创新有所不同,它强调的是提供给消费者的直观体验,而非单纯的物质产品。基于这一特征,服务型企业的创新导向主体结构也相较于以产品为核心的企业有着明显的差异。对于以服务为核心的创新导向企业来说,创新主体结构可以分为三个层次:服务创新、组织创新、市场与营销创新。

(1)第一层次:服务创新

在以服务为核心的创新导向企业中,服务创新是核心任务。与产品创新不同,服务是一种无形且抽象的概念,其创新不仅仅是对某项功能的优化,而是如何提升客户体验、满足市场上不断变化的需求。因此,服务创新不仅是一个技术性任务,它还涉及从市场调研、服务设计到实际操作的各个环节。

企业必须动员整体资源来推进服务创新。具体而言,市场调研部门需要持续跟踪市场需求的变化和竞争环境的动态,挖掘潜在的服务需求。研发部门需要基于市场调研的结果,进行服务技术的创新设计,包括如何利用新技术来优化服务流程、提高服务效率,或者创造全新的服务模式。企业的营销部门则要通过顾客的体验和反馈来预测新服务的市场接受度,最终通过有效的推广手段将新服务推向市场。

服务创新的挑战在于服务的无形性和抽象性,因此,它要求企业的所有部门密切协作,尤其是在如何将创新的服务理念与顾客的实际体验结合方面,需要进行精心的设计和实施。服务创新不仅是企业的一项战略任务,还需要调动全体员工的创新潜力。

(2)第二层次:组织创新

以服务为核心的创新导向企业,在创新导向萌芽阶段,企业家的决策对组织结构的设定起到决定性作用。由于服务创新要求企业具备高度的灵活性和适应性,传统的以产品创新为核心的企业组织结构通常不适用于服务型企业。在这种情况下,企业家往往需要通过调整和创新组织结构来适应服务创新的需要。

服务型企业的组织结构通常更加灵活,强调各部门之间的紧密沟通与协作,减少层级和部门间的隔阂,以便能更快速地响应市场的变化。组织创新的实施,往往由企业家主导。企业家需要重新定义企业的组织目标、优化组织架构,推动跨部门协作,促进知识共享和创新精神的培养。这种组织创新为企业的服务创新提供了保障,使得企业能够在快速变化的市场环境中保持竞争力。

同时,企业家还需要通过文化创新和对管理制度的设计,推动组织内的创新氛围,鼓励员工在服务创新方面提出新的想法。组织创新不仅是为了优化内部的工作流程,也是为了在更大程度上提升企业的服务水平,最终达到提升顾客体验的目的。

（3）第三层次：市场与营销创新

在服务导向的创新过程中,市场和营销创新是不可或缺的一部分。对于服务型企业而言,顾客的需求和反馈是创新的起点,也是创新的终结点。企业的服务创新必须从顾客的需求出发,精准理解顾客的期望,并进一步挖掘潜在需求。除了现有的顾客需求,企业还要具备发现未来顾客需求的能力。

为了实现有效的市场化,企业需要与顾客、竞争者、其他服务提供商,以及相关行业的合作伙伴共同推动市场的创新。企业不仅要注重与顾客的互动,还要通过大数据分析、顾客行为预测等技术手段,及时发现市场上的新趋势和潜在机遇。同时,企业还需要与竞争者进行较量,不断优化服务方案,在营销上寻求差异化和创新,以确保新服务能够吸引并满足目标顾客群体。

企业还需要通过营销创新来提升品牌影响力,建立有效的传播渠道,把创新的服务理念传递给潜在顾客。通过有效的市场营销,企业能够更好地推广新服务,增强品牌的市场认知度,最终推动服务的市场化进程。

三、基于生命周期的创新导向企业组织结构选择分析

（一）创新导向生命周期理论

1. 创新导向萌芽期

萌芽期是企业创新导向的初始阶段。在这一阶段,企业开始提出创新导向的构想,制定相应的创新战略,并在企业内部推广创新文化。尽管创新导向在此时更多体现为抽象的概念和战略规划,但其作为创新活

动的起点,对整个创新导向过程起到了决定性的奠基作用。

创新导向萌芽期的阶段特征表现:①企业通过分析内外部环境(如市场需求变化、技术趋势、竞争格局等)识别潜在的创新方向;②通过制度建设和宣传活动,在企业内部逐步培养和强化创新导向的文化氛围;③创新导向的早期阶段以知识积累和创意生成为核心,企业通过感知市场和技术趋势,建立初步的隐性知识储备,为后续提供支持。例如,早期的字节跳动通过对互联网内容市场的深入研究,察觉到用户对于个性化信息获取的强烈需求,开始在内部培育创新文化,鼓励员工探索新的内容推荐技术和平台运营模式,为后续的产品创新奠定了基础。

2. 创新导向发展期

发展期是创新导向的构想从理论转向实践的阶段。在此阶段,企业对创新导向的技术可行性和市场适配性进行深入的研究,并通过一系列试验性工作推进其具体化。

创新导向发展期的阶段特征表现:①企业对现有的技术能力和资源状况进行评估,明确创新方案的技术实现路径;②通过市场调研与消费者反馈,验证创新产品或服务的市场潜力与客户接受度;③企业通过研发和试生产流程,对新技术、新产品进行初步验证和优化,确保其符合市场与技术标准。这一阶段承接萌芽期的创意生成,同时为成熟期的创新成果投入奠定必要的技术和市场基础。

以新能源汽车 O 企业为例,在发展期,O 企业对电动汽车的电池技术、自动驾驶技术等进行了大量的研发投入,同时通过市场调研了解了消费者对电动汽车续航里程、智能配置等方面的需求,从而不断优化产品设计,为进入成熟期做好准备。

3. 创新导向成熟期

成熟期是企业将创新成果投入市场、实现商业价值最大化的阶段。在此阶段,企业通过创新产品或技术的市场化,获取经济收益,并巩固其核心竞争力。

创新导向成熟期的阶段特征表现:①企业在已有的生产能力和营销能力基础上,通过对创新产品的规模化生产和推广,实现商业化转化;②企业内部已形成完善的创新导向文化,创新活动逐步制度化,创新资源得到系统整合与高效分配;③由于创新产品的市场表现不确定性相对较低,企业在此阶段的创新活动集中于优化生产和提升市场占有率。成熟期的核心在于实现创新的商业回报,同时通过强化创新能力为后续创新奠定基础。W 公司的 5G 通信技术在进入成熟期后,通过持续优化基站设备的生产工艺,提高产品的性能和可靠性,同时加强市场推广,与全球众多运营商合作,提升了 5G 技术在全球市场的占有率,实现了创新成果商业价值的最大化。

4. 创新导向调整期

调整期是创新导向进入反思和改进阶段的标志。随着创新产品逐渐被市场竞争者模仿,企业的创新收益和市场份额可能出现下降趋势。在这一阶段,企业需对原有创新成果进行改进,或启动新一轮创新以保持竞争优势。

创新导向调整期的阶段特征表现:①通过产品改进或技术升级延长创新成果的市场生命周期;②当现有创新逐渐失去竞争优势时,企业需重新审视市场需求并规划下一轮创新活动;③通过对创新组织氛围和激励机制的调整,缓解因市场化收益下降导致的员工懈怠。调整期不仅是对前一阶段创新活动的总结与优化,更是企业进入新一轮创新生命周期的起点,体现出创新导向的循环与递进特性。例如,A 公司在iPhone 系列产品进入调整期后,一方面通过软件升级和功能改进持续提升产品的市场竞争力;另一方面积极探索新的技术和产品方向,如增强现实(AR)技术在手机应用中的创新,为下一轮创新发展奠定基础。

创新导向生命周期理论为企业的创新活动提供了一个清晰的阶段划分框架。通过明确每个阶段的关键任务与特征,企业可以根据不同阶段的目标和需求,科学制定战略,优化资源配置,并灵活调整组织结构,从而实现创新能力的可持续发展与动态优化。

(二)创新导向不同生命周期分析

1. 创新导向萌芽期分析

创新导向的萌芽期是企业创新战略的初步成型阶段,其核心特征是创新思路的启蒙与创新理念的初步构建。创新导向在此阶段的形成主要受内外部多重因素的推动。内部驱动方面,战略转型的需求与内生创新机制的演进构成了企业推动创新的主要动力。外部驱动则来自市场环境的竞争压力和消费者需求的动态变化,这些因素共同促使企业尝试在战略层面探索创新路径。然而,在这一阶段,创新导向尚未发展为系统化的组织理念,其更多表现为企业管理层在战略选择上的初步尝试。

企业在这一阶段的主要任务可以分为以下几个方面:①需求挖掘与信息加工。企业需通过系统化的市场调研和数据分析,深入挖掘客户的潜在需求与市场动态信息。有效处理和提炼这些信息,将其转化为创新的关键洞察,为后续的创新活动提供方向性指导。②文化导入与制度建设。推动创新理念的传播需要营造支持创新的文化氛围。企业可以通过制定公司章程、设计激励机制和开展创新培训等措施,逐步促进员工的创新意识,鼓励他们主动参与创新活动。③隐性知识的积累。在萌芽期,企业的创新思路通常以隐性知识的形式存在,这些知识来源于员工对新兴技术和未来市场趋势的敏锐感知。随着创新理念的深入,员工的知识储备不断丰富,为企业预测市场趋势和洞察消费者需求提供了坚实的基础。通过这一系列的任务和措施,企业能够逐步将创新导向由单纯的战略探索转化为具有一定执行力的组织实践,为后续发展奠定基础。D 公司在创业初期,通过对航拍市场的调研,发现消费者对于便捷、高质量航拍设备的需求,从而确定了以无人机研发为核心的创新方向。通过制定公司章程、设计激励机制和开展创新培训等措施,推动创新理念在企业内部的传播,营造支持创新的文化氛围,鼓励员工主动参与创新活动。在萌芽期,企业的创新思路多以隐性知识的形式存在,员工对新兴技术和未来市场趋势的敏锐感知不断积累,为企业预测市场趋势和洞察消费者需求奠定了基础。

2. 创新导向发展期分析

创新导向的发展期是企业将创新从战略思维逐步转化为具体实施方案的关键阶段,其显著特征是创新组织文化的进一步强化与创新思路的实践性探索。这一阶段不仅是对萌芽期成果的延续和深化,更是通往成熟期的重要测试环节,旨在通过系统性实践确保创新活动的技术可行性与市场适应性。

企业在这一阶段的核心任务,首先,是技术可行性分析。通过研发部门的深入研究和与外部科研机构的紧密合作,企业对创新构想的技术实现路径进行全面评估。这包括明确技术能力的承受范围,发现潜在技术瓶颈,并探索技术突破口,以确保创新方案具备可操作性。其次,市场接受性验证是发展期的另一个重要任务。企业通过详细的市场调研与消费者行为分析,评估创新产品在目标市场的适应性与潜在接受度。这一过程能够帮助企业识别产品设计中的不足,并为后续优化提供依据。最后,企业需将创新方案细化为具体的实施路径。这包括设计详细的产品工艺流程,明确资源配置的具体需求,并为创新产品的市场投放做好准备。

通过在发展期进行的技术验证、市场适应性测试和实施方案细化,企业不仅能巩固创新导向的组织理念,还能在技术与市场层面为创新活动的成功提供可靠的保障。这一阶段的系统化实践和优化为创新导向的成熟阶段奠定了坚实的基础,确保创新活动能够顺利转化为实际成果。以宁德时代为例,在发展期对新能源电池技术进行深入的研发,与高校、科研机构合作,评估自身技术能力的承受范围,探索技术突破的方向,确保创新方案具备可操作性。通过市场调研和消费者行为分析,了解市场对新型电池产品的需求和接受程度,识别产品设计中的不足,为产品优化提供依据。将创新方案细化为具体的实施路径,包括设计产品工艺流程、明确资源配置需求,并为产品的市场投放做好充分准备。通过在发展期的一系列实践和优化,企业能够巩固创新导向的组织理念,在技术和市场层面为创新活动的成功提供坚实的保障。

3. 创新导向成熟期分析

创新导向的成熟期是企业将创新成果转化为实际收益的关键阶段,特点在于创新产品的大规模市场化及其商业价值的全面释放。在这一阶段,创新导向已成为企业普遍接受的核心理念,创新能力也逐渐被确立为核心竞争力的主要来源。

在成熟期,首先,企业需要推动创新产品的市场拓展。通过精准的营销策略和品牌传播,企业不断增强消费者对创新产品的认知和接受度,积极争夺市场份额。在这一过程中,高效的营销团队和精准的传播渠道起到了至关重要的作用。其次,企业需要在工艺优化和战略升级方面持续发力。通过改进生产工艺,提高资源利用效率,企业能够降低生产成本并提高产品质量。最后,企业需要优化销售与服务模式,借助差异化的服务策略和高效的客户响应机制,进一步巩固创新产品的市场地位。

这一阶段的另一个关键特征是内生机制的强化。成熟期的成功实践不仅为企业带来了显著的经济收益,还激发了员工的创新热情,推动了创新文化的深入发展。正向反馈机制的形成有助于企业保持创新动能,为持续的创新活动创造了条件。通过巩固技术优势和加强市场地位,企业在成熟期实现了创新收益的最大化,同时为未来的创新积累了宝贵的资源和经验。成熟期的成功标志着创新导向从概念到实践的全面落地,为企业的长远发展奠定了坚实的基础。农夫山泉在产品成熟期,通过多样化的广告宣传和营销活动,强化品牌形象,拓展市场渠道,提高了产品的市场占有率。持续进行工艺优化和战略升级,改进生产工艺,提高资源利用效率,降低生产成本,提升产品质量。优化销售与服务模式,借助差异化的服务策略和高效的客户响应机制,巩固创新产品的市场地位。在成熟期,企业的内生机制得到了强化,创新成果带来的经济收益激发了员工的创新热情,推动了创新文化的深入发展,形成了正向反馈机制,为企业的持续创新创造了有利条件。

4. 创新导向调整期分析

创新导向的调整期是企业在创新过程中进行反思与优化的关键阶段。随着创新产品的市场优势逐渐减弱,企业必须重新评估原有创新方向的适应性,并通过战略调整或二次创新,确保持续的创新竞争力。此阶段的主要任务是巩固已有的创新成果,并为下一轮创新铺路。

首先,企业需要对创新成果进行优化与升级。通过技术迭代与产品改进,企业可以延长创新产品的市场生命周期,满足新阶段消费者的需求。技术的持续创新和产品的优化不仅有助于维持现有市场份额,还能帮助企业更好地适应市场环境的变化。

其次,随着原有创新优势逐渐被削弱,企业应根据市场变化和技术发展趋势,重新调整创新战略,启动新一轮创新导向的构建。在这一过程中,企业需要主动识别新的技术突破点或市场需求,确保创新方向的前瞻性与可持续性,从而为未来的增长提供新的动力源泉。

最后,调整期还需要企业优化激励机制。成熟期的高收益可能导致员工的创新热情下降,企业必须通过有效的激励机制与文化调整来重燃员工的创新激情。这不仅有助于提升员工的参与度,还能够确保创新导向的持续发展。

通过战略性的总结与优化,企业在调整期能够应对外部环境的变化,及时调整创新战略,并通过高效配置创新资源,推动创新能力的持续迭代。这一过程为企业适应新的市场需求和技术变革提供了强大的支持,确保创新导向能够在不断变化的市场中保持活力与竞争力。

以 J 公司为例,在胶卷业务进入调整期后,J 公司虽然意识到数码技术的发展趋势,但未能及时有效地调整创新战略,最终走向衰落。而一些成功的企业,在原有芯片产品地市场份额受到挑战时,通过技术迭代和产品升级,推出性能更优的芯片产品,延长了产品的市场生命周期。同时,根据市场变化和技术发展趋势,重新调整创新战略,启动新一轮创新导向的构建,主动识别新的技术突破点和市场需求,为企业未来的增长寻找新的动力源泉。成熟期的高收益可能导致员工的创新热情下降,企业需要优化激励机制,通过有效的激励措施和文化调整,重新激发员工的创新激情,确保创新导向的持续发展。

创新导向生命周期的各阶段构成了企业创新活动的动态演化过程。从萌芽期的初步探索,到发展期的验证与实现,再到成熟期的商业化与调整期的反思优化,企业通过灵活应对不同阶段的特定需求,能够有效保持创新活力与竞争优势,进而实现长期可持续发展。

(三)基于生命周期的创新导向企业组织结构选择

企业需要根据创新导向在不同阶段的发展要求,调整其组织结构,每个阶段的创新目标和任务不同,组织结构的选择和调整将直接影响创新活动的效果。以下是对四个阶段组织结构选择的分析。

1. 萌芽阶段的组织结构

在创新导向的萌芽期,企业的创新理念和思路尚处于初步阶段,尚未具备成熟的创新能力。在这一时期,创新主要来源于企业高层管理者的推动,管理层将创新导向战略传播到整个企业,并且通过部门之间的沟通与合作,推动创新理念的形成与传播。此时,组织结构应当选择互助直线型结构,其特点是部门间层级简单,沟通便捷,适合迅速传递创新思想和理念。

部门之间的层级关系简单,沟通较为直接,能够快速传播创新思维。创新思路来源广泛,研发部、生产部和市场部等关键部门通过紧密合作,为创新活动提供支持。企业的管理层直接管理各部门,以确保创新战略的迅速传播。

这一结构能够支持创新理念的传播与推广,增强部门之间的协作,尤其是研发、生产和市场部门之间的沟通对创新至关重要。简单的结构使得各部门能够迅速响应高层的创新决策,并有效推动创新思路的形成。

2. 发展阶段的组织结构

进入创新导向的发展期,企业已初步形成创新文化,创新活动逐步向具体产品与市场拓展。在此阶段,企业需要更多的市场信息、顾客需求的反馈和技术可行性的验证,因此,网络化组织结构更加适合。

以研发部门为核心,企业内部高层管理者、研发部门、生产部门以及外部市场信息供应者、顾客等紧密合作,形成一个网络化的合作体系。企业通过这种结构与外部利益相关者互动,以获得市场反馈并验证创新方向的可行性。

在这一阶段,研发部门不仅要进行技术创新,也需要与外部进行交流,以获取市场和技术支持。网络化结构能够有效地整合企业内外部资源,促进信息流动,并且帮助验证创新思路的市场适应性。

3. 成熟阶段的组织结构

在创新导向的成熟期,企业的创新能力已经得到了充分的展示,创新产品的市场化成为主要目标。此时,企业的创新任务不局限于产品设计,更需要在生产工艺、市场策略等方面进行创新。因此,企业需要更为正式、系统的组织结构来支持复杂的生产和市场化工作,矩阵式组织结构是适合这一阶段的选择。

矩阵式结构结合了职能部门与项目部门的优势,各部门之间存在明确的层级关系,生产、研发、市场等部门协同工作,推动产品从设计到生产再到市场化的顺利进行。通过产品管理部等专门机构的统筹,协调各部门之间的工作。

成熟期的创新导向要求企业优化生产工艺、营销策略并协调各部门的工作,矩阵式结构能够提供有效的资源配置,确保各部门之间的协作和创新任务的高效执行。这一结构特别适合在企业已经拥有较多创新产品时,推动产品的市场化和产业化。Y集团在成熟期,针对不同的产品线采用矩阵式组织结构,各部门围绕产品项目展开协同创新,优化生产工艺和营销策略,提高了产品的市场竞争力,推动了创新产品的产业化发展。

4. 调整阶段的组织结构

在企业进入调整阶段后,市场竞争的加剧和创新产品市场份额的下降迫使企业重新思考其发展方向。这一阶段,企业组织结构的选择关键在于是专注于对现有产品的优化升级,还是着眼于启动新一轮创新活动。不同的选择对组织结构提出了截然不同的要求。

如果企业决定聚焦于对现有产品的优化升级,职能型组织结构是较为适合的选择。这种传统的结构形式能够通过内部研发和生产的优化,有效推动产品的技术提升和市场推广。在职能型结构下,各职能部门可以依赖现有的协作机制,高效分工完成产品优化任务,无须对组织架构进行大规模的调整。尤其在技术成熟的领域,这种结构能够集中资源,专注于提升产品的性能和延长产品生命周期,同时保持内部运营的稳定性和效率。

然而,当企业选择启动新一轮创新活动时,虚拟型组织结构则更为适宜。虚拟型结构强调柔性化和开放性,通过跨组织合作,整合内部与外部资源推动创新的实现。其灵活的特点使得企业能够联合外部客户、供应商与研发机构等合作伙伴,形成一个动态的创新网络。信息和资源的流动在这种结构中更加高效,创新的来源也更加多样化,从而为企业实现二次创新提供了强有力的支持。虚拟型结构的优势在于打破了传统组织的部门边界,建立了一个灵活调整、广泛参与的合作体系,帮助企业快速适应市场变化并开拓新的创新领域。

在创新导向生命周期的不同阶段,企业的组织结构需求各不相同。萌芽期要求简单灵活的直线型结构,以快速响应资源限制和市场机会;发展期适合网络化结构,注重强化与外部市场的联系;成熟期则需要矩阵式结构,通过资源整合推动产品的生产和市场化。而在调整期,企业需根据其战略选择,采用职能型结构实现对现有产品的优化,或利用虚拟型结构推动新一轮创新。

总体而言,选择与创新方向匹配的组织结构是企业在调整期应对市场挑战和保持竞争力的关键策略。职能型结构通过稳定、高效的资源整合助力产品优化,而虚拟型结构则通过灵活性和多样化资源支持突破性创新。这种因需而变的组织结构选择,不仅能够帮助企业高效地完成创新任务,还能推动其持续创新,实现长期发展目标。

第二节　企业文化战略理论体系的创新建设

一、企业文化概述

（一）文化的内涵

"文化"一词在不同的历史背景和学科领域中有着多种定义和内涵。在西方，文化（culture）一词源自拉丁文"cultura"，原意为"耕种"，从而引申为修饰、打扮、耕种、培育以及敬仰、崇拜、祭祀等含义。随着历史的发展，文化的定义逐渐扩展，涵盖了更为广泛的领域，现今并没有一个统一的定义，但几种代表性的解释为我们提供了多角度的理解。

在中国，文化的概念可以追溯到《易经》，其中提到"文明以止，人文也"，强调了文化对社会变革和人类发展的作用。汉代刘向的《说苑·指武》更是明确表示，文化是影响社会和国家秩序的重要因素。《现代汉语词典》则从两个方面来解释"文化"：一方面是人类在逐渐发展的过程中创造的精神财富和物质财富的总和，特指精神财富，如艺术、文学、科学等；另一方面则是指运用文字的能力及一般知识。

其他的辞典也有不同的定义，如《辞源》解释文化为"文治和教化"，而《语言大典》则认为文化包含三个层面的内容：一是人类向文明进化的一个特定的状态或阶段；二是历代学者积累起来并传承下来的知识；三是各种社会组织在历史积累下的生活特性、社会礼仪和惯常信仰的总体。

文化应该满足以下五个方面的要求：第一，文化拥有一套基本假设；第二，由特定群体创造和发展；第三，文化是通过学习来应对组织外部适应与内部统合的问题；第四，文化通过传授给新进成员得以传承；第五，文化能够修正成员的知觉、思考和感觉的方式。

总的来说，文化是一个复杂且多维的概念，其内涵随着社会的发展而不断扩展与深化。无论是从广义还是狭义的角度理解，文化都是人类创造、传承并不断演化的精神与物质财富的总和。

(二)企业文化的概念

企业文化这一概念的提出始于 20 世纪 80 年代初。尽管企业文化在全球范围内已经发展了数十年,但直到今天,关于其确切的定义依然没有形成统一的标准。不同学者和实践者根据各自的研究角度和实际经验,对企业文化做出了多样化的解释。

企业文化总是与特定的历史背景和时代需求紧密相连。随着社会的发展和时代的变迁,不同历史时期的企业文化也会展现出不同的特点。这些差异往往是由时代的需求和外部环境的变化所推动的。因此,企业文化不是一成不变的,它在不同时期可能会根据外部条件和内部需求的变化进行调整和发展。

企业文化通常建立在企业成员的共识基础上,但这种共识是相对的,而非绝对的。在一个多元化的组织中,员工的背景、观点和行为方式可能存在较大的差异,因此很难达成一种全体员工一致认同的共识。实际上,企业文化的共识通常是多数员工之间的认同,是一种集体的价值观和行为标准。如果某种价值观或行为规范未能在全体员工中形成广泛认同,那么它很难成为企业文化的核心组成部分。

(三)企业文化的基本结构

企业文化由四个主要部分组成,它们相互影响、相互作用,只有这个四部分有机结合,才能使企业文化焕发活力,并展示出强大的作用和竞争力。

首先,企业理念文化是企业文化的核心和精髓,包含企业的核心理念、基本理念、文化定位等内容。企业理念文化具有较强的稳定性,它为企业的目标和愿景提供内在的动力和支撑,是推动企业健康成长的重要因素。企业理念文化不仅仅是一个抽象的思想体系,它通过企业行为文化、制度文化和物质文化体现出来,同时这些文化结构也反过来影响和塑造企业理念文化。

其次,企业制度文化是指企业在经营管理过程中形成并倡导的,包含企业规章制度、管理规范等强制性文化规范。企业制度文化的作用不仅体现在制度本身,还包括与制度相适应的文化氛围和意识。企业制度文化是企业理念文化的传导器,它通过各类规范和章程帮助企业成员遵守企业的核心价值观,同时也保障企业行为文化的落实。企业制度文化在促进企业行为规范化的同时,还能保证物质文化的顺利开展,推动企业文化的全面建设。

再次,企业行为文化是指企业在经营管理过程中形成的被大多数成员认同并遵循的行为方式。

最后,企业物质文化是企业在经营管理中形成并倡导的以物质表现为载体的文化形式。企业物质文化的发展直接影响企业形象的塑造,同时也反映出企业成员的行为方式和文化水平。通过对物质文化的建设,企业能够更好地展现其独特的文化内涵,并推动企业文化的整体变革。

(四)企业文化的特征

企业文化具有一些特征,这些特征共同构成了企业文化的多维特性,使其在推动企业发展、增强凝聚力和提升竞争力等方面发挥着重要作用。

1. 无形与有形的统一

企业文化本质上是一种软约束,它强调通过大多数人的认同来实现行为的自我控制和自律。然而,企业文化在实施过程中也包含一定的强制措施,如通过舆论或制度来规范行为,从而将无形的理念文化转化为具体的、有形的实践,推动企业文化的落实。

2. 客观性与主观性的统一

企业文化是企业固有的,它存在于每一个企业中,不论是否经过系统的构建与梳理。即使没有刻意地去引导和建设,企业文化仍然在某种程度上发挥着作用,只是它可能没有被充分地挖掘或发挥潜力。在员工层面,对企业文化的理解和接受具有主观性,因为每个人根据自己的需求和背景对企业文化有不同的解读,形成个人化的文化观念。这种主观性表现在文化的选择性上,员工会选择符合自己价值观的文化元素,而忽视或排斥不符号的部分。

3. 理论性与实践性的统一

在企业文化中,理念文化尤为重要,它代表了企业的价值观和核心信念。理念文化虽然具有较强的理论性,需要系统的理论指导,但它也必须落实到实践中,成为员工日常行为的规范。企业文化不仅是理论的集中体现,它还需要在实践中不断调整和完善,从而形成具有指导意义的行为规范和管理体系。

4. 科学性与人文性的统一

企业文化中的制度文化、行为文化和物质文化大多依赖于科学的管理方法和实践基础,体现出科学性的一面。然而,企业文化的核心理念,特别是价值观部分,往往包含着人文性的元素,关注人的需求和精神层面的追求。企业文化不仅注重效率和成果,还强调员工的价值、尊严和归属感,这种人文性与科学性相辅相成,共同推动企业文化的发展。

5. 稳定性与可塑性的统一

企业文化的形成需要长时间的积淀,一旦确立,便能够在企业中长期发挥作用,具有很强的稳定性。这种稳定性为企业提供了文化的持续性和凝聚力。然而,企业文化并非一成不变,随着企业的发展和外部环境的变化,某些旧有的文化元素可能会逐渐不适应新的形势,需要对其进行更新和调整。因此,企业文化具备一定的可塑性,能够根据时代和企业发展的需要进行适当的创新和变革。

6. 个性与共性的统一

每个企业都有自己的特殊文化,受到地理位置、领导风格、团队特点、产品类型等多方面因素的影响,因此展现出独特的企业文化个性。富有个性的企业文化能够给企业带来活力和长久的生命力。然而,尽管不同企业的文化各具特色,但所有企业文化在本质上都追求相同的目标,即人本主义、尊重员工并为员工提供归属感和奋斗目标。这种人文关怀是企业文化的共性所在。

（五）企业文化的类型

企业文化可以从不同的角度进行分类,根据企业文化的不同特点、发展阶段及其对企业管理的影响等方面,可以将企业文化划分为多种类型。

1. 根据文化发展阶段分类

（1）成长型企业文化

在成长阶段,企业通常会经历快速的发展和资本积累,企业的规模、资源和影响力迅速增强,发展前景看好。这一阶段的企业通常会在内外部环境的推动下,逐渐形成新的理念和价值观,诸如勇于创新、竞争意识、积极开拓和进取等。这些新的理念和价值观可能还未完全形成稳定的企业文化框架,但它们为未来成熟的企业文化打下了基础。

在成长型企业文化阶段,新形成的文化具有强大的吸引力和感召力,但其稳定性较差,更多的是一种初步的文化氛围。这一阶段的企业文化会随着内外部环境的变化而不断进行调整,因此其可塑性较强,需要企业领导和管理层在这一阶段对文化的培养和定型进行合理的引导,确保其逐步成为推动企业发展的核心力量。

（2）成熟型企业文化

当企业发展到成熟阶段,企业的规模、人员流动、企业制度、员工的行为方式、管理模式等各个方面逐渐稳定,企业与利益相关者的关系也会变得更加稳定和持久。此时,企业文化经过成长期内的冲突和整合,逐渐形成并确定了一种具有企业特色的文化。在这一阶段,企业文化往往能得到员工的广泛接受和认可。

成熟型企业文化的特点是能够有效地支持企业制度和决策的迅速执行,使得企业的管理更加规范化和高效化。这一时期的企业文化被视为企业文化发展的黄金时期。然而,成熟型企业文化也存在一些问题:由于其高度稳定性和惯性,可能会对创新和变革形成一定的阻碍作用。当企业所面临的环境发生变化或企业进行改革时,传统的企业文化可能会成为改革的障碍。因此,尽管企业文化在这一阶段趋于稳定,但需要时刻警惕其对变革的阻力。

（3）衰退型企业文化

随着企业进入衰退阶段，企业的文化可能也会出现衰退。当企业在面临内外环境的变化时，如果依然坚持传统的经营管理方式和方法，企业文化就会逐渐失去与时俱进的能力，从而无法支持企业的可持续发展。这时，企业文化可能会变得陈旧且过时，成为推动企业发展的负担。

衰退型企业文化不仅无法支持新的经营管理方式的产生，反而可能会抵制这种创新的出现。这种文化的僵化和固守将使企业失去竞争力，甚至在更广泛的环境变革中处于被淘汰的边缘。因此，企业需要注意随着时代的变化，不断创新和调整其企业文化，以避免陷入衰退的困境。

2. 根据挑战性和内外部方针分类

（1）自我革新型

这种企业文化能够高度适应市场变化，强调企业对外部竞争环境的反应和挑战。企业鼓励员工不断自我变革，追求创新和进步。这类文化强调动态适应性和灵活性，促使企业在面对快速变化的市场和技术时，更加注重及时调整和优化自身的策略。

自我革新型文化适合那些处于竞争激烈、变化快速的行业，企业会不断寻找新的机会，推动创新，提升企业的核心竞争力。

（2）重视分析型

这种企业文化强调通过分析企业运营中的各项因素来促进发展。企业通常会重视生产效率、管理效率和数据驱动决策等，力求通过精确的分析和计划来确保其经营活动的高效性。此文化类型的企业偏向于采取理性决策，利用各类数据和信息来优化资源配置和管理流程。

重视分析型文化适合那些在稳定环境中追求效率和管理优化的企业，尤其是那些生产和运营过程复杂、需要高效管理的企业。

（3）重视同感型

这种企业文化关注市场地位的稳定性和客户满意度，强调规避风险，重视稳健的增长。企业在这种文化中更加注重维持现有的市场地位和品牌形象，确保长期稳定的收益和客户的忠诚度。这类企业通常会避免过度冒险和挑战，而更倾向于采取稳妥的策略。

重视同感型文化适合那些市场已经稳定、希望保持现有客户基础和市场份额的企业。它们通常重视维护客户关系和品牌忠诚度，避免过多的变革。

（4）重视管理型

这种企业文化着重于企业内部规范和管理的有效性,特别是规范化的流程和制度。它强调管理层的控制力和决策权力,同时注重与竞争对手之间的协调与竞争。企业通常会制定严格的规章制度,以确保内部运作的高效和有序。这类企业在面对外部竞争时,更多的是通过内部管理的优化来增强自身的竞争力。

重视管理型文化适合那些需要严格管理和高效操作的企业,尤其是在管理层需要有清晰的决策权和执行力度的环境中。

3. 根据内容特质分类

根据企业文化的内容特质,可以将企业文化划分为五种类型,每种类型侧重的方面有所不同,具体如下。

（1）务实型企业文化

务实型企业文化强调求真务实,注重实际效果和经济效益。企业在这一文化下非常注重实际操作、真实数据和工作成果,避免空谈和理想化的目标。在管理中,衡量员工工作能力的唯一标准是其实际工作成绩和效率,并关注企业的生产力和财务回报。

企业关注的是"做事有效率,讲实话,出实效"。务实型企业强调的是在日常经营中如何高效完成既定目标,通过实实在在的行动来推动企业发展。

（2）团队型企业文化

团队型企业文化注重团队精神与合作,强调集体主义和团队协作。企业中的每个员工不仅要为个人目标努力,还要与团队成员一起合作,完成整体目标。决策往往通过集体协商,强调团队合作对企业成功的重要性。

（3）竞争型企业文化

竞争型企业文化注重企业内部和外部环境的竞争,追求自身能力的增强与市场地位的提升。企业在这种文化下高度重视与竞争对手的比较和竞争,鼓励员工提升自身的竞争力,力求在市场中脱颖而出、占领更多的市场份额。

竞争型企业文化强调"赢得竞争、超越对手"。企业在这种文化中往往采取激烈的市场策略、创新举措与风险管理,以保证能够在激烈的市场竞争中获胜。

（4）创新型企业文化

创新型企业文化强调创新、变革与探索，是推动企业持续发展的核心动力。企业在这种文化下注重研发、产品创新、业务创新和管理模式创新，鼓励员工提出新思路，尝试新方法，不断突破现有的局限。

创新型企业文化强调"持续创新、拥抱变化"。这类企业通常具有较强的风险意识和变革意识，他们不仅关注当前的市场情况，也注重长远规划，并且在不确定的环境中保持灵活应变的能力。

（5）目标型企业文化

目标型企业文化强调企业的使命与目标，企业文化的核心是企业的战略目标。每个员工都以企业的长期愿景为导向，围绕企业的使命开展工作，确保所有行动都朝着同一个目标前进。企业文化不仅在目标的设定上起到指引作用，还为日常管理提供了明确的方向。

目标型企业文化强调"明确使命、共同奋斗"。企业目标和使命清晰明确，员工的工作目标与企业整体目标紧密对接，形成一致的推动力。

不同类型的企业文化反映了企业在其所处环境中所需要的不同关注点，从务实的执行力到追求团队合作，再到对外部竞争的敏感与创新的驱动，各种类型的文化将影响企业的长远发展路径。

4. 根据风险程度和回馈程度分类

企业文化在风险程度和回馈程度这两个维度上的分类，反映了企业在面对市场波动、组织变化和内部管理时采取的不同文化策略。具体的文化类型如下。

（1）强人文化

强人文化是一种高风险、快反馈的文化类型。企业强调个人能力，依赖强有力的领导者或核心人物进行决策。通常这种文化出现在建筑、风险投资、娱乐等行业。在这些行业中，企业常常面临较高的风险，力求通过快速的决策和行动来获取竞争优势，并力图在短期内取得显著成果。企业鼓励员工敢于拼搏、追求卓越，并且通常在绩效和回馈方面具有高强度、快速的反馈机制。

这种文化强调冒险精神、快速反馈和追求卓越，适合快速发展的行业，但往往缺乏持久力和系统性。

（2）拼搏与娱乐文化

拼搏与娱乐文化是一种低风险、快反馈的文化类型。这类文化常见于灵活的销售组织、服务行业等。员工的工作虽然强调拼搏，但相对来说风险较小，且工作成果的反馈迅速。企业鼓励员工在工作中尽情发挥，同时也提倡工作与娱乐的平衡，使得员工能够在较低的压力下保持较高的生产力。虽然风险小，但工作绩效能够得到及时的反馈，营造了积极向上的工作氛围。

这种文化强调工作与娱乐并存、积极拼搏、快速反馈，适合那些对创新和灵活性要求较高的行业。

（3）过程文化

过程文化是一种低风险、慢反馈的文化类型。这类文化多出现在金融保险、公共事业等传统行业。其核心价值观是通过细致的流程管理、严格的技术和方法保障企业运营的稳定性。企业中的员工通常按部就班，注重流程的精确性和执行的标准化，风险控制极为谨慎。虽然这种文化下的企业效率较低、缺乏创新，但具有较高的稳定性和较低的人员流动率。

5.根据稳定性和导向分类

奎因和卡梅隆的竞争性文化价值模型根据稳定性和导向这两个维度，将企业文化划分为以下几种类型。

（1）活力型文化

该文化类型强调创新、灵活性和外部机会，适合那些需要快速变化和高度适应性的行业，如高科技和创意行业。企业结构较松散，注重快速响应市场变化。

（2）层级型文化

该文化类型注重稳定性、控制性和规范化，适合那些需要严格管理和高效操作的传统行业，如政府机构和制造业。企业强调标准化流程和规章制度，以保持高效运作。

（3）市场型文化

这种文化注重结果、竞争和目标导向，适用于竞争激烈的行业，如销售和零售。企业关注外部市场需求和客户满意度，强调绩效和财务成果。

（六）企业文化的功能

企业文化具有多方面的功能，这些功能共同作用，促进企业的长期健康发展。根据"企业文化六大功能"模型，企业文化分别在不同层面上发挥作用，包括导向、推动、凝聚、辐射、激励和约束功能。

1. 导向功能

企业文化为企业的战略和发展方向提供指引，帮助其确定整体价值观和行为方向。同时，它引导着员工的行为和价值观，确保他们与企业战略目标一致。换言之，企业文化不仅支持战略的实施，还通过引导员工的行为来实现企业目标。

2. 推动功能

企业文化能够帮助企业在困境中找到出路，推动企业走出低谷并实现持续健康发展。它通过提升企业的整体文明水平，包括科技和教育等领域的进步，进一步增强企业的市场竞争力。

3. 凝聚功能

企业文化通过营造独特的氛围，使员工产生认同感和归属感，从而增强团队凝聚力。员工将个人的思想和行为与企业目标紧密结合，形成强大的合力，推动企业整体向前发展。

4. 辐射功能

企业文化通过不同的渠道（如理念、产品、人员和媒体）对外界产生影响。这种辐射功能使得企业的文化能够从内部扩展到外部，从而提高企业的品牌影响力和社会认知度。

5. 激励功能

企业文化能够激发员工的工作动机和潜力，鼓励他们展现更高的工作热情和创造力。这种激励不仅是物质上的，还包括企业的价值观、伦理道德和精神层面，推动员工追求个人和集体的共同成长。

6. 约束功能

企业文化在约束员工行为和思想方面发挥着关键作用。与硬性制度的约束不同,企业文化提供的是一种软性、间接的约束,能够帮助员工塑造正确的工作态度和行为习惯。这种文化约束能够有效弥补和完善企业制度的不足。

通过这六大功能,企业文化不仅是一个企业内部的无形资产,还能通过对外的辐射作用提升企业的市场地位和社会影响力,从而推动企业的持续发展和竞争力的提升。

二、企业文化的影响因素

企业文化的形成和发展受到多种因素的影响,通常可以分为外部因素和内部因素两大类。

(一)企业文化的外部影响因素

1. 宏观环境

宏观环境主要体现在政治、法律、经济、科技、社会和文化等方面,这些因素对企业文化的影响深远。

(1)政治环境

政治环境包括国家的政治制度、体制、局势与政府的方针政策等。总体而言,国家的政治环境较为稳定,企业文化的形成和发展往往会受到政治文化的影响,并且企业文化有时会承载政治环境的烙印。在某些国家或地区,企业的经营管理也受到政治体制的制约,企业文化因此与政治文化紧密相连。

(2)法律环境

法律环境包括国家颁布的法律法规、对企业行为的管理规范与行业监管。随着法律建设的加强和对公众利益的关注,企业的行为越来越受到法律的制约,进而影响企业文化的形态。企业文化在这种环境中往往需要加强合规意识,并融入法律规定,确保企业行为的合法性和合规性。

（3）经济环境

经济环境包括国家的经济体制、市场体系、经济发展水平与市场需求等方面。经济环境直接影响企业的经营模式、发展方向与资源配置，因此企业文化的内容和发展趋势会随着经济环境的变化而发生调整。在知识经济时代，竞争加剧、市场的动态变化与创新成为经济发展的主要特征，这也推动了企业文化朝着更加灵活、创新和包容的方向发展。

（4）科技环境

科技环境指的是技术水平、科技政策、技术创新与新技术和新工艺的出现等因素。在现代企业中，科技发展对企业的影响日益显著。技术革新不仅促进了企业的物质文明发展，还推动了企业文化的形成与发展。例如，互联网技术的普及催生了数字文化、协作文化等新的企业文化形态。

（5）社会环境

社会环境包括人口结构、社会结构、生活方式与社会责任等方面。企业在社会中的角色和责任日益受到关注，企业文化也会随着社会环境的变化而发生调整。随着公众对企业社会责任的重视，企业文化越来越倾向于强调可持续发展、生态保护、员工福利等社会责任。

（6）文化环境

文化环境指的是传统文化和现代文化的共同作用。在中国，儒家文化、道家文化和法家文化等传统文化对现代企业文化有着深远的影响。例如，儒家的"仁爱"和"和谐"思想，法家的法治理念，以及道家的"无为而治"思想，均在现代企业的管理和文化中有所体现。同时，现代文化如创新文化、团队文化和协作文化等，也塑造了当代企业的文化风貌。

2. 行业环境

行业环境是指同一行业内企业所面临的共同外部环境，行业文化在其中扮演着重要角色。行业文化包括行业的精神、道德标准、行业规范、风气等。这些文化元素不仅影响着企业的日常经营管理，还在某些情况下成为企业文化的根基。企业在行业内的竞争与合作过程中，必然会受到行业文化的影响，并且企业文化的形态与行业文化的特征息息相关。

例如，在高科技行业，创新和技术驱动的文化可能更为突出；而在传统制造行业，团队协作和效率可能成为企业文化的重要组成部分。企业不仅是行业文化的创造者，也是行业文化的实践者和传播者。

3.地域文化

地域文化指的是不同地域或地区所形成的独特文化习惯、价值观和行为规范。不同地区的自然资源、历史背景、民族习惯和社会结构等因素,共同作用形成了具有地方特色的文化。这种地域文化直接影响企业文化的构建。

人们常说:"一方水土养一方人。"不同的地域文化滋养着当地的企业文化。在中国,东南沿海地区的企业文化可能会更加开放和创新,而西部地区的企业文化则可能更加注重传统和稳定。地域文化的差异性要求企业在不同地区的运营中,适应当地的文化特征,以确保企业文化的有效传播和落地。

外部因素如宏观环境、行业环境和地域文化深刻影响着企业文化的形成与发展。政治、法律、经济、科技、社会和文化等宏观环境因素为企业提供了背景、形成了约束,而行业环境和地域文化则为企业文化的细化与实践提供了指导。在这样的多重外部环境影响下,企业文化不断变化和进化,既要适应外部环境的变化,也要积极塑造独具特色的企业文化,以增强其竞争力和可持续发展能力。

(二)企业文化的内部影响因素

企业文化的形成不仅受到外部环境的影响,内部因素也是影响企业文化走向的重要因素。企业历程、企业战略、企业人员与经营管理等因素,均在不同程度上塑造和影响着企业文化的构建和发展。

1.企业历程

企业的历史背景、发展过程和所经历的重大事件对企业文化有着深远的影响。

企业从成立之初,随着时间的推移,不断积累经验、形成传统并应对市场变化,这些因素都会对企业文化的内涵产生重要作用。企业文化是一种历史的积淀,企业文化的形成和发展实际上是企业传统逐渐发展的过程。

企业在不同发展阶段的文化特点有所不同。在初创阶段,企业的主要任务是生存,因此企业文化的特征主要集中在拼搏、开拓和奉献上。

在成长阶段,企业的重点转向发展,文化基因也更加注重速度、质量和效益。到了成熟阶段,企业文化则更加关注稳步发展,强调稳健、协调和沟通。而在企业面临衰退或危机时,其文化的重点会转向变革、创新和学习,以应对新的挑战。

此外,企业在发展过程中经历的一些关键事件,如并购、技术革新、市场扩展等,往往会对企业文化产生重要影响。这些事件可能推动企业文化的转型,或强化现有文化的核心价值,使得企业在应对外部变化时更具适应性和韧性。

2. 企业战略

企业战略的制定和实施直接影响企业文化的调整与发展。企业战略是在动态变化的市场环境中对未来发展的规划和布局,企业文化则需要支撑战略的实施。

企业文化和战略之间存在相互作用和依赖的关系。战略目标的变化往往需要企业文化的相应调整。例如,当企业战略的重心转向创新和技术时,企业文化可能会更加强调创新、风险容忍度和灵活性;而当战略注重成本控制和效率时,企业文化则可能强调纪律性、规范化管理和精细化操作。

企业文化的变化往往较慢,通常滞后于战略的变动。当企业的战略发生改变时,现有的企业文化可能会成为战略实施的障碍。因此,在战略变动时,调整企业文化以适应新战略的需求非常重要。

3. 企业人员

企业文化的核心在于人,企业文化的形成和传播往往依赖于企业内部员工的共同努力。不同层次的员工,如企业领袖、企业楷模和企业员工,对于企业文化的形成和发展有着不同的影响。

（1）企业领袖

企业领袖是企业文化的设计者、倡导者和践行者。企业领袖的个人价值观、领导风格与创业精神直接影响着企业文化的塑造。领袖通过自己的言行,推动文化的传播与贯彻,激励全体员工理解并参与到企业文化的建设中。

（2）企业楷模

企业楷模是那些在企业中表现出色、具有突出贡献的员工。他们通过卓越的工作表现、创新思想和业务成就成为企业文化的典范和核心人物。企业楷模能够为其他员工树立榜样，引导企业文化的具体实践，起到聚合、协调和创新的作用。

（3）企业员工

企业员工是企业文化的重要创造者和传承者。企业文化的本质在于员工的日常工作与行为实践，员工的价值观、工作态度与对企业文化的认知和接受度，直接影响企业文化的形成和发展。员工是文化传播的基础力量，同时也是检验企业文化是否科学有效的标准。

4. 经营管理

企业的经营管理方式、管理思想和管理体制都对企业文化有着重要影响。企业文化在某种程度上是企业管理思想的体现，而企业管理又是企业文化的实践场地。

企业的战略、领导体制、组织结构、管理模式和规章制度等都直接影响着企业文化的具体内容。企业战略的调整必然会引起企业文化的变革，而管理层次的合理安排可以实现对企业文化的深入贯彻。

企业的领导体制反映了企业文化的内涵。一个企业的组织架构和领导模式往往体现了其文化的特色，比如集权型管理可能体现较为传统、稳健的文化，而扁平化管理可能反映更加灵活、创新的文化。

企业规章制度是企业文化的一种载体，能够通过制度的形式规范和对员工行为的调节，推动企业文化的落实。良好的企业制度不仅有助于提高管理效率，也能有效传递企业的核心价值观和行为规范。

企业文化的形成与发展不仅仅是对外部环境的反映，内部因素同样起着至关重要的作用。企业历程、战略、人员与经营管理等因素共同塑造了企业文化的内涵与表现形式。在企业文化建设过程中，企业领导的引领作用、员工的实践和制度的保障，都是确保企业文化有效执行的关键。因此，企业文化必须在实际运营中不断根据内部因素的变化进行调整和发展，以适应企业的战略目标和市场环境的需求。

三、企业文化对企业创新的影响

正如经济学家诺斯所言，创新有其路径依赖，而企业文化作为一种特殊的资源，能够影响创新活动的方向和成败。它不仅为创新提供了选择框架,还通过内部机制对创新产生深远的影响。企业文化作为亚文化,直接决定了企业创新的氛围和动力。

（一）企业文化对企业创新的作用机制

企业文化作为一种异质性资源,具有独特性、优势性、难以模仿性和高价值性。独特性使得每个企业的文化都具有独到之处,优势性则表现在能够推动企业发展的文化可以为企业带来明显的竞争优势,难以模仿性意味着这种文化的形成需要经过长期积累,短期内难以被其他企业复制,而高价值性则意味着其在企业创新中的巨大作用。这些特点使得企业文化成为推动企业创新不可或缺的重要思想保障。

在企业文化的形成过程中,企业历史、环境、企业家理念等因素都会对文化的构建产生深远的影响。企业文化通过制度的固化,使得企业形成一种"心理程序",从而成为企业的生存方式和员工的行为规范。这种"心理程序"能够通过同化作用影响新员工的价值观和行为方式,推动他们在企业文化的框架下进行创新。企业文化也能在制度创新时赋予企业制度新的内涵和功能,进而促进制度创新的顺利进行。除此之外,企业文化的变革往往会伴随企业制度的变动,进而推动创新活动的展开。

从企业文化的内容来看,核心的企业理念和价值观对企业创新起到了重要的引导作用。企业的共同价值观,如企业目标、理想与经营哲学,能够为企业创新提供方向和动力。如果企业的价值观注重长期发展而非短期利润,那么企业将更加注重创新,注重员工的发展和对其的激励,进而营造良好的创新氛围。企业核心价值观的力量在于,它能够激发创新主体的认同感,使员工自觉地投入到创新过程中,为企业发展贡献智慧和才干。

同时,企业文化还通过影响组织学习,提升企业的创新能力。在面对不断变化的市场环境时,组织学习成为企业不可或缺的行为。企业文化能够通过指导、激励和共享等方式,促进组织学习的开展。

企业文化的多重功能,如导向、凝聚、约束和激励等,也为创新活动提供了重要支持。导向功能能够引导员工在创新过程中保持清晰的方向,凝聚功能能够增强团队的合作精神和创新合力,约束功能通过软性规范推动员工自觉遵守创新行为规范,激励功能则在创新过程中提供了积极的动力,帮助员工克服困难,推动创新活动的顺利进行。因此,企业文化的功能对创新起到了积极的推动作用,帮助企业在复杂的创新过程中持续保持动力,并克服创新过程中面临的挑战。

（二）企业文化对企业创新过程的影响

1. 企业文化对创新准备阶段的影响

（1）创新动机

企业创新的动机通常源于对现状的不满、解决问题的信心与责任感等。企业文化,特别是其价值观,直接影响员工是否认同创新的必要性。如果企业文化重视创新,那么员工会更加积极主动地进行创新准备。例如,如果企业价值观的核心是创新驱动,那么员工就会自觉地思考如何改善现状,推动创新。

（2）资料的收集与整理

资料收集是创新准备阶段的重要环节。企业文化影响资料收集的三个方面:

第一,规章制度的建立。如果企业文化鼓励创新,那么企业就会制定相关的资料收集和整理制度,确保创新所需的资料及时被收集和整理。

第二,内部环境的布局。企业文化也会影响企业内部环境的设计,如开放式办公环境的建立,可以促进不同部门之间的沟通和资料共享。

第三,长期积累的支持。如果企业文化强调创新,员工就会长期积累对创新有帮助的知识和资料,为创新活动奠定坚实的基础。

2. 企业文化对创新构想阶段的影响

创新构想阶段是员工将创意转化为具体的构思的过程。企业文化在此阶段的作用表现在鼓励与支持创新的氛围上。

如果企业推崇创新,并对创新举措给予奖励,那么员工会更加愿意提出创新构想。这种企业文化鼓励开放的创新思维和沟通,从而推动更多的创新构想产生。

反之,如果企业文化不鼓励创新,员工会因害怕失败或受到批评而抑制创新思维。因此,企业文化对创新的态度决定了创新构想的数量和质量。

3. 企业文化对创新尝试阶段的影响

创新尝试阶段是检验创新想法的实际应用阶段,这一阶段至关重要,因为没有实际的尝试,创新将无法落地。

（1）是否鼓励承担风险

创新往往伴随风险,企业是否鼓励员工承担创新过程中的风险直接影响创新尝试的积极性。如果企业文化鼓励冒险并且在失败后给予宽容对待,那么员工会更加积极地参与创新尝试,愿意冒险进行创新。

（2）创新结果的奖励或宽容

企业文化中是否对创新失败采取宽容的态度,以及对创新成功给予奖励,直接影响员工的创新尝试。如果创新失败不受处罚,而成功则得到奖励,员工就会有更多动力进行创新尝试。

（3）是否全员认同创新价值观

如果企业文化的创新价值观得到了全体员工的认同,创新尝试将会受到更小的阻力。员工会理解创新的价值,并愿意支持和积极参与创新的实施。

4. 企业文化对创新推广阶段的影响

创新推广是企业创新成功的关键,因为只有将创新的成果有效地推向市场,才能为企业带来回报。

（1）企业推广策略与企业文化的关系

企业文化对企业的市场推广策略有着直接影响。如果企业文化鼓励协作和资源共享,那么企业会更容易与其他组织合作,进行创新产品的市场推广。反之,缺乏合作精神的企业可能会因资源不足而错失推广机会。

（2）企业创新产品的社会认可

企业文化的建立能够帮助企业树立良好的社会形象,这对创新产品的推广至关重要。企业文化通过对产品、品牌、信誉等多方面的展示,能够获得消费者的信任和支持,从而更容易让创新产品被市场接受。

企业文化不仅是企业内部管理的核心,也是企业创新的催化剂。无论是在创新准备阶段激发员工的创新动机,还是在创新构想阶段提供良好的支持,企业文化都起着至关重要的作用。进一步地,企业文化对于创新尝试和创新推广也有着深远的影响。通过建立一种有利于创新的企业文化,企业能够在创新的过程中取得更好的成果,从而推动其持续发展。因此，企业文化的优化和创新之间是互相促进、相辅相成的。

四、企业文化变革的策略

企业文化变革并非单一手段能够完成的，它需要通过多方位的策略和方法的有机结合，才能实现企业文化的顺利转型。这一过程不仅仅是对价值观和行为规范的简单调整，而是一个系统的战略过程，涉及企业的各个方面，包括管理层、员工、组织结构与奖励机制等。以下是几种常见且有效的企业文化变革策略。

（一）"解冻"现有企业文化

在实施文化变革之前，首先需要"解冻"现有的企业文化。这一过程意味着要对现有企业文化进行详细分析，识别其中的不足之处，并找到文化变革的突破口。企业可以通过以下几步来实施这一策略：

①企业文化审核。企业应通过问卷调查、访谈、内部讨论等方式，对现有文化进行全面评估，了解文化的实际情况，尤其是员工对文化的认同度、执行情况和可能存在的问题。

②对比现有企业文化与理想企业义化。通过明确企业文化变革的目标，企业可以将现有文化与理想文化做对比。通过对比，企业能够清晰地识别出现有文化中的哪些部分需要改变，哪些部分可以保留。

③确定变革要素。根据分析结果，企业管理者需要确定具体的变革要素。这些要素通常包括价值观、行为规范、组织氛围等，重点是要消除那些不适应当前市场环境和企业战略的文化成分。

（二）将大规模危机作为文化变革的契机

大规模的企业危机往往会成为文化变革的催化剂。当企业面临生死存亡的重大危机时，现有的企业文化很可能无法支撑企业渡过难关，因此，企业管理者可以利用危机，激发员工的紧迫感，以推动文化变革。具体做法包括：

①引发危机意识。管理层应确保员工充分意识到企业面临的严峻形势，并理解现有文化的不足之处如何影响企业的生存与发展。通过

沟通和讨论,激发员工的危机意识,让他们自觉意识到文化变革的必要性。

②塑造变革意识。通过危机情境,企业可以激发员工对变革的渴望,从而为文化变革打下坚实的基础。在这种时刻,员工往往更容易接受新的文化理念和变革方案。

(三)任命新的高层管理人员

新的高层管理人员的任命,尤其是那些具有创新思维和变革意识的领导者,能够为企业带来新的文化理念和价值观。这种改变往往会推动企业文化的整体方向和价值观的更新。实施这一策略时,管理层应注意以下两点:

①新的文化理念的渗透。新的领导者应该迅速将其新的文化理念和价值观渗透到企业中,特别是在关键管理岗位上的人员必须充分理解并践行新文化理念。领导者本人的行为和决策也要成为文化变革的示范,帮助员工理解并认可新的企业文化。

②管理人员的培训与引导。新的领导者需要对现有的高层管理人员进行培训和引导,以确保他们能够协同推动企业文化变革。尤其是对那些尚未适应新文化理念的中高层领导,要提供适当的帮助和支持。

(四)以组织重组作为文化变革的手段

通过对组织结构的重组,可以直接体现企业文化变革的决心。组织重组不仅是对岗位和职责的调整,更是对企业文化的一种体现。重组的方式包括以下几种:

①部门整合与优化。原有的部门可能存在文化隔阂或协调问题,通过合并或精简部门,可以推动企业文化的整合,增强团队之间的合作精神。

②设立新部门。在文化变革的过程中,企业可以根据战略需要设立新的部门,这些新部门代表着新的价值观或文化理念,能够加速新的文化观念的推广和落实。

③传递变革决心。通过重组的方式向员工传递明确的信息——企业文化已经进入变革阶段,过去的文化方式和管理模式已经不适应企业

的未来发展,需要通过新的组织结构来支撑新的企业文化的实施。

（五）新的领导者要尽快创造出新业绩

文化变革的成功不仅依赖于理念的传播和领导的引导,更需要通过实际的业绩来体现。新的领导者通过取得实际成绩来展示新的文化理念和价值观,以推动文化变革的深入。以下是实施这一策略的要点:

①展示领导力和决策力。新的领导者应通过快速做出决策并取得一定的成绩,展示其管理和领导能力。这些成绩能够让员工看到新文化的实际成效,从而使其更容易接受和认同新的企业文化。

②树立榜样作用。通过实际行动和业绩,新的领导者能够为员工树立榜样,让员工通过"看得见"的成果,理解和认同文化变革的价值。

近年来,P公司的数字化转型在业界受到了跨行业的认可。通过持续多年的数字化转型,P公司在和同业、异业之间的竞争中具有更突出的优势,创造了可观的商业价值,并推动了业务的强劲成长,实现了业务的持续增长。根据P公司发布的2023年财报,P公司2023财年的净销售额达到了820亿美元,约合人民币5871.2亿元,同比增长2%,这是P公司继过去十年保持持续增长后,再一次创历史新高,首次突破5800亿元。[①]

（六）调整员工绩效评估与奖励制度

企业文化的变革不仅需要思想上的转变,还需要体现在实际的管理中。通过调整绩效评估和奖励机制,企业可以有效地激励员工参与文化变革。具体方法包括以下几种:

①与新文化相结合的绩效指标。企业应根据新文化的要求,调整绩效评估标准,将员工的行为、工作成果与新的文化价值观相结合。例如,重视团队合作、创新精神和客户导向等方面的表现。

②奖励与文化契合。企业在奖励机制中要特别注重对与新文化价值观相契合的行为进行奖励。例如,创新思维、跨部门协作、主动承担责任等,对这些行为可以通过奖金、晋升机会等方式给予激励。

---

① 胡荣丰.数字化战略落地:迈向卓越企业的必经之路[M].北京:电子工业出版社,2024.

③员工培训与辅导。为了确保员工能够顺利过渡到新的文化环境中,企业应提供必要的培训和辅导,帮助员工理解新文化并将其落实到实际工作中。

企业文化的变革并不是一蹴而就的,它需要多种手段的配合和协调,且必须在合适的时机进行。通过"解冻"现有文化、大规模危机的引导、领导更换、组织重组、业绩展现与调整绩效考核等方式,企业可以有效推动现有文化的变革。然而,文化变革是一个持续的过程,需要企业管理者具备足够的耐心和决心,以确保变革能够顺利推进并最终落地。文化变革的成功不仅会提升企业的核心竞争力,还能够为企业的长期发展注入强大的动力。

案例分享

案例一：字节跳动"Context over Control"文化实践案例

一、案例背景

字节跳作为全球知名的科技公司,旗下拥有抖音、今日头条等多款具有广泛影响力的产品。在快速发展过程中,字节跳动面临着业务多元化、市场变化迅速、创新需求强烈等诸多挑战。为了应对这些挑战,字节跳动构建并践行了"Context over Control"(基于信息的决策,而非控制)的企业文化,以激发员工的创造力、提升组织效率和推动业务持续增长。

二、"Context over Control"文化内涵

"Context over Control"强调给予员工充分的信息(Context),让他们在理解公司战略、业务目标和相关背景的基础上进行自主决策,而不是通过层层管控(Control)被动地推进工作。这种文化理念认为,员工掌握的信息越全面,就越能做出符合公司整体利益的决策,进而提升员工

的工作效率和创新能力。

三、具体实践

（一）信息透明与共享

字节跳动搭建了丰富多样的信息共享平台，如飞书文档、内部论坛等。在飞书文档上，公司的战略规划、业务数据、项目进展等各类信息被详细记录并向员工开放。以抖音的算法优化项目为例，算法团队成员不仅能在文档中获取到算法的当前性能数据、用户反馈，还能了解到公司对短视频内容生态的长期规划，这些信息为他们的算法改进提供了全面的决策依据。

内部论坛则成为员工交流想法、分享经验和讨论业务问题的重要场所。无论是基层员工还是高层管理者，都可以在论坛上发布观点和信息。例如，在讨论抖音新功能开发时，市场部门员工分享市场趋势和用户需求洞察，技术人员分享技术实现的可能性和难点。这种跨部门的信息交流使各方能充分了解项目全貌，为后续工作中的自主决策奠定基础。

（二）弱化层级，授权赋能

字节跳动采用扁平化的组织结构，减少管理层级，缩短信息传递链条。在项目推进过程中，团队成员被赋予较大的自主权。例如，在开发一款新的教育类产品时，项目负责人无须层层上报审批，可根据市场需求和用户反馈，自主调配资源、制订产品开发计划。只要项目符合公司整体战略方向，团队就能灵活决策并快速执行。

同时，字节跳动还推行"双月 OKR（目标与关键成果法）"管理方式，明确公司、部门和个人的目标与关键成果。但与传统管理方式不同的是，员工在完成 OKR 的过程中，上级不会过多干涉具体执行细节，而是提供必要的资源支持和方向指导。以字节跳动旗下的西瓜视频为例，在拓展中视频业务时，团队成员根据 OKR 设定的目标，自主开展内容运营策略、合作渠道拓展等工作，在执行过程中不断进行调整优化，最终推动了业务的快速增长。

（三）鼓励创新与试错

在"Context over Control"文化的影响下,字节跳动营造了鼓励创新与试错的氛围。公司为员工提供充足的资源和宽松的环境,支持他们尝试新的想法和业务模式。例如,抖音的"特效开放平台"最初只是几位年轻员工提出的创意,在公司的鼓励下,他们获得了资源支持,得以将想法付诸实践。在开发过程中,团队遇到了诸多技术难题和市场反馈问题,但公司并没有因为可能的失败而对其加以限制,而是鼓励他们继续探索。最终,"特效开放平台"上线后受到了用户的热烈欢迎,丰富了抖音的内容生态。

字节跳动还设立了专门的奖项和激励机制,对勇于创新并取得成果的团队和个人进行表彰和奖励。即使创新项目失败,公司也会组织复盘总结,将经验教训转化为公司的知识资产,鼓励员工不要害怕失败,大胆尝试新事物。

四、实践效果

（一）创新成果显著

在"Context over Control"文化的推动下,字节跳动的创新能力得到了极大的提升。旗下产品不断推出新功能、新玩法,如抖音的"合拍"功能、今日头条的个性化内容推荐优化等。这些创新不仅增强了产品的用户体验,还提升了产品的市场竞争力,帮助字节跳动在激烈的互联网市场中脱颖而出。

（二）组织效率提升

员工在充分获取信息的基础上自主决策,简化了决策流程和降低了沟通成本,提高了组织整体的运营效率。以字节跳动的广告业务为例,销售团队能够根据实时市场信息和客户需求,快速制定并调整广告方案,满足客户的多样化需求,提升了客户满意度和业务转化率。

（三）员工满意度与忠诚度提高

这种文化给予员工充分的信任和发展空间，激发了员工的工作积极性和创造力。员工在工作中能够充分发挥自己的能力，实现个人价值，从而提高了对公司的满意度和忠诚度。字节跳动在行业内的人才吸引力不断增强，为公司的持续发展提供了坚实的人才保障。

五、案例启示

（一）信息共享是基础

企业要建立高效的信息共享机制，打破部门壁垒，确保员工能够获取全面、准确的信息，为自主决策提供有力的支持。首先，企业需要搭建合适的信息平台，像字节跳动的飞书文档，方便员工存储、查阅各类工作相关信息。不同部门可以在平台上分享项目进展、市场数据等内容，让各部门成员都能及时了解公司的整体业务动态，避免因信息不对称导致的决策失误。其次，信息共享不应局限于数据和文件，还应包括经验和知识的共享。例如，定期组织内部培训、经验分享会等活动，让员工能够获取到不同领域的专业知识和实践经验，拓宽员工视野，为更好地做出决策积累知识。最后，信息共享要注重及时性和准确性。建立信息审核和更新机制，确保员工获取的信息是最新且可靠的，避免因过时或错误信息影响决策质量。

（二）合理授权是关键

适当下放权力，给予员工一定的自主权，能够激发员工的积极性和创造力，提高组织的灵活性和应变能力。一方面，企业要明确授权的边界和目标。在给予员工自主权时，要让员工清楚地知道自己的权力范围与需要完成的目标，避免出现权力滥用或目标不清晰导致的工作混乱。例如，字节跳动在项目管理中，虽然给予项目负责人很大的自主权，但同时通过 OKR 明确了项目的目标和关键成果，确保项目方向与公司整体战略一致。另一方面，授权要与员工的能力相匹配。企业要根据员工的工作经验、专业技能和综合素质,合理分配权力和任务。对于经验丰富、能力较强的员工,可以给予更大的自主权和更具挑战性的任务;对于新员工或经验不足的员工,则可以对其逐步授权,在过程中给予更多的指导和支持,帮助他们在实践中成长,提升自主决策和解决问题的能力。此外,授权后企业要建立有效的监督和反馈机制,及时了解员工的工作进展和决策效果,在必要时给予员工帮助和调整,以确保授权工作的顺利进行。

(三)包容失败是保障

创新过程中难免会遇到失败,企业应营造包容失败的文化氛围,鼓励员工勇于尝试,从失败中吸取经验教训,推动企业不断创新发展。首先,企业要树立正确的失败观,向员工传递失败是创新过程中的正常现象的理念,消除员工对失败的恐惧心理。例如,字节跳动设立专门奖项鼓励创新,即使项目失败也组织复盘总结,让员工明白失败并不可怕,重要的是从失败中获取经验。其次,企业要为失败提供必要的支持和资源。当员工的创新项目失败时,企业不应指责或惩罚,而是应帮助他们分析失败原因,提供再次尝试或调整方向所需的资源和支持,鼓励他们继续探索。最后,将失败案例转化为学习资源。整理和分享失败案例,组织员工共同学习,让大家从他人的失败中吸取教训,避免重复犯错,同时也为新的创新项目提供参考和借鉴,促进企业整体创新能力的提升。

案例二:字节跳动的敏捷组织设计与迭代

一、背景与挑战

字节跳动自 2012 年成立后,凭借创新的算法技术和独特的内容运营模式,其旗下产品如今日头条、抖音等在全球范围内迅速崛起,用户数量呈爆发式增长态势。随着业务的快速扩张,公司规模急剧膨胀,从最初的几十人团队迅速发展成为拥有全球超 10 万名员工的科技巨头。然而,传统的组织架构在应对快速变化的市场和业务需求时,逐渐暴露出诸多问题。

在早期的职能型组织结构下,部门之间壁垒分明,信息流通不畅。例如,市场部门获取到用户对短视频新功能的需求后,需经过层层汇报和沟通,才能将信息传递到技术研发部门,这一过程往往耗时较长,导致产品迭代速度远远跟不上市场变化的节奏。同时,各部门目标不一致,在资源分配上常常产生冲突,使得项目推进困难重重,严重影响了公司的创新能力和市场竞争力。面对这些挑战,字节跳动意识到必须对组织结构进行变革,以实现敏捷组织设计,提升组织的灵活性和应变能力。

二、初次敏捷组织转型实践

(一)引入敏捷理念与方法

字节跳动开始引入敏捷组织的理念和方法,打破传统的职能型组织结构,构建以项目为核心的敏捷团队。从各部门挑选精英成员,组成跨职能的项目团队,每个团队负责独立的业务模块或项目。例如,在抖音的算法优化项目中,团队成员包括算法工程师、数据分析师、产品经理、设计师等,他们围绕算法优化这一目标紧密协作,直接沟通,大大缩短了信息传递的过程和时间。

具体措施:

①团队组建。建立人才库,根据员工的技能、经验和项目经历进行分类,以便在组建敏捷团队时,能快速从人才库中挑选出最合适的成员,确保团队具备完成项目所需的多元能力。

②目标设定。采用 SMART 原则(Specific——具体的、Measurable——可衡量的、Attainable——可实现的、Relevant——相关的、Time-bound——有时限的),为每个敏捷团队设定明确的目标。例如,在抖音特效开发项目中,目标设定为在 2 个月内开发出 5 款具有创新性且用户使用率达到 10% 以上的特效。

(二)采用 OKR 目标管理法

为了确保敏捷团队目标的一致性和高效执行,字节跳动采用了OKR 目标管理法。OKR 明确了公司、部门和个人的目标与关键成果,使员工能够清晰地了解自己的工作方向和重点。同时，OKR强调目标的挑战性和公开透明性，鼓励员工积极创新，勇于尝试。例如，在某一阶段，抖音团队的OKR目标可能是提高用户的活跃度和留存率，关键成果则包括推出新的互动功能、优化内容推荐算法等。团队成员根据OKR自主制订工作计划，上级给予必要的资源支持和方向指导，而不过多干涉具体执行细节。

具体措施：

① OKR制定流程。采用上下结合的方式制定OKR。先由公司高层根据战略方向提出公司级OKR，各部门结合公司级OKR和自身业务，制定部门级OKR，最后员工根据部门级OKR制定个人OKR。在制定过程中，鼓励员工积极参与讨论，提出自己的想法和建议。

②定期评估与反馈。每双月进行一次OKR评估，团队成员对自己的OKR完成情况进行打分，并撰写完成情况说明，分析完成或未完成的原因。同时，上级领导与员工进行一对一沟通，给予员工反馈和指导，帮助员工不断优化工作方法和提升工作效率。

（三）建立扁平化沟通机制

字节跳动推行扁平化的管理模式，减少管理层级，让信息能够快速、准确地在公司内部传递。公司内部搭建了丰富的沟通平台，如飞书即时通信工具、飞书文档、内部论坛等，员工可以随时随地分享信息、交流想法。在项目推进过程中，团队成员通过每日站会、周例会等方式，及时沟通工作进展和遇到的问题，共同探讨解决方案。这种扁平化的沟通机制，极大地提高了工作效率，促进了团队之间的协作。

具体措施：

①飞书工具应用。利用飞书的即时通信功能，实现员工之间的实时沟通，使消息能够及时被送达，避免信息延误。飞书文档支持多人同时在线编辑，方便团队成员共同撰写项目文档、分享资料，提高协作效率。内部论坛则为员工提供了一个交流思想、分享经验的开放平台，员工可以在论坛上发布技术文章、项目经验总结等内容，促进知识共享。

②沟通会议制度。每日站会控制在15分钟以内，团队成员依次汇报昨天的工作进展、今天的工作计划与遇到的问题，确保信息及时同步。周例会则对本周工作进行总结，分析项目进展情况，讨论解决遇到

的重大问题,制订下周工作计划。同时,鼓励团队成员在会议中积极发言,提出自己的见解和建议。

初次敏捷组织转型取得了显著成效,产品迭代速度大幅提升,创新能力得到增强。以抖音为例,新功能的开发周期从原来的数月缩短到数周,抖音不断推出如合拍、特效等深受用户喜爱的功能,用户活跃度也随之大幅提升,市场份额大幅增加。

三、迭代调整组织结构

(一)业务板块化整合

随着业务的进一步多元化和复杂化,字节跳动发现原有的敏捷团队在面对跨业务领域的协同和资源共享时,仍存在一些问题。于是,公司进行了业务板块化整合,按照"紧密配合的业务和团队合并为业务板块,通用性中台发展为企业服务业务"的原则,成立了六个业务板块:抖音、大力教育、飞书、火山引擎、朝夕光年和TikTok。

例如,将今日头条、西瓜视频、搜索、百科以及国内垂直服务业务并入抖音板块,负责国内信息和服务业务的整体发展;飞书、企业效率部门(EE)、企业应用部门(EA)合并成飞书板块,聚焦于提供企业协作与管理服务。通过业务板块化整合,实现了业务的集中管理和资源的优化配置,提高了跨业务领域的协同效率。

具体措施:

①板块职责划分。明确各业务板块的职责和目标,制定详细的业务板块说明书。例如,抖音板块负责短视频、中长视频等内容业务的全流程运营,包括内容创作、推荐算法优化、用户增长与留存等工作;飞书板块专注于为企业提供一站式协作解决方案,包括办公软件研发、客户服务、市场推广等工作。

②跨板块协作机制。建立跨板块协作项目组,当涉及多个业务板块的项目时,从各个板块抽调人员组成项目组,负责项目的推进。同时,制定跨板块协作流程和规范,明确沟通渠道、决策机制等内容,确保跨板块协作的高效进行。

（二）优化团队协作与知识共享机制

为了解决团队之间协作不畅和知识共享不足的问题,字节跳动建立了更加完善的团队协作与知识共享机制。一方面,加强了对敏捷团队的培训和指导,提高团队成员的协作能力和沟通技巧。例如,开设跨团队的协作培训课程,邀请专业的培训师进行授课,帮助团队成员更好地理解和运用敏捷方法。另一方面,完善了知识共享平台,鼓励团队成员分享项目经验、技术难题解决方案等。例如,在飞书文档中建立了专门的知识共享库,涵盖了各个业务领域的知识和经验,员工可以随时进行查阅和学习。此外,还设立了内部奖励机制,对积极分享知识和经验的团队和个人给予表彰和奖励,激发了员工的积极性和主动性。

具体措施:

①培训体系建设。制订全面的培训计划,包括新员工入职培训、岗位技能培训、团队协作培训等。新员工入职培训重点介绍公司文化、价值观和敏捷组织理念;岗位技能培训根据员工的岗位需求,提供专业技能培训课程;团队协作培训邀请专业培训机构,开设团队建设、沟通技巧、项目管理等方面的培训课程。

②知识共享激励。设立知识共享奖励制度,对在知识共享平台上积极分享知识、获得高点赞和高下载量的团队和个人给予奖励,包括物质奖励(如奖金、奖品)和精神奖励(如荣誉证书、内部表彰)。同时,将知识共享情况纳入员工绩效考核指标,激励员工积极参与知识共享。

（三）动态调整团队架构与职责

字节跳动认识到市场环境和业务需求是不断变化的,因此团队架构和职责也需要进行动态调整。公司建立了灵活的团队组建和调整机制,根据项目的需求和业务的发展,随时组建或调整敏捷团队。例如,当公司决定进军新的业务领域时,会从各个部门抽调相关人员,组建专门的项目团队,负责新业务的开拓和发展。在项目执行过程中,根据实际情况对团队成员的职责进行调整,确保团队能够高效运作。同时,为了避免团队成员的固定化导致的思维僵化,公司还鼓励团队成员在不同的项目和团队之间流动,拓宽视野,提升成员综合能力。

具体措施：

①团队动态调整流程。建立项目需求评估机制，当有新的项目需求时，由项目发起部门提交项目需求说明书，公司组织相关部门进行评估，确定项目的可行性和优先级。根据评估结果，从人才库中挑选合适的人员组建项目团队。在项目执行过程中，定期对团队绩效进行评估，根据评估结果和项目需求变化，及时调整团队成员及其职责。

②人才流动支持。制定人才流动管理办法，鼓励员工在不同项目和团队之间流动。为员工提供内部转岗机会，员工可以根据自己的兴趣和职业发展规划，申请加入其他项目团队。同时，公司为员工提供职业发展规划指导，帮助员工明确自己的职业发展方向，提升其综合能力。

四、最终成效

通过持续的敏捷组织设计和迭代调整，字节跳动的组织效能得到了极大的提升。在产品创新方面，不断推出具有创新性的产品和功能，满足了用户日益多样化的需求。抖音在短视频领域持续创新，引领了行业发展潮流，成为全球最受欢迎的短视频平台之一；今日头条通过不断优化算法，实现了个性化内容推荐，为用户提供了更加精准的信息服务。在市场拓展方面，字节跳动的产品在全球范围内得到了广泛的应用和认可，TikTok在海外市场取得了巨大的成功，成为全球现象级的应用。在组织效率方面，团队协作更加顺畅，沟通成本大幅降低，工作效率显著提高。员工的积极性和创造力得到了充分激发，形成了良好的创新文化和团队氛围。字节跳动在激烈的市场竞争中脱颖而出，成为全球科技领域的领军企业，为其他企业的组织变革和发展提供了宝贵的经验借鉴。

第四章　企业经营决策与经营计划创新

第一节　经营决策概述

一、经营决策的概念

经营决策是企业等经济组织在面对市场与内部管理问题时,为了实现企业的生产经营目标而做出的战略和策略选择。经营决策的核心是确定企业将要从事的业务活动,并制定相应的实施路径,通常涵盖了"做什么"和"怎样做"两个方面。

与一般管理决策和业务决策不同,经营决策具有全局性、长期性和战略性的特点。它不仅涉及具体的业务操作层面,还涉及企业未来的发展方向、市场定位与整体竞争策略。经营决策通常会影响到企业的长期发展,因此其实施往往需要考虑广泛的因素,并且需要在多变的市场环境中进行判断和调整。

经营决策的过程可以通过以下几个要素来具体理解:

①明确的目标。决策的基础是明确的目标。企业必须明确其目标,才能确定如何通过决策来实现这些目标。如果目标不明确,决策就无法做出,或者可能导致不理想的结果。

②可行性方案。决策通常依赖于对多个可行性方案的比较和选择。如果只有一个方案可选,就不算真正的决策。一个有效的决策方案需要具备几个特征:能够实现预定目标;能通过定性和定量分析对各类影响因素进行比较;对可能的变动和不确定性进行预测和估算;并且可以在

现有条件下实施。

③科学分析与判断。决策的核心是通过科学的分析和判断来选择最合理的方案。这要求企业管理者不仅要具备敏锐的市场洞察力，还要具备分析和预测的能力。决策过程需要通过系统的分析工具和方法，确保选择的方案最符合企业的长远利益。

因此，经营决策不仅是一个单纯的选择问题，更是一个综合分析、权衡利弊、预测未来和科学规划的过程。通过合理的经营决策，企业能够提高竞争力、确保长期稳定发展，并在市场中占据有利地位。

二、经营决策的基本要素

经营决策是企业管理中的核心内容，涉及多种因素和环节。以下是经营决策的五大基本要素。

（一）决策者

决策者是制定决策的主体，可以是单独的个人或由群体组成的机构（如委员会）。决策的效果往往与决策者的身份和决策方式密切相关。①个体决策。由单一决策者做出，优点是决策迅速，能避免过多讨论和意见分歧，但可能因个人视野有限而产生偏差。②群体决策。由团队或委员会集体做出，通常集中了多方智慧，决策质量较高，能够提供更多的信息和更全面的方案。然而，群体决策可能因决策过程的复杂性导致效率较低。群体决策的一个显著优点是能够提高实施者对决策方案的接受度。决策者如果能参与决策过程，往往会更支持和愿意执行决策。这种共同决策的方式有助于提高决策的可行性和执行力。

（二）决策目标

决策目标是决策行为所期望实现的结果和价值。决策目标的确定至关重要，它不仅决定了决策的方向，还影响了决策的有效性：①理性决策。完全依据组织的目标进行决策，着眼于实现效益或目标的最大化。②非理性决策。决策时没有明确的目标，更多依赖于决策者的个人情感或即时的冲动。这种决策通常不可取，因为它忽略了组织的长远发展和目标的一致性。

决策目标要依据组织的实际情况不断进行调整,决策者需确保目标与组织的整体战略和伦理道德标准相符。目标的合理性、可行性与可持续性是衡量决策成功与否的标准之一。

（三）决策准则

决策准则是决策者选择方案时依据的原则和对待风险的态度。这些准则能够帮助决策者在面对多个备选方案时做出合理的选择。①满意准则。当无法选择最优方案时,选择能够满足基本要求且合理的方案。②风险态度。决策者对风险的态度会直接影响决策方案的选择。有些决策者可能采取避免风险的策略,而另一些则可能选择冒险策略。适当的冒险或谨慎都可能成为决策成功的关键,尤其在高风险环境下,决策者的胆略和判断力尤为重要。

（四）决策备选方案

决策本质上是一个选择过程。决策的质量往往取决于是否能提出充分的备选方案。

制定备选方案时应注意以下两点:①多样性和一致性。备选方案应涵盖多种可能性,同时都应确保能够实现决策目标。②集思广益。通过广泛收集意见,尽可能多地提出备选方案,以确保方案的全面性和多样性。

在评估备选方案时,决策者应关注实施条件、预期效果和长期影响。方案的选择不仅要考虑短期利益,还要顾及长期发展和后续影响。

决策并非一成不变,在其实施过程中需要进行跟踪和调整。跟踪决策的实施过程有助于及时发现问题并进行调整,确保决策的持续有效性。

（五）决策后果

决策后果指的是决策实施后的效果与影响。每一项决策都会带来一定的风险和不确定性,决策后果的类型、严重程度及其发生的概率是衡量风险的关键因素。

不同决策者对风险的态度差异较大。有些决策者更愿意冒较大的风险去追求较小的回报,而有些则倾向于规避风险,寻求更稳妥的方案。有效的决策不仅要预见潜在的收益,还应当评估可能的风险与损失。

决策者在面对风险时的心理反应可能会影响他们的决策行为。在决策过程中,了解决策者的心理动态与团队的情绪变化,可以帮助减少决策偏差,提升决策的合理性和效果。

综上所述,经营决策是一个复杂的过程,涵盖了从决策者的选择、目标的设定到准则的制定,再到备选方案的提出和决策后果的评估等多个方面。企业在做出决策时,需全面考虑这些要素,以确保决策能够实现组织的长远发展目标,并有效应对可能的风险和不确定性。

第二节 经营决策的方法

一、决策的软方法与硬方法

决策过程中,通常会采用两种不同的方法:软方法和硬方法。这两种方法有着不同的特点、应用场景与适用条件,通常在实际决策中是互为补充的。

(一)决策的软方法

决策的软方法是一类依赖决策者的知识、经验和直觉判断的决策方式,主要采用定性分析方法,旨在解决那些非程序化、复杂且难以量化的问题。早期的软方法通常依赖个体决策者的主观经验和直觉推理,而随着组织行为学、社会学与心理学等学科的发展,逐渐引入了集体决策的理念,形成了诸如头脑风暴法、德尔菲法(对演法)等方法,以发挥团队的集体智慧和促进创新思维。

采用软方法进行决策,通常需要通过系统的调查研究、信息收集、综合分析与逻辑推理等手段,以确保决策的合理性与有效性。软方法尤其适用于数据匮乏或无法通过标准化流程解决的情境,能够在信息不完全的情况下做出相对合适的决策。然而,软方法的主要局限在于缺乏定量分析的支持,难以对不同方案的可行性与预期结果进行深入、科学的验证。因此,虽然软方法在复杂、不确定的决策环境中具有独特的优势,但其决策结果往往缺乏量化依据,可能存在较大的主观偏差。

(二)决策的硬方法

决策的硬方法是指运用数学分析、统计模型与电子计算机技术来支持决策过程的一类方法。这类方法通常在定性分析的基础上,通过定量分析手段来解决具有程序化特征的决策问题。随着21世纪数学分析和计算机技术的迅速发展,硬方法已逐渐成为现代决策支持体系的核心工具,它通过数据驱动的方式,将决策过程从以经验为基础的定性判断上升到基于科学和理性的定量分析,从而提高决策的精确性和可靠性。

硬方法的主要优势在于其能够通过数学模型、算法和计算技术精确地量化和评估不同决策方案的效果,尤其适用于大规模、结构化和重复性较高的决策问题。然而,这类方法也存在一定的局限性。例如,数学模型在构建过程中往往难以全面考虑所有可能影响决策的因素,特别是涉及社会、政策变化或复杂人类行为的因素,这些通常难以通过数学语言准确表达。此外,对于战略性、创新性或高度不确定的决策问题,硬方法的应用往往显得力不从心,无法提供足够的决策支持。因此,决策过程应当结合软方法与硬方法的优点,避免片面地依赖于数字化、模型化和计算机化的工具,而应综合考虑定性与定量分析,确保决策的科学性与适应性。

二、确定型决策的分析方法

确定型决策是指在已知条件下,所有影响因素和结果均为已知、确定的情况下做出的决策。其特点是存在明确的因果关系,每个决策方案对应着一个确定的结果,因此易于进行判断与选择。确定型决策通常具有较高的预测性和稳定性,适用于较为稳定和可控的环境。针对确定型决策的分析,常见的方法可以归为以下两类。

（一）单纯优选决策法

单纯优选决策法是一种基于已知数据进行选择与比较的决策方法。该方法通过对多个可行方案进行直观的比对,结合决策目标和评价标准,快速找出最佳或最优方案。这种方法通常不涉及复杂的数学运算,依赖于决策者的经验和对数据的直觉判断,适用于方案间差异较为明显、判断标准相对简单的情形。单纯优选决策法的优点在于操作简便,适合数据量较小或决策条件较为明确的决策情境。然而,其缺点是可能忽视方案之间微小但关键的差异,且结果过于依赖决策者的主观判断。

例如,某小型服装加工厂接到两笔订单,订单一要求生产 1000 件 T 恤,每件利润为 10 元;订单二要求生产 800 件衬衫,每件利润为 12 元。在生产能力和时间都允许的情况下,通过单纯优选决策法,对比两个订单的总利润(订单一总利润 =1000 × 10=10000 元,订单二总利润 =800 × 12=9600 元),该加工厂选择承接订单一,因为订单一的总利润更高。

（二）模型优选决策法

模型优选决策法是指在确定型决策中,依赖于客观规律和数学模型对各方案进行系统分析与优化,最终选择出最优方案。这类方法通常通过输入参数进行数学运算,运用模型进行决策过程的量化与优化。常见的模型优选决策法包括盈亏分析法和线性规划法。

1. 盈亏分析法

盈亏分析法,又称"量—本—利"分析,是通过分析销售量、成本和利润之间的关系来研究企业的盈亏平衡点。这种方法帮助决策者理解在不同的生产和销售情况下,如何通过调整相关变量(如价格、成本、生产量等)来实现盈亏平衡或利润最大化。盈亏分析法通常应用于成本控制和盈利预测,适用于生产和销售过程中具有稳定关系的决策情境。

例如,某玩具制造企业生产一款玩具,固定成本为 50 万元,每件玩具的变动成本为 20 元,销售价格为 50 元。根据盈亏分析法,设销售量为 x 件,当利润为 0 时,即达到盈亏平衡点,可列出方程:$50x-20x-$

500000=0,解得 $x=16667$ 件。这意味着该企业至少要生产并销售 16667 件玩具才能实现盈亏平衡。如果预计市场需求大于这个数量,企业则可考虑扩大生产规模以获取利润;若预计市场需求小于这个数量,企业就需要考虑降低成本或提高售价等措施来避免亏损。

2. 线性规划法

线性规划法是一种优化决策方法,通常用于资源有限的情况,强调在满足多个约束条件的基础上,实现目标函数的最大化或最小化。例如,在资源(如劳动力、原料、资金)有限的情况下,如何合理分配资源以获得最好的经济效益。线性规划法通过构建数学模型,利用线性方程表示问题的约束条件,再通过数学优化方法(如单纯形法)求最优解。该方法广泛应用于生产调度、物流优化等领域,尤其在复杂的资源分配问题中,能够提供科学的决策支持。

总体而言,确定型决策分析方法的优势在于其明确的可行性和较高的决策确定性,通过合理的模型与数据分析,可以高效、精准地选择最优方案。但其局限性在于过于依赖已知条件,无法有效应对复杂和动态的不确定性环境,因此在实际应用中需要结合其他决策方法来综合考虑更多的因素。

三、不确定型决策的分析方法

不确定型决策的主要特征在于,决策者虽然了解未来可能出现的几种自然状态,但无法确定每种状态发生的概率。这使得决策过程充满了不确定性,缺乏固定的公认决策规则,且可能存在较大的主观性和随意性。在不确定型决策中,不同的评价标准可能会导致不同的方案选择。因此,最终的决策往往依赖于决策者的知识、经验、判断能力和风险偏好。常见的不确定型决策分析方法有以下几种。

(一)悲观法则

悲观法则是一种较为保守的决策方法。该方法假设决策者对未来的不确定性持悲观态度,即预设最坏的情形来进行决策。在具体应用中,决策者首先找出每个备选方案在所有可能情境中的最小收益(最不利的结果），然后从这些最小收益中选择最大者所对应的方案。这种方法适用于在高风险、低可预见性的环境中，决策者需要为最差情况做准备的情境。悲观法则的核心思想是"宁可高估风险，不可低估风险"，其优点在于能保证在最坏的情况下不会出现损失，但缺点是可能错失一些潜在的机会。

例如，某企业计划推出一款新产品，有三种市场推广方案可供选择：方案 A、方案 B 和方案 C。市场可能出现三种情况：畅销、一般、滞销。在不同的市场情况下，各方案的收益如表 4-1 所示。

表 4-1　某企业拟推广方案表

单位：万元

市场情况	方案 A	方案 B	方案 C
畅销	500	700	400
一般	200	150	250
滞销	-100	-200	50

按照悲观法则，方案 A 的最小收益是 -100 万元，方案 B 的最小收益是 -200 万元，方案 C 的最小收益是 50 万元。从这些最小收益中选择最大的，即 50 万元，所以应选择方案 C。选择方案 C 后，企业在最坏的市场情况下（滞销）仍能有 50 万元的收益，避免了更大的亏损，但也放弃了方案 A 和方案 B 在畅销时可能获得的更大收益。

（二）乐观法则

乐观法则与悲观法则相反，属于较为激进的决策方法。决策者假设未来最有利的情况会发生，从每个备选方案中选出其可能的最大收益（最好的结果），然后对比各方案的最大收益值，选择其中最大者为最优方案。该方法适用于决策者对未来持乐观预期，愿意承担较大风险的情形。乐观法则的优点在于能够抓住可能的高收益机会，但缺点是过于依赖理想化的假设，可能会忽视潜在的风险和不利因素。

以上述企业推出新产品的案例为例，方案 A 的最大收益是 500 万元，方案 B 的最大收益是 700 万元，方案 C 的最大收益是 400 万元。按照乐观法则，应选择方案 B。选择方案 B 后，如果市场情况如预期般畅销，企业将获得 700 万元的高额收益；但如果市场表现不佳，比如出现滞销情况,方案 B 的亏损也相对较大,达到 –200 万元。

(三)折中方案

折中方案是悲观法则与乐观法则的折中方法,旨在在两者之间找到平衡。首先根据经验判断,确定乐观系数 a（$0<a<1$）,则悲观系数是 $1-a$,其次以 a 乘以每个方案最大收益值,以 $1-a$ 乘以每个方案的最小收益值,两者相加便是折中收益值,最后依据折中收益值做决策,选取折中收益值最大者为最优方案。折中收益值的计算公式如下:

折中收益值 = 最大收益值 × 乐观系数 + 最小收益值 × 悲观系数

仍以上述案例为例,假设乐观系数 $a=0.6$,那么方案 A 的折中收益值为 $500×0.6+（-100）×（1-0.6）=260$ 万元;方案 B 的折中收益值为 $700×0.6+（-200）×（1-0.6）=340$ 万元;方案 C 的折中收益值为 $400×0.6+50×（1-0.6）=260$ 万元。对比可知,方案 B 的折中收益值最大,应选择方案 B。这种方法综合考虑了乐观和悲观两种情况,相较于单纯的乐观法则或悲观法则,决策结果更为稳健,在一定程度上平衡了收益与风险。

(四)机会均等法则

机会均等法则假设所有可能的自然状态发生的概率相等,并以此为前提来计算每个方案的期望值,期望值最大者为最优方案,其计算公式为:

均等概率值 =1 ÷ 状态数目

方案的期望值 = $\sum$（每种状态的收益值 × 均等概率值）

在上述案例中,市场有畅销、一般、滞销三种状态,均等概率值为 $1÷3 ≈ 0.33$。方案 A 的期望值为 $[500×0.33+200×0.33+（-100）×0.33]=198$ 万元;方案 B 的期望值为 $[700×0.33+150×0.33+（-200）×0.33]=214.5$ 万元;方案 C 的期望值为（$400×0.33+250×0.33+ 50×0.33$）$=231$ 万元。按照机会均等法则,应选择方案 C。该方法为各种可能的市场状态赋予了相同的发生概率,相对客观地计算出各个方案的期望值,为决策提供了一种基于平均情况的参考依据。

总的来说,不确定型决策的分析方法各有利弊,决策者在选择时应综合考虑具体情况和个人的风险偏好,以做出合理的决策。

四、生成式 AI 与实时数据决策

（一）实时数据驱动的决策范式

传统决策主要依赖于历史数据与经验判断，但在 2023 年，企业决策模式正加速向"实时数据 +AI 预测"转变。生成式 AI 与实时数据决策的结合是当前人工智能领域的前沿方向，它通过动态处理实时数据并生成响应，为复杂场景提供了新的解决方案。

1. 数据源

企业可获取的数据来源越发多样且实时。例如，T 公司借助 IoT 设备，每秒能够采集 2 万条生产数据，涵盖设备运行状态、产品质量参数等信息，为生产决策提供了精准且即时的数据支持；社交媒体舆情也成为重要的数据来源，企业通过监测品牌声量，能实时了解消费者对产品或品牌的态度和反馈，以及时调整营销策略。

2. 决策引擎

生成式 AI 和强化学习等技术在决策中发挥着关键作用。甲公司运用 Copilot 可根据输入的市场数据、产品特点等信息，生成有针对性的营销策略；乙公司运用强化学习构建动态定价系统，根据实时的市场需求、竞争对手价格等因素，自动调整商品价格，实现利润最大化。

3. 执行反馈

自动化系统实现了决策执行与反馈的闭环优化。以 S 产品为例，其"设计—生产—销售"流程可在 7 天内完成迭代，通过实时收集销售数据和客户反馈，迅速调整设计、生产计划，提高产品的市场适应性和竞争力。

（二）生成式 AI 与实时决策的融合机制

1. 动态数据流处理

生成式 AI(如 GPT-4、Diffusion Models)通过流式数据处理架构(如

Apache Kafka、Flink）实时接收数据流，结合时间序列分析（如 LSTM、Transformer 时序模型），在毫秒级窗口内完成数据清洗与特征提取。比如在高频交易系统中，生成式 AI 融合订单簿的实时变化与新闻情绪分析，能够生成概率化交易信号。

2. 增量学习与模型轻量化

采用知识蒸馏技术（如 TinyBERT）压缩大模型，结合联邦学习框架实现边缘端实时推理，满足低延迟需求（如自动驾驶场景要求 <100ms 响应），如 T 公司 Dojo 超算通过实时车载传感器数据，动态优化视觉生成模型的 3D 场景重建精度。

3. 多模态决策融合

通过跨模态对齐（CLIP 架构）整合文本、语音、视频等实时输入，并生成综合决策建议，如急诊室 AI 系统结合 CT 影像流与患者生命体征，实时生成分诊方案。

（三）应用场景与价值增益

1. 应用场景

生成式 AI 与实时数据决策在众多领域展现出强大的实用性。在金融领域，它能辅助智能投资决策，依据实时市场等数据提供投资建议，同时进行风险评估与欺诈检测。在医疗领域，可结合患者的实时健康数据制定个性化的治疗方案，还能依据医院实时就诊数据优化资源调度。电商行业借助它根据用户实时行为实现个性化推荐，依据实时销售等数据优化库存与供应链。在交通物流领域，通过实时交通和车辆数据实现智能交通调度与物流配送路径规划。

2. 价值增益

这种结合能够给多方面带来显著价值。在决策效率上，能快速处理海量实时数据，大幅缩短决策周期，使企业和机构迅速响应市场与用户的需求。决策的准确性得以提升，生成式 AI 挖掘数据隐藏规律，提供科学依据，减少人为决策的失误（见表 4-2）。业务模式和用户体验得到创新,创造出定制化产品和服务。成本与风险得以降低,精准配置资源,实时监测预警风险。最终增强企业的竞争力,助力企业抢占市场先机,提高用户的满意度与忠诚度。

表 4-2 生成式 AI 在典型领域的实时决策应用与效能提升

领域	实时决策模式	效能提升
智能制造	设备传感器数据→生成式 AI 预测性维护方案	故障停机减少 40%,备件库存成本降低 25%
智慧电网	天气数据＋用电负荷→动态电价生成模型	供需匹配效率提升 30%,可再生能源消纳率提升 18%
应急指挥	无人机影像＋社交媒体→灾害救援路径规划	黄金 72 小时救援覆盖率提升 50%
量化金融	订单流＋宏观事件→衍生品定价动态生成	高频交易胜率提升至 63%,滑点控制小于 0.2bps

随着科技的飞速发展,数据和人工智能在决策中的作用日益凸显。经营决策的方法还在不断演进,企业需要根据自身情况和市场环境灵活选择和运用。而经营计划作为企业实现目标的重要手段,同样需要不断创新和优化。

第三节　经营计划的执行与控制

一、经营计划概述

(一)经营计划的概念

经营计划是企业在经营决策的基础上,围绕市场需求和自身发展目标,针对生产经营活动与所需资源进行的具体规划与安排。经营计划是企业日常运营的核心内容之一,贯穿企业经营活动的全过程,是确保企业战略目标完成的前提条件。

（二）经营计划体系

1. 战略计划

战略计划处于企业经营计划的顶层，是对企业长远发展方向的整体规划。其内容包括设定企业的长期战略目标，制定发展战略方针，布局未来的战略方向等。战略计划不仅指导企业的整体发展，还涉及资源配置和重大决策，通常在一定的时间周期内进行修订和调整。

2. 业务计划

业务计划是根据战略计划制订的中层计划，其主要任务是将战略目标细化并转化为具体的业务目标。业务计划包括不同业务领域的计划，如生产计划、销售计划、研发计划、人力资源计划、财务计划等。通过业务计划的实施，确保各职能部门根据战略规划合理组织资源、协调工作流程，从而推动战略目标的实现。

3. 基层作业计划

基层作业计划处于经营计划的最底层，主要侧重于实际操作层面的安排和实施。其依据业务计划中的目标和指标，制定各项具体的工作流程、操作标准与资源分配方案，以保证日常运营的顺利进行。基层作业计划通过对生产、销售等环节的精细化管理，确保上层计划的有效执行。

以上三个层次的计划相互联系、相互依赖。战略计划提供宏观的指引，业务计划将战略目标转化为具体的执行框架，基层作业计划则确保实际操作符合既定目标并完成任务。

（三）制订经营计划的原则

1. 系统性原则

企业是一个具有多元化和复杂性的系统，它不仅是自身运营的独立个体，也与外部社会经济系统相联系。在制订经营计划时，必须从整体视角出发,考虑企业与外部环境的互动和企业内部各部门之间的协调。计划的制订既要服务于企业本身的目标,也要确保与整个社会经济系统的有序连接,避免孤立决策所带来的风险。

2. 平衡性原则

任何系统的良性运行都依赖于各方面的平衡。企业在生产经营中往往面临各种矛盾和资源约束,因此,制订经营计划时要确保各项资源、部门与环节之间的协调与平衡。企业应通过动态调整,适应内外部环境的变化,保持生产经营活动的稳健运行。在执行过程中,必须及时发现并调整计划中的不平衡现象,以实现企业资源的最优配置。

3. 灵活性原则

由于市场环境和内部条件的不断变化,计划必须具备一定的灵活性,避免设定过于僵化的目标和框架。灵活性不仅体现在对计划内容的调整上,还包括计划期限、实施方法与应对突发事件的能力。在实际执行过程中,决策者应根据市场变化、外部环境和内部资源情况,适时调整计划,以确保企业能够应对无法预见的挑战。

4. 效益性原则

经营计划的核心目标是实现企业的经济效益和社会效益。计划必须着眼于投入产出比的最大化,以有限的资源获取最大的经济回报。计划应涵盖对生产、流通、销售等各个环节的效益分析,尤其要重视如何在资源有限的情况下,最大限度地提高产品的附加值和市场竞争力,从而实现企业的可持续发展。

5. 全员性原则

经营计划的制订和执行不仅是管理层的责任,还应鼓励员工积极参与和支持。全员性原则强调,企业全体员工应当充分理解计划目标,并在执行过程中积极配合。通过广泛吸纳员工的意见和建议,使计划更具操作性和可行性;在计划实施过程中,要及时反馈进展情况,让员工理解并支持计划,从而确保计划得以顺利实施。

通过遵循以上原则,企业可以有效地制订出符合实际、具备实施保障的经营计划,为实现其战略目标提供有力的支撑。

二、经营计划的编制程序与方法

（一）经营计划编制程序

编制一份完整的经营计划通常需要经过以下四个基本程序：

第一，调查预测，估量机会。通过市场调研、竞争分析等手段，预测未来的市场趋势、竞争态势与技术变革等因素，进而评估可行的商业机会。

第二，统筹安排，确定目标。根据外部机会和对内部资源的评估结果，制订明确的经营目标，并合理规划资源和时间，以确保各项任务的顺利完成。

第三，拟订方案，比较选优。在制订计划时，通常会设计多个可行方案，通过比较分析各个方案的优势、劣势、可行性等因素，最终选出最佳方案。

第四，确定预算，综合平衡。根据最终确定的方案，制定预算，确保资源的合理配置与利用，平衡各项投入与产出，确保计划的实施不偏离预期目标。

（二）经营计划编制方法

1. 滚动计划法

滚动计划法是一种动态调整的计划编制方法，通常将计划分为多个时间段，近期的计划内容详细明确，远期计划则相对简略。随着执行周期的推进，计划会根据实际情况、市场变化与外部环境的变化进行适时调整，并延续到下一个周期。

滚动计划法具有较强的灵活性，能够在环境变化时对计划进行快速调整，以保证计划的持续性和连贯性。滚动计划法适用于环境变化较快的行业，如高科技、制造业等，能够确保企业在不确定性环境中保持灵活应对。

滚动计划法通过将计划周期划分为若干阶段，每完成一个周期，就对下一个周期的计划进行修订和调整，从而保持计划的连续性和适应性。在不确定性较大的经营环境下，企业可以采用滚动计划法来保持计划的实时性和相关性。

2.PDCA 循环法

PDCA 循环法是一种持续改进的管理方法,按计划(Plan)、执行(Do)、检查(Check)和处理(Act)四个阶段反复循环,旨在通过不断循环提升企业的经营管理水平。

①计划阶段——确定经营目标,制订具体计划,并将目标和措施落实到各个部门和环节。

②执行阶段——按计划执行各项任务,确保按照预定方案推进。

③检查阶段——通过对执行过程的跟踪和检查,发现执行中的问题和偏差。

④处理阶段——根据检查结果,采取必要的改进措施,解决问题并避免类似问题的再次发生。

PDCA 循环法的关键在于"检查"和"处理"两个阶段,只有通过反复调整和改进,才能不断提升计划执行的效率和效果。PDCA 循环法适用于需要持续改进和高度灵活性管理的企业,尤其是在品质管理和业务流程优化方面有广泛的应用。

3. 综合平衡法

综合平衡法是一种通过协调和整合企业内部与外部资源,使各项资源和活动之间保持合理比例,以实现最优经济效益的计划编制方法。它要求在计划过程中考虑多方面的关系,并使各项因素协调一致,从而提高整体效益。

综合平衡法通常要解决以下四个方面的关系:

①资源分配关系,包括人力、物力、财力等资源的合理分配,确保资源的有效利用。

②平衡对等关系,如生产需求与市场需求、收入与支出之间的平衡。

③投入产出关系,确保投入与产出的平衡,尤其是在生产和运营过程中,消耗与成果要合理匹配。

④整体与局部的关系,考虑企业整体与各部门之间的协调与互补,确保各环节的协作和互通。

综合平衡法强调系统性、协调性,通过合理配置资源与任务,确保各项活动之间的平衡和协调。综合平衡法适用于资源配置复杂、需要跨部门协调的大型企业或多元化企业,尤其是在生产、运营和市场营销等多方面需要统筹考虑的情况下。

不同的经营计划编制方法适用于不同的企业需求和环境背景。在动态变化的市场环境中,滚动计划法能够保证企业计划的灵活性;在追求持续改进和质量管理的企业中,PDCA循环法通过周期性的检查和改进帮助企业提升管理水平;而综合平衡法则通过整合资源和协调内部关系,确保企业实现最好的经济效益。在实际操作中,企业应根据自身的战略目标、市场环境和内部管理需求,选择适合的经营计划编制方法,以保障经营计划的顺利实施和目标的实现。

三、经营计划的控制

经营计划的控制是企业管理中至关重要的一部分,它不仅涉及经营计划的执行情况,还包括对计划合理性与有效性的反馈和调整。一个有效的经营计划控制体系能够确保计划得以顺利执行,及时发现问题并采取措施,以确保企业目标的实现。

(一)经营计划控制的任务

经营计划控制的基本任务是通过发现偏差、分析偏差和纠正偏差,确保计划按既定目标实施并进行调整优化。

1.发现偏差

在经营计划执行过程中,可能会出现各种偏差,这些偏差如果不及时发现,可能会影响整个经营计划的实施和企业目标的实现。为了及时发现偏差,企业需要通过各类方法(如定期检查、数据监控等)跟踪计划的执行情况。

2.分析偏差

在发现偏差后,需要对偏差进行深入的分析,找出产生偏差的根本原因。分析偏差时,需要区分是计划本身存在问题,还是执行过程中出现了问题。如果偏差源于计划本身不合理,那么就要修改计划;如果偏差源于执行不力,则需要找出执行环节的责任单位和关键因素,以便采取改进措施。

3. 纠正偏差

通过分析偏差的原因,企业可以采取相应的纠正措施。纠偏的方式可以是调整执行过程,确保其按计划进行,或者修改计划本身,以适应新的环境变化。通过这一过程,企业可以将经营活动重新带回到计划目标的轨道上。

(二)经营计划控制的步骤

经营计划的控制工作应循序渐进、系统化地完成。常规的步骤包括确立标准、测定执行结果、比较执行结果与纠正偏差。

1. 确立标准

在进行经营计划控制前,必须有清晰的标准来判断计划是否顺利执行。标准通常包括计划的具体目标、技术经济定额、技术要求等。这些标准为控制过程提供了量化的依据,能够帮助管理人员客观地评估计划执行情况。

2. 测定执行结果

要对经营计划的执行结果进行控制,就要先准确掌握执行过程中的实际结果。常用的手段包括统计报表、原始记录与数据监控系统等。准确的资料和数据能够反映计划执行的真实情况,为后续的偏差分析和纠正奠定基础。

3. 比较执行结果

比较执行结果和预期目标,分析其中的差距。在这一过程中,企业需要判断执行结果与目标之间的偏差是否在合理范围内。若出现较大偏差,管理层需要进一步分析偏差的来源,并找出是在外部环境变化、执行过程中的问题,还是目标设定过高导致的。

在比较分析的过程中,可以运用图表、图形化工具与计算机技术,以提高分析的效率和准确性。现代企业通常利用信息技术,通过计算机系统进行实时跟踪和数据分析,从而及时发现问题和偏差。

4. 纠正偏差

纠正偏差的方式有两种：①采取措施调整执行过程。如果可以通过调整执行环节来缩小偏差，则应立即采取措施，确保计划的执行不受影响。②修正预期目标。如果偏差较大，且执行措施无法纠正偏差，可能需要对经营计划的预期目标进行修订，重新调整计划的框架和内容。这种调整通常会牵涉到整体计划的重新规划，因此需要谨慎操作。

在纠偏过程中，管理层要综合考虑企业的实际情况，做出合适的决策，避免频繁修改计划，以免造成不必要的混乱和资源浪费。

（三）全员参与与反馈机制

经营计划的控制工作不仅仅是管理层的责任，实际上，控制工作具有全员性，要求每个员工都参与其中，在执行计划时随时注意计划与实际执行之间的偏差。员工需要及时反馈自己的执行情况，尤其是遇到问题要主动报告，以便管理层能够及时采取应对措施。

控制过程中需要建立有效的反馈机制，以确保问题和偏差能够迅速传达给相关部门和责任人，便于制定及时的应对措施。反馈机制的完善能够提高计划执行的透明度，使得经营计划的调整更加快速、精准。

经营计划的控制不仅是计划执行过程中的一项重要任务，也是确保企业经营目标得以实现的关键环节。通过发现偏差、分析偏差、纠正偏差等步骤，企业能够及时调整经营计划，保持其适应性和有效性。在此过程中，明确的标准、准确的执行结果测定、与目标的比较分析和全员参与的反馈机制都是不可或缺的要素。有效的经营计划控制体系有助于企业在动态变化的市场环境中始终保持竞争力。

四、生成式 AI 与生态化计划模式

（一）生成式 AI 与生态化计划模式的融合特点

1. 协同创新驱动

生态化计划模式强调多元主体的协同合作，生成式 AI 则作为创新

催化剂融入其中。不同参与方,如企业、科研机构、供应商等,可借助生成式 AI 共同开展研发活动。例如在汽车制造生态中,车企、零部件供应商和科技公司利用生成式 AI 协同设计新型汽车架构,从动力系统到外观造型,各方基于实时数据和 AI 生成的创意进行交互优化,加速产品创新周期。

2. 数据共享与智能反馈

生态系统内的各个环节会产生海量数据,生成式 AI 可对这些数据进行整合与分析。以农业生态化计划为例,种植户、农资供应商、农产品加工企业等产生的土壤数据、作物生长数据、市场销售数据等汇聚后,生成式 AI 能实时反馈洞察。比如根据市场需求预测生成种植建议,指导种植户调整种植计划,同时为农资供应商提供生产计划参考,实现生态系统内数据驱动的动态平衡。

(二)应用场景

1. 智慧城市建设

在城市规划生态中,生成式 AI 与生态化计划模式紧密结合。城市管理者、建筑企业、环保组织等多方合作,利用生成式 AI 分析城市交通流量、人口分布、环境监测等实时数据,并生成城市空间优化方案。例如设计新的公共交通线路,规划绿色空间布局,提升城市生态宜居性,同时促进建筑、交通等相关产业的协同发展。

2. 能源管理生态

发电企业、电网运营商、能源用户和节能技术公司组成能源管理生态。生成式 AI 依据实时能源供需数据、发电设备运行数据、天气预测数据等,制订能源生产与分配计划。如预测高峰用电需求,指导发电企业调整发电量,同时为能源用户提供节能建议,实现能源生态系统的高效运行与可持续发展。

（三）潜在价值

1.提升生态系统韧性

通过生成式 AI 对生态系统内复杂数据的分析与预测，能提前识别潜在风险，如在供应链生态中预测原材料供应中断风险，并生成应对策略。各参与方依据这些策略协同调整计划，以增强整个生态系统抵御外部冲击的能力。

2.促进资源高效配置

生成式 AI 能在生态化计划模式下优化资源配置。在制造业生态中，根据生产订单、库存水平、设备产能等实时数据，生成原材料采购计划和生产调度方案，减少资源浪费，提高生产效率，实现对生态系统内资源的最优利用。

（四）生成式 AI 重构计划制订

1.Open AI 辅助战略规划

Open AI 的 Chat GPT 在企业战略规划方面展现出强大的辅助能力。企业输入行业趋势、竞争数据等关键信息后，Chat GPT 能够生成 SWOT 分析框架，相关研究表明，其准确率较人工提升 40%。这一功能帮助企业更高效、准确地剖析自身的优势、劣势、机会和威胁，为战略决策提供有力的支撑。同时，Chat GPT 还可输出多语言版本计划书，对于全球化企业而言，极大地提升了协作效率，协作效率的提升幅度高达 50%，消除了语言障碍，促进了跨国团队间的沟通与协作。

2.丙集团"T+3"智能计划系统

丙集团构建的"T+3"智能计划系统，借助 AI 技术实现了从订单到交付流程的大幅压缩，从下单到交付仅需 3 天。在 2023 年，丙集团的库存周转率达到 12.5 次 / 年，位居行业第一。此外，AI 预测的需求偏差率控制在 5% 以内，较传统模式降低 30%，有效减少了库存积压和缺货现象,提升了供应链的灵活性和响应速度,实现了生产、销售和库存的高效协同。

随着生成式 AI 技术的不断发展和应用,企业在经营计划创新方面获得了更强大的工具和更广阔的思路。

第四节　商业模式创新主导的企业创新

一、商业模式概述

商业模式是企业运作的核心框架,涉及如何利用资源、与客户互动、创造价值和获取利润。由于其覆盖的内容广泛,包括资源获取、生产组织、市场营销、售后服务、研究开发等几乎所有经营活动,因此,定义商业模式并不容易。尽管如此,常见的定义强调了以下几个方面:商业模式是企业通过资源整合,利用一定的商业流程(如物流、信息流、资金流等),将商品和服务提供给客户并获得回报的一种解决方案;它包括企业如何选择客户、区分与竞争对手的差异、获取资源和如何通过创新和策略来创造并获取利润等内容。

创建商业模式的时机通常与企业的发展阶段和外部环境变化密切相关。企业在成立初期,引入新产品、新技术或新管理方式时,往往会根据市场需求和自身状况创新并塑造商业模式。例如,新企业一成立便确立独特的商业模式,能够迅速吸引市场注意并提升品牌形象。引入新产品或技术时,企业也可以利用创新的方式开拓新市场,满足未被满足的消费需求。而管理方式的变革,也为商业模式的创新提供了契机,借此提升生产效率和客户体验,创造新的价值。

设计商业模式时,企业需要充分考虑多个因素。首先,商业模式应根据消费者的消费习惯和需求进行设计,确保能引起消费者的兴趣并满足其需求。其次,不同行业有其独特的属性,商业模式的构建需紧密结合行业特点,充分反映行业的需求。例如,制造业强调大规模生产与设备投资,而服务行业则更注重客户体验和便捷性。同时,生产技术的先进性、产业链的整合、社会经济环境的支持等因素也会影响商业模式的设计。

互联网技术的崛起对传统商业模式产生了深远的影响,尤其在数字经济、信息传递和消费行为等方面。互联网的普及改变了企业创造、传递和获取价值的方式。电子商务作为新兴的价值传递渠道,不仅降低了信息传递成本,还打破了传统的分销渠道和行业壁垒,影响了企业的竞争力和利润空间。此外,消费者的角色也发生了变化,消费者不再仅仅是产品的购买者和使用者,他们还可能参与产品的设计、推广甚至生产。这使得企业需要重新定义客户价值和市场需求,提供更加个性化和定制化的服务。

互联网时代的商业模式具有明显的特征。首先,互联网商业模式既有客观性,也有主观性。它反映了基于互联网的商业活动及其规律,但也依赖于理论的构建和人们的主观设计。其次,互联网商业模式具有能动性和受动性,意味着在商业模式的提出和发展过程中,必须充分发挥互联网的能动作用,但同时也受制于一定的客观条件。最后,互联网商业模式具有多样性和系统性,随着互联网技术的发展,新的商业模式不断涌现,而这些模式往往构成一个有机的系统,互相之间和与环境之间都有内在的联系。

总之,商业模式不仅是企业运营的核心框架,也是企业创新和发展的动力源泉。随着互联网和信息技术的进步,企业需不断适应变化的市场环境,设计和调整自己的商业模式,以保持竞争力并满足日益多样化的消费者需求。

二、商业模式改变与商业模式创新

商业模式改变是一个较为宽泛的概念,指的是公司现有商业模式的任何变动,无论是激进的、彻底的,还是渐进的、部分的。这种改变可以表现为对企业内部生产方式的调整,如从自我生产转向外包生产,或者在某些产品和服务上进行改善和优化。例如,汽车公司从传统的销售模式转向共享汽车服务模式,这种变动虽然是根本性的,但它依然属于商业模式的改变,而非创新。它可以是自发的,响应市场需求或提升效率,但并不一定能带来行业或世界范围的颠覆性变化。

相比之下,商业模式创新则是一个严格的概念,指的是引入全新的、前所未有的方式来改变行业或市场,这种创新对所在行业或世界来说是全新的,或者至少是对现有行业的根本性改变。在这种创新下,企业会创造出全新的运营模式和价值创造、获取系统,从而使商业活动变得更加高效、有效。商业模式创新通常是有意为之,并且是经过深思熟虑和有战略规划的,它的目的是响应已被识别的发展机会,提升企业的运营效率和竞争力。与商业模式改变不同,商业模式创新能为行业甚至全球产生深远的影响。

为了更清晰地理解这两个概念的差异,可以通过以下几个例子来说明:

①丁企业的商业模式改变。丁企业在多次自我调整中,从生产计算机、大型机到提供企业服务的转型,经历了显著的商业模式变化。这种变化涉及公司运营的多个方面,但这并不构成商业模式创新,因为这一转型并非全球范围内首次出现。许多其他公司也采取了类似的做法,因此它属于商业模式的改变。

②戊企业的商业模式改变。戊企业在传统实体店批发超市的基础上引入了在线销售渠道,这一变化虽然对企业来说是新的,并且提升了销售效率,但它并没有改变商业模式的核心结构或为行业带来革命性变化。这是一个渐进式的商业模式改变,而非创新。

③苹果公司的商业模式创新。苹果公司通过将 iTunes 与 iPod 相结合,创新地为用户提供了一个全新的整合硬件和软件的产品体验,开创了新媒体服务的商业模式。这是一个典型的商业模式创新,因为它对行业而言是前所未有的,彻底改变了人们消费数字音乐的方式。

④小米公司的商业模式创新。小米公司采用了一种全新而独特的商业模式,即硬件 + 软件 + 互联网服务。在产品推出之初,它的目标用户定位于发烧友极客圈子,积累了一批忠实的粉丝型顾客。之后,产品才开始进行大规模的量产。在商业模式上,产品最早抢到了"去中间化"的红利。当时大部分传统手机商还是大量依赖渠道,而且手机的品种也非常多。产品的崛起很像当年己企业在个人电脑上的模式,通过去中间化的渠道让利给用户,并且产品种类相对单一。而随着其手机的发展,小米公司建立了一个生态圈,包括但不限于手机。小米公司依靠 MIUI 操作系统将人、设备、粉丝联系在了一起,又推出了一系列产品,比如路由器、手环、空气净化器、机顶盒、灯、充电宝、电视,不断完善以手机为中

心的生态圈。①

　　商业模式改变指的是对现有商业活动系统的调整,而商业模式创新则意味着以一种全新的、颠覆性的方式来创造和获取价值,通常会对整个行业或世界产生深远的影响。商业模式改变可能是渐进式的或模仿式的,而商业模式创新则具有独创性和革命性。

三、商业模式创新的具体实施步骤

（一）市场调研

　　全面深入的市场调研是商业模式创新的基础。企业需要运用多种调研方法,如问卷调查、访谈、焦点小组等,收集市场数据,了解消费者需求、市场趋势、竞争对手动态等信息。以 X 产品为例,在推出新的茶饮产品前,通过线上问卷收集消费者对口味、包装、价格的偏好,线下访谈了解不同地区消费者的饮茶习惯,还密切关注茶饮市场的流行趋势与竞争对手的新品动态。基于这些调研数据,发现年轻消费者对健康、个性化茶饮的需求增加,且市场上水果茶品类有发展潜力,这为其商业模式创新提供了方向指引。

（二）挖掘创新机会

　　对市场调研数据进行深度分析,从消费者未被满足的需求、行业痛点、新兴技术的应用可能性等方面挖掘创新机会。比如,传统酒店行业存在入住退房流程烦琐、服务标准化但缺乏个性化等痛点。庚公司敏锐捕捉到这一机会,借助互联网技术,打造共享住宿平台,满足了消费者对个性化住宿体验、更具性价比房源的需求,打破了传统酒店业的商业模式。

---

①　刘靓晨 . 考虑策略型消费者的企业产品迭代运用策略研究 [M]. 北京：企业管理出版社,2023.

（三）设计新的商业模式

结合挖掘到的创新机会，围绕价值主张、客户细分、渠道通路、客户关系、收入来源、核心资源、关键业务、重要合作、成本结构这九个要素（参考商业模式画布理论）设计新的商业模式。以某咖啡为例，其价值主张是提供便捷、高性价比的咖啡饮品；客户细分聚焦年轻上班族和咖啡爱好者；通过线上 App 和线下门店结合的渠道通路销售产品；利用数字化手段建立会员体系，增强客户关系；收入来源包括咖啡及周边产品销售、会员费等；核心资源有品牌、供应链、数字化平台；关键业务涵盖咖啡研发、线上线下运营；与优质咖啡豆供应商、物流企业等建立重要合作；在成本结构上，控制门店运营成本，加大线上营销投入，最终构建出区别于传统咖啡连锁品牌的新零售商业模式。

（四）可行性评估与调整

新商业模式设计完成后，从技术、经济、运营等多方面进行可行性评估。若发现问题，及时调整优化。例如，在一些共享出行企业初期设计的商业模式中，车辆投放和运维成本过高，导致盈利困难。通过重新评估，调整车辆投放策略、优化运维流程、探索新的盈利途径（如广告合作）等，提升了商业模式的可行性。

（五）试点与推广

先在小范围内进行试点，收集试点过程中的数据和反馈，进一步完善商业模式，待模式成熟后再逐步推广。某生鲜企业在创立初期，先在部分城市开设几家门店进行试点运营，根据消费者反馈调整商品品类、供应链管理、线上线下融合方式等，待商业模式优化后，再向全国各大城市扩张，实现快速发展。

四、Web 3.0 商业模式三大突破

(一)DAO

M 集团的 Trusple 平台运用区块链技术实现,去中心化自治,为中小企业跨境结算提供了高效的解决方案。通过该平台,中小企业的跨境结算成本降低 70%,纠纷处理效率提升 90%。在传统跨境结算模式下,涉及多个中间环节,手续费高且结算周期长。Trusple 平台去除中间机构,直接连接买卖双方,利用智能合约自动执行结算,大幅降低了成本、提高了效率。

Crunchbase 数据显示,2023 年 DAO 组织数量增长 300%。以 DAO 为例,它是一个基于以太坊区块链的去中心化自治组织,成员通过持有代币获得投票权,共同决策组织的资金分配和项目发展,实现了组织的去中心化管理,吸引了全球众多参与者,推动了 Web 3.0 生态的发展。

(二)数字资产化

辛企业旗下音乐推出的数字藏品,将音乐作品以数字化形式进行确权和交易。其数字藏品销售额破 10 亿元,用户复购率达 45%。数字藏品赋予音乐作品新的收藏价值,满足了粉丝对音乐偶像独特周边的收藏需求,同时也为音乐产业提供了新的收入来源。

壬公司推出的虚拟时装系列在 2023 年为其贡献了 8% 的营收。虚拟时装通过数字化设计和展示,打破了传统时装生产和销售的物理限制,降低了生产成本,还满足了消费者对时尚的个性化追求,为时尚行业的商业模式创新提供了新思路。

(三)跨界生态融合

B 公司构建了"汽车 + 光伏 + 储能"的跨界生态闭环。其家庭能源系统将光伏发电、汽车充电与储能设备结合,家庭用户利用光伏发电为汽车充电、储存电能,在用电高峰时使用储存的电能,电费支出降低 40%。这一模式不仅提升了能源的利用效率,还拓展了企业的业务边界,

实现了不同产业间的协同发展。

X公司打造的"人车家全生态"在2023年实现IoT设备互联数超8亿,场景触发准确率达98%。将X手机作为控制中枢,实现了汽车、智能家居设备的互联互通,用户可远程控制家中设备、了解车辆状态,提升了用户生活的便利性和智能化体验,开创了消费电子、汽车、智能家居跨界融合的新商业模式。

在当今竞争激烈且快速变化的商业环境中,企业必须重视经营决策、经营计划创新与商业模式创新,灵活运用各种方法和技术,积极适应市场的变化,不断寻求突破和发展,才能在市场中立足并实现可持续发展。

案例分享

U公司预制棒和光纤智能工厂实践[①]

U光缆股份有限公司(以下简称U公司)自主研发光纤预制棒和光纤制造核心工艺装备,不但打破了国外的技术垄断,还实现了基于智能制造制备技术的全面超越,达到世界领先水平。在潜江建成了预制棒及光纤智能制造单体工厂,开创性地在预制棒和光纤生产中采用智能工艺系统和大数据应用,实现了数据的自动预处理、在线工艺趋势控制、智能拟合、设备健康诊断和状态预测、工艺模拟及质量预测等功能。同时,通过自动物流将离散工艺设备、分离车间系统整合连通,在全行业首次实现全流程预制棒工序间的自动装卸载和物流运输。

一、实施路径

(一)制定智能制造顶层设计

2016年开始,U公司制订了五大战略:国际化地域扩展、相关多元

---

① 智能制造系统解决方案供应商联盟.智能制造探索与实践——智能制造标杆企业案例汇编(一)[M].北京:电子工业出版社,2021.

化、资本运营协同成长、棒纤维内涵增长、技术创新与智能制造。将技术创新与智能制造作为五大战略之一,并明确了智能制造的整体战略目标:有效地提高生产、物流和测试的自动化水平,降低用工需求;充分应用大数据分析工具和模拟仿真工具,在 U 公司"赋知""赋能""赋智"三层模型的各个层次上,由易到难,逐步提升智能化水平,驱动产品的稳定性和一致性提升,使产品的质量、成本和生产效率得到明显改进。通过模块化设计和软件算法,在保证设备效率提升的基础上实现客户化定制;加深知识与业务的融合度,提升公司的创新能力;实现横向集成,充分利用集团的制造资源;用"互联网 +"的思路开拓新的销售渠道和运营模式。既保证单个智能工厂的可持续性技术提升,又实现单体智能工厂与集团资源管理的统筹。

基于此,智能工厂以《智能制造 系统架构》国家标准为基础和原则,结合预制棒和光纤生产的固有特性,进行总体规划设计。提出并建立预制棒及光纤智能制造的智能五层模型,实现了智能工厂的系统层次化、业务功能模块化、流程全贯通和标准化,并具有易集成、柔性配置、可扩展、高可靠的特性。

(二)实现核心工艺和装备的创新突破

作为国内光纤光缆行业的龙头企业,U 公司立志实现 VAD、OVD 工艺的技术突围,打破国外企业的技术封锁,改变国内预制棒技术长期被制约的不利局面。2012 年,U 公司成立 VAD、OVD 工艺研发及产业化攻关团队。2017 年,团队开发出具有完全自主知识产权的 VAD、OVD 工艺与设备平台,实现了多项关键技术的创新和突破。为进一步优化 VAD、OVD 工艺设备的效能,团队又开始推进 VAD、OVD 生产线的智能制造提升,实现了 VAD、OVD 工艺生产效率的世界领先,有力地提升了我国光纤光缆行业的国际竞争力。

基于工艺的突破,完成 18 种核心工艺设备的智能化提升并投入生产应用。首先,通过对核心工艺设备环境全参量的动态计量监测,实现基于工艺过程监测的 PLC 自适应工艺闭环控制及故障预警、自诊断修复等功能。由于在预制棒的 VAD、OVD 沉积反应过程中,原料和工艺气体的精确供料依靠质量流量计(MFC)控制来实现,但 MFC 会偶发计量零点漂移,造成供料不准、产品质量降低或报废。U 公司进一步将沉积设备与 MES、工厂设施系统互联互通,通过实现基于自适应补偿纠偏的在线计量校核功能,保证工艺供料、供气的一致性。

为适应光纤高速生产线上的产品质量检测,U 公司开发出了能够融合检测设备、自动光开关设备、自动物流设备与信息管控系统功能的生产线智能集成测试系统。通过将产品质量规范、工艺流程及特种知识的信息管控系统与 MES 的生产管理模块集成,可完成大批量、高强度的产品在线质量检测工作。将 MES 与工厂设施系统互联互通,形成融合在线感知、实时监控及知识专家系统的智能工艺系统,将核心工艺设备从基于工艺配方控制升级为工艺过程自适应控制,实现生产流程的工艺趋势控制和工艺模型的持续优化。

(三)实现大数据驱动的工艺趋势控制与优化

为及时解决影响生产的各种问题,优化生产过程,智能工厂基于 Hadoop 开源技术,部署运行了具备数据采集和集成能力的工业大数据平台,为 MES、智能工艺系统等执行系统提供强有力的大数据处理后台支持。在综合考虑人、机、料、法、环的限制条件,并满足时间、成本、质量要求的前提下,对生产活动的组织、规划和生产控制过程进行大数据建模,形成具有车间生产要素管理、生产活动计划、生产过程控制等一系列优化功能的大数据模型。基于模型进行质量预测,并利用虚拟沉积设备的参数集,将决策矩阵反馈到实体设备,设计出虚拟设备、最佳配方和决策矩阵,并通过工程师参与,应用于材料最佳匹配和下道工序生产指导。

例如,在拉丝过程中,光纤预制棒在高温下熔融,在重力和牵引力的作用下被高速拉制成光纤。温度、湿度、涂料涂覆、设备运行等因素的异常都可能造成异常断丝(以下简称塔断),对光纤产品的质量和生产效率等方面有着严重的负面影响。为了减少塔断对生产效率的影响,提升光纤生产效率,U 公司联合美国弗吉尼亚理工大学开展改善拉丝塔断的研究,成立了基于大数据分析的塔断改善项目。借助大数据分析工具,项目组建立了在线塔断预测模型。根据拉丝塔断根源分析鱼骨图布置传感器,收集各种与拉丝塔断相关的环境、过程与质量数据。通过数据分析,确定塔断发生的主要环境、过程变量,开展变量与塔断频率的关系研究,最后确定符合实际的数据统计分析方法,如函数型过程变量的建模与选择等,建立了光纤塔断的在线预报模型。此外,U公司进一步利用统计学分析、神经网络训练、机器学习等方法在预制棒关键质量预测及光纤模场直径、截止波长、衰减等参数预测方面开展大数据分析工作,并在各个场景下推进应用,极大地提升了预制棒和光纤制造的精益生产水平,提高了生产效率、产品质量和能量利用效率。

(四)打造预制棒工序间全自动物流

智能工厂成功开发 VAD/OVD "沉积—烧结—退火" 车间精密装配一体化机器人、OVD 沉积车间精密及重载装配机器人、OVD 烧结车间精密及重载装配机器人、VAD 检测车间精密装配机器人、OVD 检测制锥车间精密及重载装配机器人、VAD 拉伸车间精密装配机器人、预制棒运输 AGV、芯棒洁净缓存自动物流系统、OVD 退火车间精密及重载装配机器人、光纤车间精密及重载装配机器人、光纤成品高参数自动化立体仓库 11 套成套物流装备、应用机器人、AGV 和自动物流线,将离散工艺设备、分离车间系统整合连通,在行业首次实现全流程预制棒工序间的自动装卸载和物流运输,主工艺流程自动物流覆盖率达 100%。

例如,在 OVD 预制棒自动装载及物流环节,为避免 OVD 粉棒因表面接触、划伤、振动、碰撞而造成报废,U公司设计和开发了适用于预制棒的高洁净环境(洁净度 1 万级),具有高定位精度、高夹持精度、高运行平稳性、高精密位置识别和工作区安全扫描雷达功能的 OVD 沉积车间精密及重载装配机器人和 OVD 烧结车间精密及重载装配机器人。OVD 沉积车间精密及重载装配机器人和 OVD 烧结车间精密及重载装配机器人,采用天地轨运行模式,实现沉积、烧结车间的贯通,该机器人将沉积制成的粉末棒从沉积机床的进给机构上卸载、运输、装载到烧结机床进给机构上,烧结完成后,将玻璃化的预制棒从烧结机床进给机构上卸载、运输、装载到退火机床的进给机构上,实现了 OVD 沉积—烧结—退火全工艺流程的自动装卸载和物流运输。

此外,智能工厂还建设了与 MES、ERP 互通的光纤成品高参数自动化立体仓库系统。该系统能够实现从光纤成品包装到自动上预分拣线的智能仓储物流。该系统按照订单、段长分类条件进行入库分拣,机械手自动将相同类别的光纤卷码放到空托盘上,由转运车运送到氘气车间进行工艺处理,并自动分拣进入立库。销售出库时,物流系统提前对销售订单进行合单优化,智能分配出库托盘,通过自动化仓储设备将出库托盘运送到拣选工位,由机器人或人工将单卷光纤放到订单分拣线上,系统自动分拣出库。基于配备的 WMS,可自动完成库存管理、订单管理、产品追溯等功能,并可以与 MES 及 ERP 系统进行对接。实现基于大库存、多品种、自动分拣发货的客户需求的快速响应,该系统节省人力成本 49%,提高物流效率 60%。

（五）应用智能工厂互联互通网络架构

智能工厂采用"三网一中心"的网络架构,将互联互通的网络架构首次系统地应用于预制棒和光纤智能工厂。三个独立的物理网络承载工厂不同的业务,网络与网络之间通过数据隔离保证信息安全,通过设备互联实现业务融会贯通。既实现了整个工厂不同业务的融会贯通,又为工厂信息的安全可控提供了坚实的保障。相较于传统工厂网络,该网络架构实现了对工业大数据应用能力的提升,同时实现了大数据条件下的设备互联和生产过程的实时感知。

安防监控网、办公网、设备网均采用分层式架构搭建,具体分为核心层和接入层。核心层是网络的核心,具有高可靠性和高性能,并具有水平扩展的能力。接入层为每个业务子系统提供充足的网络接口,提供灵活多样的接入能力,通过整合技术,简化布线复杂度,也具有扩展能力。

二、实施成效

经过多年的努力,智能制造技术成功在 U 公司产业化落地实现,对国内整个光纤光缆行业具有里程碑的意义。一方面,成功完成 18 项预制棒和光纤制造核心工艺装备的自主研发,打破了国外的技术垄断,达到世界领先水平,并通过设备与工艺控制专家系统结合,实现了生产过程的在线感知、实时监控和工艺过程自适应;开创性地在预制棒和光纤生产中采用智能工艺系统和大数据应用,实现了业务和决策的数据驱动;在全行业首次实现全流程预制棒工序间的自动装卸载和物流运输。另一方面,智能工厂的建设使预制棒生产效率提升 26.0%、运营成本降低 27.3%、产品研制周期缩短 34.4%、不良品率降低 24.7%、能源利用率提高 48.4%,取得了显著的经济与社会效益。这些成功实践为整个行业实施智能制造技术起到指引作用,将激励和带动行业内所有光纤企业重视并应用智能制造技术,推动国内整个光纤光缆行业快速提升制造技术水平,从而实现对国外先进企业的超越。

三、经验复制推广

U公司的成功经验和技术成果已扩展应用于U集团下属公司:U武汉光纤光缆有限公司、U光通信印尼有限公司等,即将实现整个U集团的智能制造升级。

此外,U公司将自主研发的智能装备和经验,广泛应用到行业内的其他企业,不仅包括U集团在国内的各新建工厂,如U光纤光缆沈阳有限公司、U光纤光缆兰州有限公司等,还包括行业内的其他重点企业。目前,U公司已累计向国内输出170条光纤智能生产线,占国内产能的30%,极大地提升了国内光纤光缆行业的智能制造水平。同时,U公司还向海外输出光纤智能设备,在印度尼西亚建立了东南亚第一家光纤企业,完成了由"市场换技术"到"技术换市场"的转变。

第五章　企业市场营销管理创新

第一节　企业市场营销管理概述

在企业的商业活动体系中,市场营销管理处于关键位置,它紧密关联着企业与市场,直接影响着企业的生存与发展。理解市场营销管理的内涵、原则与当前存在的问题和创新方向,是企业制定有效市场策略的重要基础。

一、企业市场营销的概念

(一)市场营销的内涵

在公众普遍的认知中,市场营销往往与销售和广告活动画等号。我们日常生活中经常会接触到电视广告、销售目录、电话推销和电子邮件广告等形式的营销活动。然而,销售和广告仅仅是市场营销这一广泛范畴中的一小部分,远不足以涵盖其全部内涵。

在现代社会,企业应当摒弃以往单纯追求销售的传统观念——"劝说与销售",而应转向基于顾客需求的全新营销理念。如果营销者能够深入了解顾客的需求,并在此基础上开发和提供具备高价值的产品、合理的定价策略、适当的渠道选择与有效的促销手段,那么这些产品便能在市场中取得更大的成功。

从广义上讲,市场营销是一种创造和交换价值的方式,以满足个人和组织在社会性与管理性过程上的需求与欲望。狭义上,市场营销则聚焦于企业与顾客之间围绕价值展开的交换关系。因此,我们可以将市场营销定义为,企业为获得来自顾客的经济回报,通过为顾客创造独特的价值并与其建立长期、稳定的关系的过程。

(二)市场营销的过程

市场营销过程可概括为一个包含五个关键步骤的简易模型。在前四个步骤中,企业主要致力于深入了解顾客的需求,创造符合顾客期望的价值,并通过有效的方式与顾客建立长期稳定的关系。在最后一个步骤中,企业因成功创造出较高的顾客价值而从中获取回报。通过这一系列过程,企业最终将通过顾客的购买行为、满意度、忠诚度等形式获得相应的价值回报,这些回报通常表现为销售额、利润与顾客的长期忠诚和生命周期价值。

这一过程不仅是一个循环的操作模型,更是企业在竞争激烈的市场环境中保持可持续发展的关键。通过对顾客需求的精准把握与持续价值的创造,企业能够在市场中脱颖而出,收获长期的市场份额与顾客忠诚。

(三)市场营销的理念

市场营销理念的核心观点是,组织能够实现其目标的关键,在于深入了解目标顾客的需求和欲望,并通过实现这些需求来使顾客满意。在这一理念的指导下,顾客导向和价值创造被视为实现销售和盈利的必由之路。与传统的"产品导向"或"制造—销售"哲学不同,现代市场营销理念强调以顾客为中心的"感知—反应"模式。具体来说,其目标不是简单地为企业的产品找到合适的顾客,而是通过洞察顾客的需求,为顾客量身定制产品。

推销观念通常采用由内而外的视角,起始点是企业现有的产品。推销活动着重于通过大量的促销与销售手段来吸引顾客,并追求短期内的销售增长。在这一过程中,企业更多关注的是"卖什么"而非"为什么卖"或"谁会购买",即缺乏对顾客需求的深入了解。推销观念注重的是对产品的推动,而非满足顾客的真正需求。

相比之下,市场营销观念则采取由外而内的视角,起点是对市场的精确界定与对顾客需求的深入了解。市场营销观念的本质,即将顾客放在企业活动的中心,关注顾客的需求与期望,并通过整合所有营销活动为顾客创造价值。通过基于顾客价值与满意度的营销策略,企业能够与合适的顾客群体建立持久的关系,并从中获取利润。

为遵循市场营销理念要求,企业不仅要回应顾客明确表达的需求和显而易见的愿望,更要主动探索顾客尚未表露的潜在需求。基于顾客导向的公司应深入分析现有顾客,研究他们的行为和偏好,发掘新的产品和服务创意,甚至测试和完善现有产品的功能。当顾客对市场需求有明确的认识,或者他们已经知道自己想要什么时,基于顾客导向的营销往往能够取得较好的效果。

然而,在许多情况下,顾客并不完全清楚自己真正需要什么,甚至不确定自己可以拥有何种选择。此时,基于顾客导向的营销理念就需要发挥其独特的作用。企业不仅要理解顾客已知的需求,还要通过创新与引导,帮助顾客发现其未曾意识到的需求。在这种情况下,企业需要比顾客自身更加了解顾客的潜在需求,并通过创新的产品和服务来满足这些需求,从而引导顾客的消费行为。

二、企业市场营销的原则

（一）选择性和集中度原则

在营销过程中,企业首先需要对市场进行选择和细分,并锁定目标市场,这是营销的首要任务之一。选择性和集中度原则为这一过程提供了基本的指导框架。选择性原则要求企业在市场营销活动中谨慎选择目标,避免盲目扩展过多领域;集中度原则要求企业将有限的资源集中在最具潜力和价值的市场领域,从而实现效益最大化。

这一原则对公司战略的选择具有重要影响。如果企业过于分散资源,投入过多的市场和产品中,就可能会导致资源的浪费,影响市场定位的准确性和策略的执行效果。因此,企业需要在资源有限的情况下做出明确的战略选择,确定一个或多个有潜力的细分市场,确保资源的有效投入与对目标市场的精准定位。

（二）顾客价值原则

顾客价值原则认为，企业的市场地位和竞争优势在很大程度上取决于其是否能够为顾客提供高于竞争对手的价值。在这一原则的指导下，企业的市场营销活动应该以顾客为中心，营销手段、生产决策、投资方向等都应围绕顾客需求展开。顾客感知到的价值往往取决于企业产品或服务所带来的实际利益，而非企业的单方面投入。

顾客价值是一个不断变化的目标，随着外部环境和顾客需求的变化，顾客的价值期望也在不断演变。因此，世界级的公司会持续投资于市场调研，深入分析顾客的需求、优先级、期望与体验，并根据这些洞察优化对产品与服务的开发，从而不断提升顾客价值，增强市场竞争力。

（三）差异化优势原则

差异化优势原则强调企业应通过独特的产品或服务，提供顾客需要但竞争对手无法提供的价值，来建立竞争优势。差异化优势是市场营销战略的核心，它指企业能够为顾客提供的特定利益，且这些利益顾客在其他地方无法或难以获得。为了实现这一原则，企业需要在营销组合的各个环节中精心设计，确保能够为顾客创造独特且具有吸引力的价值。

为了获得差异化优势，企业不仅要提供顾客所需的价值，还要确保其供给优于竞争对手，持续创新以保持领先地位。有些差异化优势比其他优势更持久。例如，基于产品设计或产品可获得性的差异化优势，通常比单纯依赖沟通手段的差异化优势更加稳固，即使最具竞争力的差异化优势最终也会被市场竞争侵蚀。因此，企业必须不断创新和提升差异化优势，以确保长期的竞争优势。企业需要不断拆解和重组其现有供给，以适应市场的变化并保持差异化优势。然而，内部的利益冲突使这一过程常常充满挑战。开发一个与竞争对手不同的产品并不难，关键在于创造顾客认可且愿意为之付费的差异。因此，差异化不仅是表面上的不同，更是顾客认知中的实质性区别。

（四）整合原则

营销的成功不仅依赖于单一的营销手段,更需要从顾客和公司内部两个层面进行全面的整合。

企业必须精心整合所有与顾客接触的设计和执行元素。例如,尽管企业开发了一款优秀的产品,但如果广告质量低劣,或推销材料延迟发布,也会对该产品的市场表现产生负面影响。因此,企业必须确保对所有顾客接触点的协调与整合,避免任何不一致的市场传递。

为了在顾客层面实现整合,企业内部的各个职能部门也必须协调合作,确保公司内部资源的有效利用。然而,部门之间常常因优先级不同而发生冲突,尤其在以内部导向为主的企业中,各部门可能会为了保护自身利益而忽视顾客价值最大化的实现。

外部导向型公司则更容易实现整合,因为这些公司通常有服务顾客的共同价值取向,部门之间的目标一致性更强,能够形成密切的合作关系,从而促进顾客价值的顺畅传递。

通过整合顾客需求和公司内部资源,企业能够有效协调营销战略的执行,提升顾客满意度,增强市场竞争力。

第二节　企业的市场创新战略

一、市场形势的分析与判断

（一）分析国内市场的总体形势

我国市场经济发展已进入买方市场阶段,这一转变对经济发展产生了深远影响。买方市场的核心特征是商品供大于求,这种现象已在全国范围内普遍存在,涵盖城市和农村、消费品市场和要素市场等多个领域。生产能力普遍过剩,许多行业的生产能力远超市场需求,成为当前市场的显著特征。

对于生产过剩问题,存在两种不同的观点。一种观点认为,过剩是市场发展成熟的自然过程。随着市场经济的完善和产业结构不断调整,供需关系由供不应求向供大于求的转变符合经济规律。然而,另一种观点认为,部分过剩并非完全正常,而是受市场机制不完善和计划经济遗留问题的影响。资源配置效率低下、优胜劣汰机制尚未健全,是导致某些行业出现非正常过剩的主要原因。

随着商品供给的持续增长,消费者在市场中的主导地位明显提升。在买方市场中,消费者对商品选择拥有更大的话语权,企业必须将消费者需求作为核心导向,以满足市场需求为目标。这种历史性转变标志着我国经济由卖方市场向买方市场的过渡,并凸显了消费者在市场中的核心地位。

与此同时,市场约束逐渐成为影响经济发展的重要因素。宏观层面,经济增长从依赖资源投入转向依赖市场调节。投资、消费和净出口已成为拉动经济增长的三大核心要素。微观层面,企业之间竞争加剧,推动了市场供需结构的进一步调整。政府在宏观调控中也更注重对消费需求的研究与引导,以实现供需平衡。

尽管我国已进入买方市场,但其发展水平相较于发达国家仍显不足,表现出相对性和初级性特点。一方面,商品总体供大于求,但另一方面,市场上仍存在"卖不掉"与"买不到"并存的现象。例如,在房地产市场中,高房价导致许多消费者无法购房,造成房屋闲置;而在部分高端消费领域,需求却尚未完全成熟,出现局部供不应求的情况。这反映出我国买方市场尚未达到全面成熟的水平。

此外,城乡居民的需求结构差异显著。城市居民的消费已普遍进入小康阶段,而农村居民的需求仍以温饱为主。从整体来看,消费者的需求正处于由温饱型向小康型转变的过程中,但消费水平和层次的差异性,进一步体现了市场的不完全性。

总的来说,我国的买方市场正处于初级阶段,商品供过于求与局部供不应求并存,市场发展尚不成熟。尽管短缺经济的局面已基本解除,但建立一个成熟的买方市场仍需时间和政策支持。随着消费结构升级和经济发展水平的提高,市场供需关系将逐步优化,最终推动我国向更加完善的买方市场转型。

（二）企业入市应遵循的原则

企业在进入市场时,必须遵循一定的原则和规律,以确保其在市场中的健康发展并保持竞争力。

首先,企业应遵循等价交换原则。根据这一原则,商品交换既是使用价值的交换,也是商品所有权的交换,交易双方应处于平等地位。市场中供求关系变化或存在垄断时,企业不得采取暴利行为或低于成本的强行倾销行为,这会破坏市场的公平性和交易的合理性,等价交换原则可能会受到影响。

其次,企业需要遵循公平竞争原则。在市场中,所有经济主体,无论其规模大小、行业地位如何,都应享有公平的竞争环境。这要求市场具有公正的法律、社会和文化环境,企业应在平等的起跑线上展开竞争,不得借助不正当手段获取市场优势。

最后,企业还应遵循自愿让渡原则。这意味着交易双方应在没有外部干预的情况下自愿地交换商品。这一原则强调了商品所有者的共同利益和意志关系,要求排除通过非经济实力强迫交易的行为,并对行政垄断、贸易封锁进行强有力的限制。尽管贸易自由非常重要,但在适当情况下,也应对国际贸易进行合理的保护。

（三）企业入市的能力分析

企业的市场进入能力不仅反映了其开拓创新能力,还直接关系到其整体经营管理水平。如果企业成功进入市场,说明它找到了新的增长点,能够获得更多的市场发展机会;反之,若入市失败,企业不仅会面临经济损失,还可能严重打击其开拓市场的信心,甚至失去消费者的信任。

市场进入能力主要体现在以下几个方面:

第一,排除干扰和反排挤能力至关重要。在大多数情况下,新企业进入市场会给现有企业带来压力和潜在的市场份额损失,特别是在那些已经形成一定市场格局的行业中。现有企业通常会通过价格竞争、营销手段、法律法规等多种方式对新企业进行排挤,甚至会通过文化和习惯等社会因素对新进入者设置障碍。因此,新企业要有足够的能力来应对外部竞争压力,确保能够克服这些干扰,顺利进入市场。

第二,选择突破口的能力也是企业成功入市的关键因素之一。如果企业未能精准地选择市场的突破口,可能会面临高昂的市场进入成本与巨大的资源浪费。突破口选择错误,会导致企业在市场中遭遇巨大阻力,甚至可能浪费大量的时间和精力,仍无法成功进入市场。因此,企业要通过市场调研,了解消费者需求、竞争态势与市场趋势,找准突破口,避免一开始就偏离正确的方向。

第三,企业的有效突破能力也不可忽视。在进入市场的过程中,尽管企业具备了多种进入条件,如资金、技术、产品等,但若未能在产品品种、供应链管理、广告宣传、促销活动与服务保障等方面下足功夫,仍可能导致失败。举例来说,企业进入一个全新的市场时,如果忽略了当地的文化背景、消费者偏好或市场趋势等因素,就可能导致其市场策略无法引起消费者的兴趣,进而影响品牌的接受度和市场表现。有效突破能力要求企业在进入市场之前,进行全面的市场调研和战略规划,以确保产品和服务能够最大限度地满足消费者的需求。

第四,企业进入市场的深度也是一个关键的考虑因素。企业进入市场的深度决定了其能在多大程度上影响目标市场及其消费者。通常衡量市场进入深度的标准有两个:一是消费者心理上的认知程度,即目标消费者对企业品牌、产品或服务的认知度;二是消费群体的面积,指的是企业能够覆盖的潜在客户群体的广泛性。企业如果能够深入了解消费者心理并做到精准定位,就能够有效拓展市场份额,提升品牌影响力。

二、企业在不同阶段的市场营销战略

在不同的阶段,企业需要根据市场环境和自身发展情况采取相应的市场营销战略和战术。有效的市场营销战略能够帮助企业在行业中占据有利位置,并根据市场的变化和企业的目标做出灵活的调整。总体而言,企业在不同阶段的市场营销战略主要包括入市战略、扩张战略和市场退出战略。

(一)企业的入市战略策划

在企业进入市场之前,制定科学合理的入市战略至关重要。入市战

略不仅决定了企业能否顺利进入市场,还能帮助企业在初期阶段有效应对外部竞争和市场风险。因此,企业需要对入市可能遇到的障碍和挑战进行详细的分析,并根据这些分析选择最合适的战略和战术。

1. 企业入市的客观障碍

企业在市场进入过程中,必须对自身面临的外部环境和内部资源进行深入的分析,特别是 SWOT 分析(对企业的优势、劣势、机会和威胁进行评估),以便制定科学合理的市场入驻战略。一个新兴企业若要在竞争激烈的市场中成功立足,首先需要充分识别并了解在入市过程中可能遇到的各种客观障碍。具体而言,这些障碍通常表现为以下几个方面。

(1)规模经济的制约

规模经济是指随着生产量的增加,单位成本逐渐下降的现象,是企业在市场中获得竞争力的关键因素之一。然而,企业要想通过规模经济获得竞争优势,必须具备以下两个基本条件:首先是企业本身的生产能力,有足够的生产能力才能实现生产规模的扩大;其次是市场需求能力,企业的生产能力必须与市场需求相匹配,才能实现规模效益的最大化。最后,企业内部各职能部门(如生产、采购、研发、营销、销售等)的协同合作至关重要。如果其中任何一个环节未能有效配套,企业的整体规模经济效应将难以实现,甚至可能导致其经营效率的下降。

(2)产品差异化的挑战

在当今信息技术高度发展的背景下,产品差异化面临的挑战日益增多。现代市场中的产品差异化不再仅仅体现在产品的物理特征或功能性差异上,更体现在产品的文化内涵、品牌价值与附加服务上。要实现有效的产品差异化,企业需要进行大量的资金和资源投入,包括研发创新、市场定位、品牌建设等方面。这种高昂的投入,尤其对于资金较为匮乏的小型企业而言,构成了进入市场的巨大障碍。与此同时,信息共享和技术的快速发展使得竞争者能够迅速模仿和复制企业的差异化策略,从而使得差异化优势的维持期可能较短,增加了市场竞争的不确定性。

(3)流通渠道的瓶颈

流通渠道是产品从生产者到消费者之间的桥梁,是实现市场销售并促进产品价值实现的关键。若企业未能建立完善的流通渠道,产品将难以有效进入市场,进而影响企业的生存和发展。对于新兴企业来说,缺乏现成的渠道资源是一大挑战,需要投入大量的时间和资金进行渠道的建设与拓展。而在竞争日益激烈的市场中,企业可能面临来自现有企业的渠道排斥或资源争夺,进一步加大了市场进入的难度。

(4)资本存量的制约

企业在市场进入过程中需要大量的资本支持,包括用于生产设施建设、技术研发、市场开拓、营销推广等各个环节的资金投入。企业的资本存量直接决定了其市场进入的可能性和后续发展潜力。如果企业的资本存量不足,尤其是在初期阶段可能面临资金短缺的问题,导致其无法顺利进行市场开发和运营。此外,企业融资能力的限制,尤其是中小企业在资本市场中的融资难度,进一步增加了企业进入市场的障碍。

(5)政府政策的影响

政府政策是企业入市过程中不可忽视的外部因素,特别是在那些受到严格监管的行业。政府的政策导向、行业法规、审批制度等都可能对企业的市场进入产生深远的影响。企业必须在充分了解和分析政策环境的基础上,做出合理的战略决策。如果企业未能有效地适应政策变化或忽视政策导向,可能会面临政策障碍或法规制约,进而影响其市场进入的顺利性。

除了上述主要障碍,企业还可能面临其他如区域壁垒、市场经济发展水平、文化差异与消费者心理等多方面的挑战。在市场入驻过程中,对这些障碍的克服需要企业通过精确的战略规划和战术实施,确保顺利进入市场并有效应对外部竞争压力。

从营销策划的角度看,战术是企业在具体营销活动中为展现自身优势并实现目标而采取的具体行动和策略。战术具有时效性、局部性和具体性等特征,且必须与整体战略保持一致。企业在制定入市战略时,应当结合市场环境的变化和自身资源,选择和实施适合的战术,以克服入市过程中的各种障碍并实现战略目标。

2. 企业入市战略策划

企业入市战略的选择是决定企业能否成功进入市场并获得长期竞争力的关键因素。不同的入市战略通过不同的方式和手段帮助企业在竞争激烈的市场中占据一席之地。企业可以根据自身资源、市场环境和目标市场的特点选择合适的战略。以下是几种常见的入市战略类型及其核心要素。

（1）密集型入市战略

密集型入市战略侧重于集中力量在某些细分市场中深耕，而不是在所有市场中争夺份额。企业选择这种战略时，通常会选择具有较高潜力且竞争相对较少的市场领域，集中资源进行产品和服务的精细化布局。这种战略可以帮助企业快速建立品牌知名度，并在特定市场中获得领先地位。

（2）市场渗透战略

市场渗透战略强调企业以渐进、平稳的方式进入市场，通过逐步扩大市场份额来实现经济的增长。企业在采取这种战略时，往往会从已有的客户基础和市场需求入手，避免激烈的市场竞争。此战略强调低风险和长期稳定性，适合那些资金和资源较为有限的企业。

（3）强势开发战略

强势开发战略以企业强大的资金实力为基础，快速且激进地进入市场，进行广泛的市场开发。企业通过集结各方资源，以高速的推进方式在短时间内获得市场份额。这种战略适用于具备雄厚资金支持的大型企业或资金充足的投资方，能够快速占领市场并压制竞争对手。

（4）借船出海战略

借船出海战略依赖合作伙伴的现有渠道和市场资源来快速进入市场。企业通过与相关企业的合作，借助其市场占有率和渠道优势，进入市场中的空缺地带，然后逐步扩大自己的市场份额。这种战略适用于资源相对较少但希望快速进入新市场的企业，能够有效降低进入市场的风险。

（5）差别化战略

差别化战略要求企业通过创新的产品和服务，与竞争者的同类产品明显区分开来。通过创造独特的产品特色和创新的营销方案，企业可以形成品牌独特性，吸引特定的消费者群体。这种战略适合那些能够进行持续创新并拥有一定技术或品牌优势的企业，旨在通过差异化的竞争来建立市场领导地位。

（6）总成本领先战略

总成本领先战略是企业通过大规模生产和低成本控制来获得竞争优势的一种战略。企业通过精准的市场调研、规模化生产与高效的成本管理，能够以较低的价格打入市场，并迅速获得市场份额。这种战略适用于资源丰富且具备规模化生产能力的企业，目标是在价格竞争中占据优势地位。

总体而言,企业入市战略通常适用于市场进入的初期阶段,但随着企业成长和市场环境的变化,入市战略可能需要进行调整和更新。在企业的不同发展阶段,尤其是在市场拓展、成熟与进一步国际化时,企业可能会根据当时的情况选择不同的战略。战略的灵活性和适应性是确保企业在竞争中取得成功的关键因素。

3. 企业入市战术策划

企业在确定了入市战略后,需制定相应的战术,以便更高效地执行战略目标并确保入市成功。不同的战术可针对特定的市场环境、竞争格局和资源条件进行调整,常见的入市战术包括"游击战术"、"对抗战术"、"围歼战术"、"紧逼战术"和"迂回战术"。

（1）游击战术

"游击战术"是一种灵活机动的策略,企业通过采取分散的攻击方式来削弱竞争对手,同时减少自身的风险。其主要形式包括市场中心和非市场中心两种。市场中心形式指在若干子市场中同时展开进攻,迅速占领市场份额;非市场中心形式则通过拉拢对手的管理人员、技术人才或收集对手的敏感信息等方式,间接削弱对方的实力,逐步实现市场突破。

（2）"对抗战术"

"对抗战术"涉及与现有市场力量的直接对抗,通常有价格对抗、正面对抗、开发对抗和特定对抗等几种形式。价格对抗通过低价策略迅速占领市场份额;正面对抗则要求企业在多个方面与对手竞争,如价格、产品、宣传等;开发对抗着眼于产品创新,要求不断提高产品性能或降低成本;特定对抗则聚焦于特定的消费群体,通过精准的市场定位提升市场份额。

（3）"围歼战术"

"围歼战术"旨在通过多方位的竞争将对手围困,从而迫使其逐步失去市场份额。除了通过价格竞争,企业还可以在产品种类、型号等方面展开竞争,同时在竞争对手的周边市场布局多个销售网点,逐步逼迫其进入被动防守状态。"围歼战术"强调长期作战,企业必须具备持续支持这一战略的能力,才能在激烈的市场竞争中胜出。

（4）"紧逼战术"

"紧逼战术"要求企业不断对竞争对手施加压力，逐步消耗其资源，直至获得市场主导地位。实施这一战术时，企业需要提前制订清晰的市场开发计划，收集详细的竞争情报，并具备较强的资金和技术实力，以确保在持久的竞争中占据优势。"紧逼战术"的成功依赖于企业长期发展的战略目标，且必须避免因过度集中资源而导致的资源浪费。

（5）"迂回战术"

"迂回战术"则强调企业在某些情况下可采取更为灵活的应对策略，从侧面与竞争对手展开竞争，而不是直接对抗。"迂回战术"的形式较为多样，包括市场迂回、产品迂回和地域迂回。市场迂回指的是企业进行多角化经营，进入多个新领域；产品迂回通过开发新产品占领市场；地域迂回则是在避免与对手正面竞争的同时，扩展至其他地域进行市场布局。

总之，企业的入市战术要根据具体的市场环境、竞争形势与自身条件来进行选择和调整。有效的战术能够帮助企业在入市初期稳步前行，并逐渐获得市场优势。在执行战术时，企业还需确保各部门的协同和资源的合理配置，以最大化其市场竞争力和战略效益。

（二）企业扩张战略策划

1. 企业专业化与多角化经营成长

企业的经营战略可以分为专业化经营和多角化经营两大类，它们代表着不同的发展路径和管理方式。

企业的专业化经营，也被称为集中化战略，强调企业在某一特定技术、市场或产品领域的深耕，通过集中资源来推动该领域的发展。专业化经营不仅意味着企业内部的逐步分工，使得不同的业务逐渐形成独立的部分，还包括从分散生产向集中生产的转变。专业化经营能够通过集中资源和生产来实现规模效应和大规模的经济效益。具体来说，企业在生产过程中的协同效应是实施集中化战略的核心。实施集中化战略的优势包括能够提高管理效率、降低成本、提升技术水平并增强市场竞争力。

与专业化经营相对的是多角化经营，也称为多元化战略。多角化经营指企业同时进入多个不同的市场或行业，通过生产和销售多种不同类型的产品或服务来扩展其业务。其主要优势在于能够分散经营风险,避免单一市场的波动对企业造成过大影响。

企业在实施多元化战略时,通常是在集团化发展过程中,进行内部资源的重新配置和优化。多角化经营战略的实施是企业成长的必然要求,尤其是在企业面临成熟阶段或市场逐渐饱和时,它能够帮助企业突破行业限制,寻找新的增长点。

2. 国内企业扩张战略的选择

在国内企业扩张战略的选择中,企业面临着双重困难和双重利益。首先,企业必须应对国际企业组织化潮流与自身组织化程度之间的巨大差异,这成为企业扩张的一个主要挑战。其次,企业在制定扩张战略时,常常难以在集中化战略和多角化战略之间做出正确的选择。与此同时,企业的双重利益在于,通过对国际企业战略转换中所面临的利弊得失进行分析,企业能够根据自身的实际情况,做出对自己最有利的战略决策,从而确保扩张过程的顺利进行。

在选择企业发展战略时,需要综合考虑多个因素。首先,是动机因素,企业应明确扩张的动机,是要在现有产品上持续创新,逐渐开发新产品,还是通过战略转移来分散风险,并获取更高的经济效益。其次,环境因素也是一个关键考量,包括企业所处的地域环境、行业竞争状况、目标市场的社会文化环境等。环境的不同可能导致企业在经营和生产过程中面临不同的挑战,因此要全面评估外部环境。再次,时机因素也非常重要,这涉及宏观和微观两个层面。宏观时机包括国际市场趋势、国内经济发展阶段与政策导向等,而微观时机则涉及企业自身的成长阶段、资产重组与内部领导团队的变化等。最后,企业还需考虑组合方案因素。在多角化经营战略中,成功的关键是确定合适的资产组合,而在集中化经营战略中,成功则依赖于新产品的开发与新市场拓展的组合方案。无论选择哪种战略,都需要紧密联系企业的实际情况,确保战略方案能够与企业的发展方向一致。因此,企业在制定扩张战略时,应充分分析内外部环境,避免单纯依赖决策者的主观判断。

国内企业进入国际市场需要具备一定的条件。企业自身必须先具备雄厚的实力和竞争力,并有明确的战略目标,确保所有实践活动都能围绕这一目标展开。此外,采用多角化或集中化经营战略的企业,进入国际市场时还需要具备一些具体条件,如国际领先的技术和高附加值产品,明确的目标市场并了解海外市场的情况,能够形成某一方面的竞争优势,已经成功运营某一产品,并且拥有完备的战略经营方案等。这些条件是企业能够在国际市场上获得成功的基础。2023年中国出口的国际市场份额约为14%。被称为"新三样"的新能源汽车、锂电池和光伏产品等产业表现强劲,跨境电商也遥遥领先。消费电子方面,除智能手机、扫地机器人等以外,AR、VR(虚拟现实)也都有出色的表现。在2024年德国汉诺威工业博览会上,中国展商占比31%,是美国的12倍。①

(三)企业市场退出战略策划

在激烈的市场竞争中,企业不仅需要注重扩展,还要在适当的时机做出明智的市场退出决策。进退有度、灵活应对,是企业在市场中长期获胜的关键。企业的市场退出战略包括不同的分类和策略,其决策过程与影响因素对企业的发展至关重要。

市场退出可分为被动退出和主动退出。被动退出通常是由市场机制或经济自我调整导致的。市场环境变化使得一些企业无法适应,进而不得不缩减生产能力和市场份额。这类退出通常伴随着行业的自然老化,企业可能没有采取防护措施或是未能及时进行调整。与此相对,主动退出是企业根据自身或政府的战略目标,为了优化产业结构或产品组合,主动选择将需求下降的产品或服务从市场中撤出。主动退出虽然是一个战略选择,但也可能是企业因无法适应市场变化而做出的无奈之举。

市场退出对企业运营有着深远影响。退出决策不应仅凭主观判断,企业需要基于一定的分析和事实依据来做出决策。企业在决定是否退出市场时,通常会采用成本法,即通过全面衡量退出市场可能带来的损失与影响,并与市场收益进行比较。如果退出的成本高于收益,企业便应果断退出。然而,市场退出的决策往往伴随着一定的代价,主要表现在以下几个方面:损害企业品牌和形象、降低产品销量、增加研发与市场开拓的成本、增加人力资源费用等。这些影响可能会在短期内减少企业的利润和市场份额,但企业必须采取有效的措施来管理和缓解这些负面效应。

---

① 马旭飞,封小韵.出海战略:中国企业的新蓝海[M].北京:中信出版集团,2024.

　　为了降低市场退出的成本,企业应采取以下措施:一是制定合理的退出战略,通过科学规划和深入分析,尽量减少对消费者和市场的负面影响;二是加大研发力度,尽早推出新产品或替代品,填补市场空缺并保持竞争力;三是合理改造原有生产设备,避免因低价处置造成浪费,将其投入新的生产任务以降低成本;四是优化员工培训方式,结合培训与自学,既能降低培训费用,又能提升员工的适应性和新产品的生产效率;五是充分利用原有的营销团队和网络,延续既有营销资源和客户基础,即使产品发生变化,也能有效降低营销成本;六是聘请外部专业咨询公司进行业务整合,借助专业指导帮助企业更快进入新运营角色,减少组织磨合所带来的成本和时间消耗。通过综合运用这些措施,企业能够显著降低退出成本,为后续发展奠定坚实的基础。

　　当企业产品进入衰退期时,销售量急剧下降,利润大幅减少,竞争者纷纷退出市场,消费者的消费习惯也发生了变化。企业在面对衰退产品时,需审慎选择退出策略。主要的市场退出策略包括继续策略、放弃策略、收缩策略和集中策略。继续策略是指企业维持现有的市场策略,继续经营直到产品完全退出市场。放弃策略则是对快速衰退的产品做出果断决策,完全放弃或逐步放弃产品,将资源转向其他产品。收缩策略是在资源有限的情况下,通过降低促销力度、减少费用来增加利润,尽管这种策略可能加速产品的衰退,但有时能在短期内带来更多利润。集中策略则是将企业的资源和能力集中到最有潜力的细分市场上,以减缓衰退产品退出的速度,尽可能获取更多利润。

　　总之,市场退出不仅是企业战略中的一部分,也是其生命周期管理的重要环节。企业需要根据市场的变化、产品的生命周期和外部环境的因素,灵活地选择合适的退出策略。通过有效的规划和实施,企业可以在必要时退出市场,以保护自身的长远利益,并为新的发展机会腾出空间。

三、数字营销新趋势与数据洞察

　　在数字化浪潮的席卷下,数字营销已成为企业市场创新战略的关键组成部分,深刻改变着企业与消费者的互动方式和市场竞争格局。紧跟数字营销的新趋势,挖掘数据背后的价值,对企业把握市场机遇、提升竞争力至关重要。

（一）2023 年全球数字营销格局

根据 Statista 官方网站发布的年度数字广告报告最新数据,2023 年全球数字广告支出达到 6260 亿美元,同比增长 14.2%。其中短视频广告增速最为显著。TikTok 广告收入突破 180 亿美元,用户日均使用时长增至 95 分钟,推动"兴趣电商"模式成为新增长极。短视频平台凭借其独特的内容形式和强大的社交属性,吸引了大量用户,为企业提供了精准触达目标客户的新渠道。例如,众多美妆品牌在 TikTok 上通过创意短视频展示产品的使用效果,吸引用户关注并引导其购买,实现了销售额的快速增长。

（二）生成式 AI 重构营销链路

Open AI 的 Chat GPT-4 与谷歌 Bard 已深度渗透到营销场景中,为企业带来了全新的营销思路和工具。

1. 个性化内容生成

K 公司利用 DALL·E 3 生成限量版包装设计,用户参与度提升 37%。通过 AI 生成的独特包装设计,满足了消费者对个性化和新鲜感的追求,吸引了更多消费者关注和购买。企业在运用 AI 进行个性化内容生成时,关键要点在于准确把握品牌定位和目标客户的喜好,确保生成的内容与品牌形象一致且能吸引目标客户。可能遇到的问题是 AI 生成的内容可能无法完全符合品牌预期,解决方法是在使用 AI 生成内容后,安排专业人员进行审核和调整,使其更贴合品牌需求。

2. 智能客服转型

己公司运用 AI 客服处理 68% 的标准化咨询,使响应速度缩短至 2.1 秒。智能客服的应用大大提高了客户服务效率,降低了人力成本。在实施智能客服转型过程中,企业需要注重对 AI 算法的优化和训练,确保 AI 客服能够准确理解客户的问题并给出合适的回答。同时,要建立人工客服与 AI 客服的协同机制,对于复杂问题及时转接人工处理。可能面临的问题是 AI 客服在处理复杂问题时能力有限,对此可通过不断丰富 AI 客的知识库和优化算法来提升其处理复杂问题的能力。

3. 预测性分析

寅企业通过 AI 模型预测区域消费偏好,使新品上市成功率提高22%。借助 AI 进行预测性分析,企业能够更精准地把握市场需求,优化产品研发和推广策略。企业在进行预测性分析时,要确保数据的准确性和完整性,因为数据质量直接影响预测结果的可靠性。可能遇到的数据质量问题包括数据缺失、错误或过时等,解决办法是建立严格的数据管理流程,定期清理和更新数据,同时采用数据清洗和补全技术以提升数据质量。

企业只有紧跟数字营销新趋势,充分利用生成式 AI 等先进技术,挖掘各平台的新营销功能,才能在激烈的市场竞争中占据优势,实现可持续发展。

第三节　企业市场营销策略的创新

一、企业市场营销单一策略概述

(一)直复营销

1. 直复营销的含义及特征

直复营销是一种以互动为核心的营销策略,通过多种媒介(如电话、邮件、短信、社交媒体等)直接与目标顾客沟通,旨在促使顾客做出特定的反馈或交易,并将这些反馈存储在数据库中以便进一步分析和应用。

直复营销的特征主要表现为以下几点:

①可测量的反馈。直复营销的核心特征是能够通过具体行为评估营销活动的效果,如订单量、咨询量或顾客访问量。这种反馈机制使企业能够及时了解营销的成效,为后续优化提供可靠的依据。与传统营销注重广泛的宣传不同,直复营销追求可量化、直接的销售或反馈

结果。

②双向互动。直复营销强调企业与顾客之间的双向沟通。顾客的反馈能够被实时采集和分析,而企业则根据这些反馈调整营销策略。这种互动性不仅增强了顾客的参与感,还能显著提升营销活动的针对性和精准性。

③以数据库为核心。直复营销依赖于对顾客信息的收集与管理,通过数据库精准识别和定位目标顾客。数据库记录了顾客的购买行为、偏好与反馈,使企业能够针对个体顾客设计个性化的营销活动。这种信息驱动的特性让直复营销比传统营销更具精准性和效率。

④个性化服务。直复营销注重"一对一"的个性化沟通。企业根据顾客的具体需求和行为量身定制产品推荐、优惠方案或服务,满足顾客的独特需求。相较于传统营销面向大众市场的单向传播,直复营销更关注满足个体消费者的期望,从而提升顾客的体验感和忠诚度。

⑤以长期关系为目标。与传统营销注重吸引新顾客不同,直复营销更关注对现有顾客的维护和忠诚度的提升。通过建立和巩固长期的客户关系,直复营销不仅增加了客户的终身价值,还为企业提供了稳定的收入来源。

2. 直复营销的价值

直复营销为消费者和销售者都带来了显著价值。

对于消费者而言,直复营销提供了便捷和高效的购物体验。消费者可以随时随地购物,省时省力,同时避免与销售人员讨价还价,实现透明交易,节省开支。直复营销还能够保护隐私,减少公开场合交易的压力,并通过优质服务提升体验感,如提供免费服务热线、个性化建议、快速送货和退换货保障,让消费者更放心。

对于销售者而言,直复营销直接促进销售,通过精准内容引导顾客决策并完成交易,同时提升客户兴趣,增加询盘和购买的可能性。直复营销还能吸引潜在客户,提高品牌曝光度和客流量,帮助建立客户关系,提升客户忠诚度,从而增加销售额和提升长期市场竞争力。

3. 直复营销的形式

直复营销是一种直接与顾客互动的营销方式,旨在通过多种媒介将个性化信息传递给目标顾客,以促进销售并提升客户忠诚度。直复营销的形式多种多样,其中直邮营销是最传统的一种方式。企业通过信件、明信片、样品、优惠券或小册子等形式,将定制化的信息直接寄送到目标顾客手中。直邮营销的优势在于其高度的个性化和触达性,顾客能够在没有中介的情况下直接接收到品牌的传播信息。同时,直邮具有较强的物理存在感,顾客更容易记住收到的资料,从而增加品牌曝光的可能性。实施直邮营销时,建立有效的数据库至关重要。企业需要收集准确的顾客姓名、地址、购买历史、兴趣偏好等信息,确保直邮内容能够精准匹配顾客的需求。数据的收集可通过线上问卷、线下活动等渠道实现,并需定期更新和维护数据的时效性和准确性。为提升数据收集的有效性,企业可提供一定的奖励措施,如积分、优惠券等,以促使顾客提供个人信息。直邮内容的设计也至关重要,应简洁明了、突出重点,并融入个性化称呼和互动元素,增强与顾客的亲近感。同时,直邮中应包含明确的行动呼吁,如"立即购买""领取优惠券"等,促使顾客采取行动。为避免邮件被忽视或丢弃,企业可在邮件设计上增加创意元素,如独特的信封设计、有趣的内容排版等,并选择合适的邮寄时间,避免在顾客忙碌时或节假日期间发送,从而提高邮件的阅读率。

电话营销是另一种重要的直复营销形式。企业通过呼叫中心或销售人员直接联系顾客,进行产品推荐、市场调查或客户服务。这种形式有助于企业与顾客进行实时互动,解答疑问,强化沟通效果,并根据顾客的需求做出个性化推荐。电话营销还为企业提供了宝贵的顾客反馈信息,帮助销售人员更好地理解顾客需求,并进一步优化营销策略。为了提高电话营销的效果,企业须注重对销售人员的培训,确保其具备良好的沟通技巧、产品知识和服务意识。销售人员要能够准确传达产品信息,解答顾客疑问,并根据反馈灵活调整销售策略。企业可通过定期培训和模拟演练,提升销售人员的业务能力。面对部分顾客对电话推销存在的抵触情绪,企业应严格遵守相关法律法规,避免在不适当的时间打扰顾客。同时,要提前了解顾客的基本信息,以增强沟通的针对性。为减少顾客的反感,可在通话中提供有价值的信息或优惠,以吸引顾客的关注。企业还需合理安排电话营销的时间和频率,根据目标顾客群体的生活习惯和工作规律选择合适的拨打时间,避免在顾客休息或忙碌时去电。若顾客明确表示不感兴趣或拒绝接受电话营销,应尊重顾客意愿,及时将其从拨打名单中移除,避免造成不良影响。

电子邮件营销是一种成本较低且广泛应用的直复营销方式。企业通过电子邮件将个性化内容发送至顾客邮箱,传递促销信息、电子新闻简报、节日问候或产品更新情况。电子邮件营销具有较强的可追踪性,企业能够通过点击率、转化率、打开率等数据,分析营销效果并及时优化策略。电子邮件营销的覆盖面广,传播速度快,适合企业通过定期发送邮件来维持顾客的关注度,增强品牌黏性。

社交媒体营销利用社交平台与顾客互动,发布产品信息、促销活动或品牌故事。其具有强大的社交性和互动性,能够实时获取并分析顾客反馈。通过个性化互动,企业不仅能增强品牌影响力,还能提升顾客的参与度和忠诚度。社交媒体营销的灵活性和互动性使企业能够迅速回应顾客需求,及时调整营销策略,并借助社交平台的扩散效应提高品牌曝光度。

电视购物和广播营销作为较传统的直复营销形式,尤其适用于需要详细展示产品特性的行业。电视购物通过详细的产品演示、价格说明与电话订购方式,吸引观众立即购买。其能够充分展示产品优势并营造紧迫感,促使顾客做出购买决策。广播营销则以简洁有力的信息传递吸引顾客关注,适合快速传播促销信息并刺激消费者行动。两者均具有较强的即时性和购买引导性,能够通过广泛的媒体覆盖触达大量潜在顾客。

目录营销通过邮寄印刷目录或电子目录向顾客展示详细的产品信息,适用于产品种类丰富、品类多样的企业。目录通常按产品类别清晰展示,方便顾客快速了解产品并做出购买决策。电子目录的应用进一步提升了顾客的浏览和购买便利性。通过促销活动、折扣信息等内容,目录营销可有效吸引顾客多次购买,推动重复销售。

移动营销通过短信推送、应用程序提醒、二维码等手段实现企业与顾客的互动。短信推送和应用程序提醒可及时传达促销信息、活动邀请或新品发布。二维码的便捷性则进一步简化了顾客的购买流程。移动营销的即时性和互动性使其特别适合促销活动或临时优惠,能够迅速吸引顾客注意并促成购买。

在线直复营销通过企业官网、在线广告和搜索引擎引导顾客访问特定页面并完成交易。企业能够通过分析顾客的点击率、停留时间、转化率等数据,及时调整营销策略。借助精准的关键词设置和广告定位,企业能够确保营销内容触达最相关的潜在顾客,从而提高营销的效果和转化率。

（二）微信营销

1. 微信的营销功能

微信在现代营销中的功能不断拓展,为企业提供了多种触达消费者的途径,特别是在朋友圈、公众号和视频号方面的应用,已经成为营销的重要工具。

最初设计为熟人社交的朋友圈,已逐渐演变为一个商业化的平台。许多个人和企业在朋友圈中销售商品,如时尚配饰、化妆品和其他生活用品。朋友圈的营销通常基于熟人关系,这种信任关系降低了消费者的防备心理,从而提高了成交概率。通过朋友圈的分享和转发,产品信息能够快速传播,从而扩大影响范围。营销者可以直接通过微信与客户交流,了解其需求并促成交易。朋友圈不仅是个人微商的主要阵地,也是企业营销的一个重要补充,能在短期内带来实实在在的收入。

微信公众号功能的专业性和广泛性,使其成为企业的重要营销工具。订阅号主要用于企业品牌推广、文宣和客户吸引,通过有针对性的内容创作,吸引目标客户的持续关注。服务号更多用于客户服务和移动电商,便于企业与用户在交易后的服务环节中保持联系,提升用户体验。公众号运营需要企业在内容策划、用户维护和推广渠道上投入较多的资源。尽管见效较慢,但其精准用户积累、品牌影响力提升和对未来市场的战略意义不可忽视。企业可以根据自身发展阶段和目标选择不同的公众号运营策略,既能在短期内通过朋友圈获取实际收益,又能通过公众号着眼于长期客户关系的维护。

2. 微信公众号的竞争策略分析

微信公众号的竞争环境异常激烈,成功的关键在于提升内容质量,为受众提供有价值的信息。许多早期订阅号因转型失败、内容违规或无法跟上潮流而被淘汰。新订阅号则凭借精准定位和专业运营迅速崛起。

在内容营销方面,优质、个性化的内容是吸引粉丝的关键。企业需注重精准定位和与粉丝互动,打造“小而美”的高质量账号,增强粉丝黏性。

此外,多号联动的“微信矩阵”策略成为提升影响力的重要方式。

通过创建多个定位差异化的账号,企业可分散风险并提高运营效率。同时,企业可引导用户转向自有 App,突破平台限制,提供更丰富的个性化服务。

整体来看,优质内容、精准互动和矩阵策略的结合,是微信公众号在激烈竞争中脱颖而出的关键。

(三)精准营销

1.精准营销的含义

精准营销是大数据营销的核心目标,其关键在于基于精准定位,借助现代信息技术,制定并实施面向目标客户的个性化营销策略。其最终目标是通过优化客户沟通,实现企业低成本、可量化的拓展路径。精准营销作为一种以数据驱动为基础的营销理念,相较于传统营销更强调技术的支撑和策略的整合,是网络营销中的重要思想。

精准营销具有以下主要特征:①精准客户定位与传播手段的统一。强调以数据为依据,确定精准的目标客户群,并选择符合客户特性的传播方式。②传播手段与内容的统一。传播方式需服务于内容的有效传达,以确保内容能够直达目标客户的需求点。③内容与营销目标的统一。营销内容必须围绕营销目标展开,以确保内容传递能够直接推动目标的实现。④多学科知识的综合应用。精准营销需要整合数据分析、传播测评、CRM(客户关系管理)、营销策划与项目管理等多个领域的知识,形成一个完整的运营体系。

突破传统定性局限,突出量化管理。通过量化分析和精确市场定位技术,弥补传统营销对消费者行为研究仅停留于定性描述的不足,提供更加科学的营销路径。

2.精准营销的方法

精准营销以品牌宣传为核心,不仅帮助企业树立品牌形象,还能够在短期内实现盈利目标。其关键在于结合大数据技术,对目标客户群进行深度分析,以实现营销资源的最优配置和利用效率提升。以下是精准营销中常用的四种方法。

（1）选择合适的营销推广方式

营销推广方式是精准营销的首要环节,其目标在于最大限度地吸引目标客户。在选择推广方式时,企业应避免广撒网的低效行为,集中精力在人力、财力可控的范围内精选一到两种高效方式进行重点突破。在现有方式实现预期目标并稳定成效后,再考虑引入其他新的推广方式。这样既能保证资源的有效利用,又能持续扩大营销覆盖范围。

（2）从重点客户入手打开突破口

企业品牌的建立并不足以直接转化为客户的消费行为。因此,精准营销的第二步是在客户群中找到具备影响力的"重要客户"。这些客户可以通过口碑传播,成为引领其他消费者的"领头羊"。

这一过程中,企业需依托数据分析,明确哪些客户具有潜在的高忠诚度和高影响力,并通过个性化服务赢得其信任。重点客户的推荐比企业的直接宣传更具说服力和可信度,从而形成以点带面的扩散效应,逐步壮大企业的忠实客户群。

（3）提供个性化的产品和服务

个性化是精准营销的核心体现。随着消费者需求的日益多样化,仅提供标准化产品已不足以满足市场需求。企业需借助大数据技术精准定位不同客户的个性化需求,为其提供差异化产品或定制化服务。

这一过程需平衡个性化和规模化的生产模式:在保证生产成本最优的前提下,适当满足客户的特殊需求,从而实现大规模生产与个性化服务的结合。这种差异化策略不仅能激发潜在需求,还能将客户需求与产品特色匹配,最大限度地提升客户满意度和增加企业收益。

（4）建立顾客增值服务体系

精准营销的最终目标是形成客户的长效价值。通过建立完善的售后服务体系,企业能够提升客户的购买率、回头率和推荐率。忠诚客户所带来的价值远高于开发新客户的成本,因此客户保留和增值服务成为精准营销的重要环节。

企业应及时收集客户反馈,洞察客户的需求变化,通过精细化的增值服务不断优化产品和服务体验。这样的策略不仅能够强化客户的品牌忠诚度,还能激励老客户通过口碑传播吸引新客户,从而形成营销的链式反应,提升企业的长期业绩。

精准营销方法不仅包括推广方式的选择、重点客户的识别、个性化服务的提供,还注重售后服务体系的构建。通过对大数据的深度应用,企业能够实现从客户挖掘到关系维护的全链条优化,提升营销效率和客户价值,最终形成品牌效应和竞争优势。

3. 精准营销的具体步骤

精准营销是一种基于大数据分析的营销策略,旨在通过深入挖掘客户信息,高效实现营销目标。

首先,企业需要利用大数据分析客户行为,借助分类、行为分析、重点数据提取等方式,洞察客户的购买模式、忠诚度与潜在需求。

其次,通过分析客户特征,企业可依据性别、年龄、职业与消费习惯等维度精准识别目标群体,并通过消费心理和需求分析制定个性化营销策略。精准定位客户是关键环节,企业需根据消费能力、销售地点与产品特性确定核心客户群。

在筛选过程中,企业应结合客户兴趣、交易稳定性与财务状况等标准,采用"双向选择"等方法锁定优质客户群。

最后,企业可利用大数据优化客户体验,提升客户忠诚度,通过个性化推荐和情绪监测及时改善服务,增强客户黏性。

精准营销充分依托大数据分析,实现了对客户的深度理解和精准触达,助力企业提升营销效率并增强市场竞争力。

二、全渠道融合与消费者行为演化

在当今数字化时代,全渠道融合已成为企业营销的关键趋势,深刻影响着消费者的行为和购物习惯。与此同时,消费者行为也在不断演化,并反过来促使企业加速全渠道融合的进程,以更好地满足市场需求。这一动态关系对企业的市场营销策略和运营模式产生了深远的影响。

(一)后疫情时代消费行为图谱

1. 社交购物爆发

小程序交易额同比增长 40%,抖音店播 GMV 占比达 35%。社交平台与电商的深度融合,让消费者在社交过程中实现购物的无缝衔接。例如,小程序通过社交分享、拼团等功能,激发了消费者的购买欲望。消费者看到好友分享的小程序商品链接,基于对好友的信任,很容易产生购买行为。在"双十一"等购物节期间,许多商家在微信小程序推出限时拼团活动,消费者为了享受优惠价格,会主动邀请好友参与拼团,这种社交裂变式的营销方式极大地推动了商品的销售。抖音店播则通过主播的实时互动和产品展示,让消费者更直观地了解商品的特点和使用方法,增强了消费者的购买意愿。一些美妆品牌的主播在抖音店播中,现场试用化妆品,展示上妆效果,并与观众实时互动解答疑问,使得消费者能够更全面地了解产品,从而促进购买决策的形成。

2. Z 世代主导决策

"00 后"通过小红书 /Instagram 获取品牌信息的比例达 74%(数据来源:针对"00 后"消费群体的专项市场调研)。Z 世代成长于数字化时代,对新鲜事物充满好奇,他们更倾向于通过社交媒体获取品牌信息。小红书以其丰富的用户生成内容(UGC),成为 Z 世代获取美妆、时尚等产品信息的重要平台。在小红书上,大量的美妆博主分享产品使用心得、化妆教程等内容,这些真实的用户体验分享对 Z 世代的购买决策影响巨大。Z 世代在购买美妆产品前,往往会在小红书上搜索相关产品的评价和推荐,根据博主的分享来选择适合自己的产品。Instagram 则在全球范围内受到 Z 世代的青睐,其强大的视觉展示功能,让品牌能够以更具吸引力的方式展示产品和品牌形象,吸引 Z 世代的关注。一些国际时尚品牌通过 Instagram 发布新品预告、时尚大片等内容,吸引了大量 Z 世代粉丝的关注和互动。

3. 可持续消费崛起

67% 的消费者愿为环保包装支付溢价[①]。这一趋势反映出消费者对环保和可持续发展的关注度不断提高,他们更愿意支持具有环保意识和社会责任感的品牌。例如,许多美妆品牌开始采用可回收材料制作包装,一些食品品牌推出无塑料包装的产品,这些举措得到了消费者的认可和支持。消费者在购买产品时,会关注产品的环保属性,对于那些采用环保包装、可持续生产方式的品牌,消费者不仅愿意购买,还会向身边的人推荐,从而助力企业形成良好的品牌口碑。

---

① 数据来源:权威市场调研机构发布的可持续消费报告

（二）全渠道融合的策略与实践

面对消费者行为的这些变化，企业积极推进全渠道融合，以提供更加便捷、个性化的购物体验。

1. 线上线下渠道整合

企业通过打通线上线下库存、会员体系和营销活动，实现消费者在不同渠道之间的无缝切换。以某产品为例，消费者可以在其线上官网或 App 上下单，选择到附近的门店自提商品，也可以在门店试穿后，通过线上渠道购买其他颜色或尺码的商品。某产品还会根据线上线下的销售数据，灵活调整各渠道的商品库存和价格，确保消费者无论在线上还是线下都能享受到一致的购物体验。此外，某产品的会员体系在全渠道通用，消费者在线上线下的消费都能积累积分，享受会员专属优惠和服务，这不仅提高了消费者的忠诚度，也促进了线上线下渠道的协同发展。

2. 数据驱动的个性化营销

借助大数据分析，企业能够深入了解消费者在不同渠道上的行为和偏好，从而实现精准营销和个性化推荐。例如，己公司通过分析消费者的浏览记录、购买历史和关键词搜索等数据，为消费者提供个性化的商品推荐。当消费者登录己公司网站或 App 时，首页会展示与他们兴趣相关的商品，大大提高了消费者发现心仪商品的概率。己公司还会根据消费者在不同渠道上的行为，推送个性化的营销信息。如果消费者在手机 App 上频繁浏览运动装备，己公司会向其推送运动品牌的折扣信息和新品推荐，提高营销的针对性和效果。

3. 全渠道客户服务优化

企业注重提升全渠道的客户服务质量，确保消费者在购物过程中遇到问题能够及时得到解决。许多企业通过在线客服、社交媒体客服和线下门店服务等多种渠道，为消费者提供全方位的服务支持。比如 A 公司在其官方网站、社交媒体平台与线下门店都设置了专业的客服团队。消费者可以通过在线客服咨询产品信息、技术问题，也可以在社交媒体上向 A 客服反馈使用体验。如果消费者遇到产品故障,还可以到线下门店享受售后服务。A 公司通过整合不同渠道的客服资源,实现了客户服务的无缝对接,让消费者无论通过哪种渠道联系客服,都能得到及时、专业的帮助,提高了消费者的满意度和忠诚度。

消费行为的变化,反映了后疫情时代消费者需求的多元化和个性化趋势。企业需要深入了解这些变化,调整营销策略,以适应市场的发展。全渠道融合正是满足消费者需求、提升营销效果的关键所在。通过整合线上线下渠道,企业能够为消费者提供更加便捷、个性化的购物体验,增强消费者的忠诚度和品牌黏性。在全渠道融合的过程中,企业要注重对数据的整合和分析,利用大数据技术了解消费者在不同渠道的行为和偏好,实现精准营销和个性化服务。同时,加强渠道之间的协同和优化,确保消费者能够在各个渠道之间实现无缝切换,提升整体购物体验。

第四节　企业运营管理模式的创新

一、企业运营"输入—转换—输出"的基本模式

对于大多数企业而言,其运营模式遵循的是一种"输入—转换—输出"的基本结构,这一结构广泛应用于不同类型的企业和行业。然而,具体内容会根据企业和行业类型的不同而有所区别。例如,百货商店、仓储中心、自行车厂、运输公司、医院等企业都根据各自的需求和功能,调整了这一模式中的每个环节,以满足自身和顾客的需求。

在"输入—转换—输出"模式中,输入指的是企业在生产过程中所需的各类资源。这些资源不仅包括原材料、机器设备、资金、信息、技术等物质资源,还包括人的因素,如员工的技能和士气。输入是企业活动开始的基础,是通过转换过程从而产生更高价值的基础。

转换过程是将输入转化为输出的环节,是企业运营的核心。无论是物质转化还是服务提供,企业都通过一系列的操作和管理过程,提升原材料或资源的附加价值。这一过程不仅是物理的转化,更是管理层面上的优化和提升,涉及生产、组织和管理等多个方面。

输出则是各类资源经过转换后形成的最终产品或服务,它们具有使用价值,可以满足市场或顾客的需求。输出包括物理产品、服务、信息、知识等。输出的质量、数量和效率直接决定了企业的市场竞争力和发展前景。

综上所述,企业的"输入—转换—输出"模式不仅是企业运营的基本框架,也涵盖了企业如何利用资源创造价值的过程。企业通过优化输入、转换和输出的各个环节,可以提高生产效率和服务质量,更好地满足市场和顾客的需求。

二、大数据背景下企业运营管理模式创新

在大数据背景下,企业的运营管理模式创新已成为提升竞争力和推动可持续发展的关键。具体而言,大数据技术对企业运营决策、生产运营和市场营销管理等方面的创新具有重要影响。

首先,企业需要建立规范的决策流程和制度,确保财务、会计核算等工作得到规范化执行,从而保障决策依据的准确性和可靠性。

其次,企业生产运营管理模式的创新也离不开大数据技术的支撑。通过采用现代化管理平台,如 MES(制造执行系统)、ERP(企业资源规划)和 SAP 等,企业可以实现生产数据信息的高度集中,提升生产管理效率。大数据技术的应用能为企业的生产制造、财务成本和物流业务数据提供实时监控和分析。企业可通过对生产数据的深度挖掘,优化生产流程,促进产品创新。在此过程中,企业需关注信息平台的建设,利用已有设备和资源构建大数据平台,以降低设备购置成本,并确保新信息技术的稳定运行。

最后,企业市场营销管理模式的创新通过大数据技术的应用可以实现精准化营销,提升市场响应速度和客户满意度。同时,利用大数据还可以进行广告优化和需求预测,找准市场需求和传播方向,推动品牌影响力的扩大。

总体而言,随着大数据技术的发展,中小型企业在经营决策、生产运营和市场营销等领域的创新变得越来越重要。企业应加强对大数据技术的应用,通过信息化、网络化的手段优化管理模式,提升竞争力,从而推动企业的可持续发展。在此过程中,政策的支持和对技术工具的应用无疑将是中小型企业创新转型的重要推动力。

第五节　MarTech 架构升级：数字化时代的营销变革

在数字技术日新月异的当下，营销领域正历经着翻天覆地的变革。营销模式创新已然成为企业在激烈市场竞争中崭露头角的核心要素，而 MarTech 架构升级则为这一创新注入了强大的技术动力。二者相辅相成，共同重塑了企业与消费者之间的互动模式，彻底革新了传统营销的固有格局。

一、MarTech（Marketing Technology，营销技术栈）架构

MarTech 架构是指一系列用于支持和优化企业营销活动的技术工具和系统的集合，以及这些工具和系统之间的相互关系和协同工作方式，包括以下几种模块。

（一）数据管理与分析模块

1. 客户数据平台（CDP）

整合企业内外部的客户数据，如线上浏览行为、购买历史、社交媒体互动数据等，打破数据孤岛，构建统一、完整的客户画像，为后续的营销活动提供精准的数据支持。例如，零售企业通过 CDP 将线上电商平台和线下门店的客户数据整合起来，以全面了解客户的消费偏好和购买习惯。

2. 数据管理平台（DMP）

主要用于收集、整理和分析大量的营销数据，帮助企业进行市场细分、目标受众定位和营销效果评估。比如通过对广告投放数据的分析，

DMP 可以帮助企业了解不同广告渠道的投放效果,优化广告投放策略。

3. 数据分析与洞察工具

利用 AI、机器学习等技术对数据进行深入的分析,挖掘数据背后的价值和趋势,为营销决策提供数据驱动的洞察。例如,通过分析客户的购买行为数据,预测客户的购买倾向,提前进行个性化的营销推荐。

(二)营销自动化模块

1. 营销自动化平台

实现营销流程的自动化,如邮件营销、社交媒体发布、潜在客户培育等任务的自动化执行。例如,根据预设的规则,自动向不同阶段的潜在客户发送个性化的邮件,提高营销效率和效果。

2. 工作流管理工具

帮助企业设计和管理营销工作流程,确保各项营销活动按照预定的顺序和时间节点进行。例如,在新产品发布的营销活动中,通过工作流管理工具协调各个部门之间的工作,保证活动的顺利进行。

(三)客户互动与体验模块

1. 客户关系管理(CRM)系统

用于管理企业与客户之间的互动关系,跟踪客户的需求和反馈,以提供个性化的客户服务,提高客户的满意度和忠诚度。例如,销售人员可以通过 CRM 系统记录客户的沟通历史和需求,及时跟进客户,为其提供更好的服务。

2. 内容管理系统(CMS)

负责创建、管理和发布营销内容,如网站页面、博客文章、社交媒体帖子等。通过 CMS,企业可以快速、便捷地更新和优化营销内容,提高内容的质量和吸引力。

3. 个性化推荐引擎

根据客户的行为和偏好,为客户提供个性化的产品推荐、内容推荐等,提升客户体验和营销转化率。例如,电商平台根据用户的浏览和购买历史,为用户推荐感兴趣的商品。

(四)广告与推广模块

1. 广告技术平台(Ad Tech)

通过使用广告投放平台、广告监测与优化工具等,帮助企业在不同的广告渠道(如搜索引擎、社交媒体、视频平台等)进行广告投放,并实时监测广告效果,优化广告投放策略。例如,通过广告监测工具,企业可以了解广告的点击率、转化率等指标,及时调整广告投放方案。

2. 搜索引擎营销(SEM)工具

其用于管理搜索引擎广告投放,如关键词研究、广告创意设计、广告排名优化等,以提高企业在搜索引擎上的曝光度和流量。例如,通过优化关键词选择和广告文案,提高广告在搜索引擎结果页面的排名,吸引更多潜在客户。

(五)新兴技术模块

1.AI与机器学习技术

该技术应用于营销的各个环节,如智能客服、个性化推荐、预测分析等,以提升营销的智能化水平和效果。例如,智能客服机器人可以通过自然语言处理技术与客户进行实时沟通,解答客户的问题,提高客户服务效率。

2. 元宇宙与VR/AR技术

该技术为企业提供了全新的营销场景和互动方式,如虚拟商店、虚拟产品体验等,增强了品牌与消费者之间的互动和体验。例如,一些品牌在元宇宙中开设虚拟商店,用户可以在虚拟环境中浏览和购买商品,获得独特的购物体验。

Mar Tech 架构是一个复杂的、不断演进的体系,它通过整合各种技术工具和系统,帮助企业实现营销目标,提升市场竞争力。企业可以根据自身的业务需求和发展阶段,选择适合的 Mar Tech 工具和系统,构建适合自己的 Mar Tech 架构。

二、营销模式创新的四大维度与 Mar Tech 架构升级

(一)从"广撒网"到"精准狙击":数据驱动的超个性化营销

在传统营销模式下,企业主要依据人口统计学标签对目标群体进行大规模投放。这种"广撒网"的方式缺乏精准度,导致转化率较低,同时造成了大量的资源浪费。

随着 Mar Tech 的发展,营销模式向"精准狙击"转变。这一创新背后有着强大的 Mar Tech 架构支撑。

①实时数据湖。它能够整合用户行为、交易记录、社交活动等多个维度的数据,构建出动态的用户画像。这些画像不再是静态、单一的,而是随着用户的实时行为不断更新,为精准营销提供了坚实的数据基础。

② AI 预测引擎。借助机器学习技术,AI 预测引擎可以预测用户的行为和需求。例如,通过分析用户在电商平台的浏览、加购行为,预测购物车弃单概率,并自动触发挽回策略,如发送个性化的优惠券或推荐相似产品。

以 Netflix 为例,它利用实时观看数据与 AI 推荐算法深度融合,为每位用户提供个性化的影视推荐。这一举措极大地提升了用户体验,将用户流失率降低了 25%,充分展示了数据驱动的超个性化营销的强大威力。Netflix 通过收集用户的观看历史、评分、搜索记录以及观看设备、时间等多个维度的数据,构建起每个用户独一无二的兴趣画像。AI 算法根据这些画像,从海量的影视资源中筛选出最符合用户口味的内容进行推荐。不仅推荐的影视类型精准匹配用户喜好,甚至在推荐的影片顺序上也经过精心安排,优先展示用户最可能感兴趣的内容。这种超个性化的推荐服务,让用户感受到平台对其个人喜好的尊重和理解,从而增强了用户对平台的依赖,提高了其忠诚度。

（二）从"线性流程"到"敏捷营销"：快速试错与动态优化

传统营销活动的策划和执行通常遵循"线性流程"，活动周期较长，策略调整主要依赖人工经验。面对快速变化的市场环境，这种模式往往响应滞后，难以适应市场的动态变化。

Mar Tech 架构的升级为"敏捷营销"提供了有力的支持。

①微服务化工具链。将 A/B 测试、内容生成、投放优化等营销功能模块化，形成微服务化工具链。这些模块可以快速组合和迭代，使营销团队能够根据市场反馈及时调整营销策略。

②低代码平台。借助低代码平台，营销团队无须具备专业编程技能，即可自主搭建自动化营销流程。例如，实现邮件、短信和 App 推送的多触点联动，根据用户行为自动触发不同的营销动作。

乙公司广告团队便是"敏捷营销"的成功实践者。他们通过 API 化工具链，将广告策略的测试周期从 2 周大幅压缩至 48 小时，能够迅速验证新策略的效果，并根据结果进行优化，显著提升了广告投放的效率和转化率。乙公司广告团队在推出新的广告活动时，利用微服务化工具链中的 A/B 测试模块，同时创建多个版本的广告创意，包括不同的广告文案、图片和投放时间等变量。低代码平台则帮助他们快速搭建起自动化的测试流程，能够实时收集和分析用户对不同版本广告的点击、转化等数据。根据这些数据，团队可以迅速判断哪种广告策略效果最佳，并及时对广告进行优化和调整。这种敏捷的营销方式使乙公司能够在激烈的电商竞争中迅速响应市场变化，提高广告投放的精准度和投资回报率。

（三）从"单渠道割裂"到"全渠道共生"：体验无缝化

过去，企业的线上广告、线下门店与客服系统之间的数据相互割裂，导致用户在不同渠道之间切换时体验出现断层，无法形成连贯的品牌认知。Mar Tech 架构的升级打破了这种壁垒。

①客户旅程编排引擎。它能够打通 Google Ads 等广告平台、Salesforce 等 CRM 系统与 Zendesk 等客服系统，实现对用户跨渠道行为的全面追踪和营销策略的协同。企业可以根据用户在不同渠道的行为，提供一致且个性化的服务。

②边缘计算节点。在门店 POS 机、IoT 设备等部署轻量级 AI 模型，能够实时响应用户动作。比如在试衣间的镜面上应用 AR 技术，根据用户试穿的服装推荐搭配产品，为用户提供个性化的购物建议。

申企业通过 CDP 与边缘计算的结合，实现了用户从手机 App 点单、门店消费到外卖评价的全链路体验优化。无论用户通过何种渠道与品牌互动，都能享受到无缝衔接的服务，提升了用户的满意度和忠诚度。当用户在申企业 App 上点单时，系统会根据用户的历史订单和偏好，推荐适合的饮品和食品。用户到店取餐时，门店的工作人员可以通过 CRM 系统了解用户的点单信息，快速为用户提供服务。如果用户选择外卖，配送过程中的信息也会实时反馈到 App 上，方便用户追踪。用餐结束后，系统会根据用户的消费记录，在 App 上推送个性化的评价邀请和优惠券，鼓励用户再次购买。通过这种全渠道共生的模式，申企业为用户提供了便捷、一致的体验，增强了用户与品牌之间的情感连接。

（四）从"人力密集型"到"AI 原生化"：营销生产力革命

传统营销在内容创作、客服响应和数据分析等方面高度依赖人力，不仅成本高昂，而且难以实现规模化和高效化。Mar Tech 架构的创新为营销生产力带来了革命性的提升。

①生成式 AI 工厂。Chat GPT、Stable Diffusion 等 AIGC 工具与 CMS、广告平台深度集成，能够自动生成文案、图片、视频等营销素材。这大大提高了内容创作的效率和多样性，满足了企业在不同营销场景下的内容需求。

② AI 数字员工（Digital Worker）。聊天机器人如 Drift 能够处理 70% 以上的常规咨询，通过预设的话术和智能算法，快速回应用户问题，释放人力去处理更为复杂的客户场景，提升了客户服务效率和服务质量。

亥公司推出的 AI 虚拟顾问——Mia，在官网为用户提供个性化护肤方案。这一举措不仅提升了用户的咨询体验，还使咨询转化率提升了 40%，充分体现了 AI 原生化营销的巨大潜力。亥公司的 AI 虚拟顾问 Mia 通过自然语言处理技术与用户进行实时互动。当用户输入自己的肤质、年龄、护肤需求等信息时，Mia 能够快速分析这些信息，并结合亥公司的产品数据库，为用户推荐适合的护肤产品和方案。Mia 还可以解答用户关于护肤知识、产品使用方法等常见问题，为用户提供 24

小时不间断的服务。这种 AI 原生化的营销方式,不仅提高了用户获取信息的便捷性,还通过个性化的推荐增强了用户对品牌的信任和购买意愿。

三、Mar Tech 架构升级的未来展望

（一）技术融合：AI Agent 与自主营销系统

未来,Mar Tech 将呈现技术深度融合的趋势,AI Agent 的应用将更加广泛。多个 AI 智能体将分工协作,形成一个有机的整体。例如,一个 AI Agent 负责深入洞察用户需求,一个生成有针对性的营销内容,还有一个负责优化广告投放策略,它们相互配合,实现营销决策的闭环。

自主营销系统也将成为现实。AI 将基于实时数据自动调整预算分配、优化创意策略,人类只需设定营销目标并审核关键规则。在电商大促期间,AI 能够自主完成从选品、定价、广告投放到客服响应的全流程工作,极大地提升了营销效率和强化了营销效果。以电商巨头 L 公司为例,在每年的"双十一"购物节期间,自主营销系统中的 AI Agent 会实时监测市场动态、竞争对手的价格策略与用户的实时需求和行为数据。负责选品的 AI Agent 会根据销售数据和市场趋势,挑选出最具潜力的商品;定价 AI Agent 则根据成本、市场需求和竞争情况,动态调整商品价格;广告投放 AI Agent 会根据用户画像和实时流量,精准选择广告投放渠道和投放时间,优化广告投放策略,提高广告的点击率和转化率;客服 AI Agent 则全天候处理用户的咨询和投诉,快速解决用户问题。这些 AI Agent 协同工作,实现了从商品准备到营销推广再到客户服务的全流程自动化,为"双十一"购物节的巨大成功提供了有力的保障。

（二）交互升维：从"屏幕"到"空间"

随着技术的发展,营销交互将从传统的屏幕界面向更广阔的空间拓展。VR/AR 设备与 Mar Tech 的融合将创造出全新的营销体验。在虚拟空间中,用户可以"试用"产品,如试驾虚拟汽车,这种沉浸式体验能够更真实地模拟产品使用场景,为用户提供更直观的感受。同时,这些

体验产生的数据可以实时反馈至 CRM 系统,帮助企业更好地了解用户需求。

脑机接口(BCI)技术也在逐渐探索营销领域的应用。通过分析用户的神经信号,企业可以了解用户的潜意识偏好,实现"所想即所得"的精准营销响应。然而,这一技术的应用面临着伦理和隐私方面的挑战,需要在技术发展的同时加以妥善解决。戊公司在 Roblox 虚拟世界推出数字鞋款,用户试穿后可直接跳转至官网购买实体鞋,这一案例为元宇宙营销提供了成功范例。未来,汽车品牌可以利用 VR 技术,让用户在虚拟展厅中全方位体验汽车的外观、内饰、驾驶感受等。用户可以自由选择不同的车型、颜色和配置,甚至可以在虚拟环境中进行试驾,感受汽车的性能和操控性。试驾过程中的数据,如用户对不同功能的使用频率、对驾驶体验的反馈等,会实时传输到 CRM 系统中。企业根据这些数据,可以进一步优化产品设计和营销策略。同时,随着脑机接口技术的发展,未来可能实现用户只需通过大脑想象,就能在虚拟空间中快速切换不同的汽车配置和试驾场景,实现更加个性化和便捷的购物体验。

（三）价值重构:从"卖产品"到"建生态"

未来的 Mar Tech 架构将更加开放,企业会开放数据与工具 API,吸引开发者、KOL(Key Opinion Leader,关键意见领袖)和用户共同参与营销内容的创作。用户生成广告(UGA)的自动化分发将成为一种趋势,用户的创意和分享将为品牌传播带来新的活力。

Token 化激励体系将借助区块链技术,记录用户参与营销活动的贡献,如转发、评测等行为,并给予相应的 Token 奖励。用户可以用这些 Token 兑换专属权益,形成品牌私域经济生态。Reddit 的社区积分(Community Points)系统就是一个很好的案例,它鼓励用户参与内容创作,并通过积分兑换品牌福利,增强了用户与品牌之间的互动和黏性。以美妆品牌为例,品牌可以开放 API 接口,允许开发者基于其产品和品牌理念开发有趣的互动应用。KOL 可以利用这些工具创作更具创意的营销内容,如美妆教程、产品评测视频等。普通用户也可以参与到内容创作中,分享自己使用产品的真实体验。品牌通过自动化分发系统,将这些用户生成的内容推送给目标受众,提高品牌的知名度和可信度。同时,品牌可以建立 Token 化激励体系,用户每发布一条优质的产品评测、成功推荐一位新用户购买产品,都可以获得相应的 Token 奖励。这些 Token 可以用于兑换品牌的产品、专属优惠券、参与品牌线下活动的资格等,形成一个良性循环的品牌私域经济生态。

（四）合规进化：隐私计算驱动"无数据"营销

在数据隐私法规日益严格的背景下,合规营销成为企业必须面对的重要课题。联邦学习技术允许企业在不共享原始数据的前提下,联合多方数据训练 AI 模型,实现跨品牌的用户行为预测等功能。同态加密技术则可以对加密状态下的用户数据进行分析,确保数据"可用不可见",在满足 GDPR、CCPA 等法规要求的同时,持续释放数据价值。这将为企业在合法合规的前提下,开展精准营销提供有力的支持。例如,多家金融机构可以通过联邦学习技术,在不共享客户敏感信息的情况下,联合训练一个信用评估模型。每个金融机构利用自己的客户数据在本地进行模型训练,只将训练过程中的参数信息进行加密传输和汇总,最终得到一个综合的信用评估模型。这个模型可以更准确地评估客户的信用风险,同时保护了客户数据的隐私。同态加密技术则可以让企业在加密的用户数据上进行统计分析、数据挖掘等操作,而无须解密数据。企业可以在不知道用户具体身份和数据内容的情况下,分析用户的行为模式、消费趋势等,为精准营销提供数据支持,同时确保用户数据的安全和隐私。

四、企业行动指南

（一）战略层面

企业应将 Mar Tech 架构提升到"企业级数字基建"的战略高度,由 CIO（首席信息官）、CMO（首席营销官）、CDO（首席数据官）协同规划,确保 Mar Tech 架构与企业整体战略紧密结合。同时,设立"敏捷创新实验室",积极探索 AI、元宇宙等新技术在营销场景中的应用,通过小步快跑的方式验证新想法,快速迭代营销策略。例如,一家传统零售企业在制订年度战略规划时,将 Mar Tech 架构升级纳入核心战略。CIO 负责技术选型和架构搭建，CMO 根据市场需求和营销目标选择技术应用场景，CDO 则确保数据的安全、合规和有效利用。三方协同合作，共同推动企业的数字化营销转型。同时，企业设立"敏捷创新实验室"，定期组织跨部门团队开展头脑风暴，探索新技术在营销中的应用可能性。团队可以快速搭建小型的实验项目，如利用 AR 技术打造虚拟试衣间，在小范围内进行测试和验证。根据测试结果，迅速调整策略，不断优化产品和服务，提高企业的市场竞争力。

（二）技术层面

企业要优先投资数据中台与 API 治理能力，打破不同营销工具之间的数据壁垒，避免出现"工具孤岛"现象。选择可扩展的云原生架构，如"Snowflake+Databricks"等，确保技术架构能够灵活适应未来五年甚至更长时间的技术发展和业务增长需求，为 Mar Tech 架构的持续升级提供坚实的技术支撑。数据中台可以整合企业内外部的各种数据资源，进行标准化处理和统一管理，为营销决策提供准确、及时的数据支持。API 治理能力则可以确保不同营销工具之间的数据交互安全、高效。云原生架构具有高扩展性、弹性计算和分布式存储等特点，能够满足企业在数据处理、应用开发和业务拓展方面的需求。企业可以根据业务量的变化，灵活调整对云资源的使用，降低成本，提高效率。同时，云原生架构还支持快速部署和迭代新的营销应用，使企业能够快速响应市场变化，推出新的营销活动和服务。

（三）组织层面

培养兼具营销思维和数据技术能力的"T 型人才"，让营销人员具备数据思维，能够运用技术手段优化营销决策；让技术人员理解业务场景，开发出更符合营销需求的工具和系统。此外，企业应加强与高校、初创公司的合作，布局前沿技术，如利用量子计算优化广告竞价算法，提前抢占技术高地，提升企业的核心竞争力。企业可以通过内部培训、外部招聘等方式，培养和吸引"T 型人才"。内部培训可以邀请技术专家为营销人员讲解数据分析、AI 应用等技术知识，同时安排营销专家为技术人员分享营销业务流程和市场需求。外部招聘则可以寻找具有跨领域背景的人才,充实企业的营销技术团队。企业与高校合作,可以开展产学研项目,共同探索前沿技术在营销领域的应用。与初创公司合作,则可以快速引入创新的技术和理念,加快企业的技术创新步伐。例如,企业与高校合作开展量子计算在广告竞价算法方面的研究,有望利用量子计算的强大计算能力,优化广告投放策略,提高广告投放的精准度和效率,从而在激烈的市场竞争中脱颖而出。

Mar Tech 架构的升级实质上是营销范式的深度重构,标志着营销从"以渠道为中心"向"以用户为中心"、从"经验驱动"向"算法驱动"、从"人力执行"向"人机共生"的转变。在未来的市场竞争中,那些能够将 Mar Tech 架构深度融入商业模式,通过技术创新释放人性化体验的企业,将成为行业的佼佼者。技术虽然在不断发展,但始终是服务于人的,人的价值创造永远是营销的核心所在。企业只有充分发挥技术的优势,关注用户的需求和体验,才能在数字化时代的营销浪潮中立于不败之地。

案例分享

智能制造助力 V 石化分公司高质量发展 [①]

中国石油化工股份有限公司 V 分公司坚持"创新驱动、两化融合"战略,以"原创、高端、引领"为方向,以"提高发展质量、提升经济效益、支撑安全环保、固化卓越基因"为目标,将新一代信息技术与石化生产的本质环节紧密结合,从理念到实践、从实践到示范、从示范到标杆,探索出一条适合石化流程型行业面向数字化、网络化、智能化制造的路径,使经营管理科学化、生产运行协同化、安全环保可视化、设备管理数字化、基础设施敏捷化,智能工厂全域赋能,核心业务绩效变革式提升,助推企业数字化转型,实现高质量发展,引领石化流程型行业智能制造的发展。

---

① 智能制造系统解决方案供应商联盟.智能制造探索与实践:智能制造标杆企业案例汇编(一)[M].北京:电子工业出版社,2021.

一、案例背景

石油化工行业在我国国民经济中具有极其重要的基础性、支柱性战略地位。经过多年的高速发展，我国石油化工企业已经取得了巨大的进步，但是与世界领先企业相比，在盈利能力及价值创造能力上仍有明显差距，"大而不强"的问题仍然较为突出，迫切需要通过科技创新来提高竞争力。

新一代信息技术飞速发展并在传统石油化工企业中有效应用，对能源生产方式、供应方式、消费方式产生了深刻的影响。各国能源企业纷纷将信息技术作为核心技术和核心竞争力，全力提升应用水平，一些先进企业的信息化已经进入或正在进入智能化应用阶段，经营管理向集中集成、深化应用及决策分析方向发展，生产营运向感知、预测、优化及协同智能方向发展，数据挖掘、分析能力不断提高，可实时掌握营运动态，企业核心竞争力不断加强。

"十二五"初期，V石化发展相对落后，面对竞争激烈的外部环境和安全环保效益的双重压力，如何实现企业高质量发展是摆在V石化面前亟待解决的重大课题。根据中国石化战略部署，V石化提出了"建设千万吨级绿色智能一流炼化企业"的愿景目标，倾力培育"绿色低碳""智能工厂"两大核心竞争优势。

V石化历经40多年的发展，在信息化建设方面虽取得长足进步，但信息化基础设施老化，系统集成度不高，缺少及时准确的辅助决策信息，系统应用和运维、IT资源管理等方面仍有较大的差距，难以适应"建设千万吨级绿色智能一流炼化企业"的要求。结合企业历史沿革和发展目标，以及中国石化的管理要求，为解决深层次管理问题，V石化启动塑造"以卓越文化为引领，以信息化为支撑，以一体化、科学化、精细化为主要内容"的特色管理模式，建设智能工厂，以实现信息技术全方位应用、全过程管理、全业务支撑。

二、实施路径

(一)总体规划

本方案的特点：一是将中国石化"十二五"信息化规划与V石化的

业务需求相结合。二是按照智能工厂理念规划 V 石化工厂,体现"自动化、数字化、模型化、可视化、集成化"的特征。三是将计划调度、装置操作、安全环保、能源管理、IT 管控五个方面进行智能化应用,覆盖生产经营、发展建设、企业管理等板块业务,支撑特色管理模式。四是注重核心竞争力和经济效益的提升,支撑绿色发展。五是充分利用物联网、云计算等先进信息化技术,实现智能工厂的建设目标。

（二）目标与策略

V 石化智能工厂建设以"提高发展质量、提升经济效益、支撑安全环保、固化卓越基因"为目标,着力提升"全面感知、优化协同、预测预警、科学决策"四种能力,在"计划调度、安全环保、能源管理、装置操作、IT 管控"等五个领域,实现具有"自动化、数字化、可视化、模型化、集成化""五化"特征的智能化应用。

V 石化智能工厂建设策略包括四个方面。一是顶层设计、整体规划。围绕 V 石化核心业务顶层设计智能工厂,结合油品质量升级改造等重大工程同步推进智能工厂建设。二是业务驱动、分工合作。按照"主管领导分管、业务部门牵头、相关部门配合、信息部门综合管理"的分工原则,发挥各业务部门主体责任,努力把智能工厂建设打造成为实效工程、示范工程。三是有限目标、持续进步。在方案形成、可行性论证、实施建设中,一方面,不断总结,提炼、固化已取得的成果;另一方面,不断丰富视野、拓展思路、把握前沿,实现有限目标、持续进步。四是后发先至、勇创一流。扎实推进项目建设,力求在较短时间内缩小与先进企业的差距,在一些应用领域达到领先水平。

（三）实施内容

在智能工厂建设中,数字化是根本,标准化是基础,集中集成是重点,效益是目标。V 石化智能工厂建设内容包括运用物联网、云计算、移动宽带网络、三维数字化、大数据、移动平台等先进信息化技术,围绕"建设千万吨级绿色智能一流炼化企业"的远景目标,在已建成的经营管理、生产运行、信息基础设施与运维三大平台的基础上,从经营管理、生产运行、安全环保、设备管理、IT 基础设施等业务领域开展智能工厂建设,完善和提升以 ERP 为核心的经营管理平台、以 MES 为核心的生产运行平台、以新一代 ICT 技术为重点的信息基础设施与运维平台,新建集中集成和标准化平台、应急指挥平台、数字化炼厂平台。其主要内容包括以下 12 个方面。

1. 搭建智能工厂总体框架

在石化企业典型信息化三层平台架构之上,构建了集中集成和标准化、数字化炼厂和应急指挥等公共服务平台,系统集成及应用进一步完善,实现了装置数字化、网络高速化、数据标准化、应用集成化、感知实时化,形成了石化流程型企业面向数字化、网络化、智能化制造的基本框架。

2. 重塑生产运营指挥中枢

2014 年 7 月,体现 V 石化智能工厂核心理念的生产管控中心建成投用,实现了"经营优化、生产指挥、工艺操作、运行管理、专业支持、应急保障"六位一体的功能定位,生产运行由单装置操作、管控分离向系统化操作、管控一体转变,有效地支撑生产运行管理变革式提升。同时,水务分控中心、油品分控中心、动力分控中心和电力分控中心建成投用,形成"1+4"生产运营集中管控模式。

3. 实现业务数据集中集成

为解决普遍存在的信息孤岛、业务孤岛等问题,V 石化在率先建成生产运营企业级中央数据库(ODS)和企业服务总线(ESB),完成生产物料等 40 个模块和 36 类主数据的标准化,同时集成 MES、LIMS、ERP 等 25 个生产核心系统,为调度指挥、大数据分析、数字化炼厂平台等 21 个系统提供数据支撑,共享近 100 类业务数据,总量达 1684 万条,突破了此前普遍采用的"插管式"集成模式的限制。

4. 提升流程管控智能优化

炼油全流程优化闭环管理,提升生产计划、流程模拟、生产调度与执行一体化联动优化功效,助推企业经济效益逐年稳步提升。原(料)油快评分析系统建模 461 个,涵盖 14 套装置、40 余种物料,是国内最早完整建立从原油到各装置物料物性分析模型的企业之一。虚拟制造系统建立 21 套装置机理模型,实现"实时仿真""性能评估""操作优化""计划优化"功能。19 套主装置 APC 全覆盖,提高装置运行平稳率,主要工艺参数标准偏差平均可降低 45%。基于稳态机理模型,在常减压装置投用国内首套炼油装置 RTO,实现装置效益最大化,每小时增效 2474 元。

5. 构建数字炼厂创新应用

通过正(逆)向建模,建成与物理空间完全一致的虚拟数字化炼厂,建有 80 余套单元模型,集成 4000 余个工艺实时数据、1100 余个采样点质量分析数据、600 余个腐蚀监测点数据、1000 余台主要设备实时数据、600 余个机组及油泵监测测点数据、1900 余个可燃气体检测仪数据、600 个视频监控画面,可视化呈现装置人员定位、厂区综合安防、施工作业备案等虚拟场景,实现了企业级全场景覆盖、海量数据实时动态交互。

6. 实现 HSE 管控实时可视

健全风险作业监管体系,通过施工作业线上提前备案及监控信息公开展示,实现"源头把关、过程控制、各方监督、闭环管理",访问量累计达 151 万人次,录入备案信息 22.6 万余条。建立"集中接警、同时响应、专业处置、部门联动、快速反应、信息共享"的调度指挥模式,1900 余个各类可燃 / 有毒有害气体检测、600 余个视频监控集成联动,提高事故响应速度。建立敏捷环境监管体系,集成各类环境监测数据,实现环保管理可视化、一体化、异常情况及时处置、闭环管理。外排污染物实时监测数据在 5 个公共场所对外公开展示,主动接受社会监督。4G 移动终端全天候监测装置四周及厂界空气 VOCs 及异味,形成数据轨迹图。

7. 精益设备管理预知预防

初步构建设备预知维修管理体系,设备运行状态监测系统涵盖 17 套大机组、115 台机泵,设置 54 个腐蚀探针、618 个在线腐蚀测厚设施。实现全厂 55 个仪表机柜间温湿度、89 套工控系统重要机柜温度、12692 个 DCS 和 961 个 SIS 故障点的信息采集,并与 DCS 集中实时监控;电调自动化系统实现对全厂电气设备关键参数实时监控,对 35kV 以上一次系统设备实现安全远程操作,效率提升 27.5%。

8. 快捷质量管控联动实效

建设并提升LIMS/LES功能,实现实验数据录入与分析过程无纸化,816个分析方法、结果计算与验证操作的程序化,分析检验、物料评价、仪器数据编码标准化,确保过程数据完整可靠、质量管理与LIMS指标联动。在线分析仪表运行监控与管理系统实现439套在线分析仪运行全过程实时监控管理,支撑由分散管理向集中管控和专业化管理转变。

9. 精准计量管理集成应用

以物料进出厂计量点无人值守、计量全过程监控为目标,构建"公路、铁路、管输"三位一体的计量集中管控模式,实现物料进出厂计量作业自动化、计量过程可视化、计量数据集成化、计量管理标准化,作业时间缩短三分之一,劳动用工减少近40%,风险防控能力明显增强。

10. 推广生产运行及智能巡检

建设并推广4G智能巡检,实现12个生产运行单位全覆盖,配置巡检路线160条、巡检点1060个、巡检项目8136个。温振一体试点实现机泵测温测振数据自动录入,音视频升级试点实现跨业务、多场景信息交互,GPS平面定位实现实时位置及历史轨迹查询,与数字化平台、宇视平台进行集成展示。

11. 实现精细物资管理和智能仓储

建设并整合物资采购桌面快捷办公系统和智能物资管理系统,将企业物资管理向供应商延伸,配置手持平板18个、手持打印机10个、货架标签8000个、地堆标签60个,实现对物资需求计划动态掌控及物资库存实物出/入库、转储的全面管理和业务优化,与ERP、门禁、立体货架WMS等系统集成,实现信息快速、自动传输,达到缩短供应周期、提高保供的目标,并基于MES建立仓储模型,实现库存优化。

12. 提升安全防护水平

针对生产区域主要安全因素和关键业务环节,实现人流、物流、车流的"三流"综合有效管控。人脸识别技术促进考勤管理精细化,与车辆排队功能联动消除人为干扰、提升提货速度;线上备案制实时有效掌控生产区人、车、物的出入情况；平面可视化工具实现生产区域人员分布实时监管，为防范和处置安全风险提供有力保障。

(四)实施成效

V 石化智能工厂建设始终围绕核心业务管理、绩效提升，以需求为导向，以价值为引领，以创新为驱动，以效益为目标，大力推进国产化，在经济新常态下，为两化深度融合、促进企业提质增效探索出新道路。

1. 发展质量稳步提升

数字化转型、智能化发展助推企业结构调整和两化深度融合，设备自动化控制率达到 95%，生产数据自动采集率达到或超过 95%，运营成本降低 22.5%，能源利用率提升 2%，软硬件国产化率达到 95%，有效提高企业核心竞争力。"十三五"期间，企业经营业绩持续提升，累计盈利 57 亿元。"打造石油化工行业首家智能工厂，推动企业转型升级"项目案例获评中国石化品牌营销优秀案例、中国信息协会中国能源企业信息化创新成果奖。

2. 优化运营挖潜增效

基于分子炼油和全价值链的理念，围绕从原油到操作参数的炼油全流程优化一体化智能协同优化目标，以提升价值增量为重点，持续开展资源配置优化、加工路线比选、装置操作优化，致力实现企业整体效益最大化。"十三五"期间，滚动测算案例 1800 余个，增效约 8 亿元。"炼油全流程一体化智能协同优化"项目案例入选中国石油和化工联合会首批石油和化工行业智能制造先进应用案例。

3. 绿色制造指标领先

V 石化全面贯彻习近平生态文明思想，积极落实国家长江经济带"共抓大保护"的部署，通过智能工厂建设，实施采集污染源、环境质量等信息，构建全方位、多层次、全覆盖的环境监测网络，实现污染物产生、处理、排放等全过程闭环管理，助力绿色企业创建，实现绿色制造。2020 年，外排废水达标率 100%，有控废气达标率 100%，危险废物妥善处理率 100%。其中，外排达标污水 COD（化学需氧量）控制在 40mg/L

以下，主要污染物排放指标达到业内领先水平。V 石化入选工业和信息化部第一批绿色工厂示范企业、江西省第一批绿色工厂、中国石化绿色企业，获评"石油和化工行业绿色工厂"。

4. 过程管理精准可控

着力数据和应用集成，智能工厂自动化、可视化、模型化、实时化、集成化手段为过程管控提供强有力支撑，助推扁平化、矩阵式管理及业务流程进一步优化，促进经营管理工作共享协同、规范便捷、精准可控。在生产能力、加工装置不断增加的情况下，2020 年与 2011 年初相比，V 石化员工总数减少 22%，班组数量减少 13%，外操室数量减少 35%。V 石化获评中国化工报社"中国石油和化学工业改革开放 40 周年'勇立潮头榜样'奖"，并"以打造一流炼化企业核心竞争优势为目标的智能工厂建设"荣获中国石化、江西省管理现代创新成果一等奖。

第六章　企业财务管理创新

第一节　财务管理概述

一、财务管理的概念与特征

财务管理是企业管理的重要组成部分,是指企业在财经法规和管理原则的指导下,组织和处理企业财务活动的经济管理工作。其核心内容包括资金的筹集、运用、分配等事务,旨在确保企业资金流动的顺畅并实现整体的经营目标。财务管理不仅是企业日常运营的管理工具,还广泛应用于国家和家庭等其他层面的经济管理。

财务管理的概念可以通过几个层次来理解。首先,它涉及对资金的有效管理,包括资金的投资、筹集、分配和利用。对于每个人而言,财务管理的活动无时无刻不在发生。例如,在购买商品时,我们会综合考虑价格、性能、质量等因素,以确保选择符合自己经济能力的商品,这一过程本质上是一个财务管理的决策。同样,家庭作为经济管理的主体,家长需要合理规划家庭收支,确保资源得到有效分配以提高家庭生活质量,这也是财务管理的一部分。其次,在更广泛的社会层面,国家通过税收、发行国债等方式取得收入,并将这些收入用于经济发展、社会事业等领域,这一系列的财务活动被称为国家财务管理或公共财务管理。

财务管理的特征主要表现为以下几点。

第一,综合性。财务管理不仅仅局限于企业的财务部门,而是与企业的所有经营活动都紧密相连。企业的生产、销售、技术等活动都需要与财务管理相结合,以确保所有资源的合理配置。与其他管理部门的区别在于,财务管理通过价值形式将企业各项活动与资源进行有效的规划与控制,是企业管理的核心。

第二,广泛性。它与企业内部的所有部门、所有经营活动都有着密切联系,因为几乎所有的经营活动都涉及资金流动。财务管理还必须与外部的各个相关机构和部门如税务、银行等建立联系,进行协作。因此,财务管理的内容不仅涉及企业内部,还涉及外部的经济环境和其他相关单位。

第三,及时性。企业的生产、经营等活动必须通过及时反馈的财务信息进行调整和优化。财务信息的准确性和及时性直接影响企业的经营效率与经济效益。如果财务管理的反馈不够及时或不准确,可能会导致资金配置不合理,进而影响企业的正常运行,甚至使企业在激烈的市场竞争中处于不利地位。

第四,科学性。虽然财务管理的核心是对资金的管理,但它并非一项简单的工作,而是有着系统方法和理论支撑的管理实践。财务管理涵盖了预测、决策、计划、控制等多个方面,运用科学的手段进行事前、事中和事后的管理,以确保资金的使用符合企业的长远目标,并能有效应对市场变化和内部挑战。

二、财务管理的内容与目标研究

(一)财务管理的基本内容

1.资金及其运动形式

资金是企业经营活动的基础和核心,它是各种财产物资的货币表现。在市场经济中,企业的所有物资和财产都具有价值,这些价值的货币化表现即为资金。资金不仅是企业进行各种经济活动的"血液",也是企业生存和发展的必要条件。没有资金,企业无法运营,市场也将无法正常运作。因此,资金在企业中的重要性不可小觑。

企业的再生产过程是一个不断循环、可持续发展的过程。资金的运动贯穿于这一过程,并呈现出不同的形式和阶段。在企业的资金运动中,首先,企业需要通过各种渠道筹集资金,这一过程被称为资金投入。资金的来源可以是投资者的投入、银行贷款或其他形式的融资。这些资金最初表现为一定的财产或物资,但从动态的角度来看,企业的资金始终处于运动状态,并且不断地在不同的形态之间转化。企业通过资金运动提供商品和服务,推动生产、销售等各项经营活动的进行。具体而言,企业的资金在再生产过程中经历了多个环节。从静态来看,企业取得的资金是财产资源的体现。从动态分析,资金不断在不同的形态之间转化,最终形成资金循环。资金运动通常分为资金投入、资金循环和周转与资金退出。资金投入是指企业从外部渠道获得资金并投入生产过程;资金循环和周转是指企业在生产、供应、销售等环节中,资金在不同形式之间转化,并持续进行循环;资金退出是指资金不再参与生产过程,转向其他单位,或用于归还债务、支付税费、分配利润等活动。

资金运动通常表现为几种不同的形式。在企业的日常经营活动中,资金以货币资金、固定资金、储备资金、在产品资金和成品资金等形式存在。货币资金是企业用于支付和结算的资金,通常以现金、银行存款或其他可用于支付的形式存在。固定资金指的是企业占用在固定资产上的资金,如厂房、设备等生产资料。储备资金是企业为满足生产需要而占用的各种物资的资金,以保证生产过程的顺利进行。

在产品资金是企业占用在生产过程中的资金,它通常来源于储备资金、固定资金等,是生产活动中不可或缺的一部分。成品资金则指的是企业占用在已完成生产的产品上的资金,通常是商品的库存。企业的目标是尽可能将这些商品销售出去,并尽快回收资金,但由于种种原因,部分商品可能会处于待售状态,资金不能及时回收。

除了上述几种主要的资金运动形式,企业的资金还可以表现为结算资金、对外投资资金和待分配资金等其他形式。结算资金是企业为完成支付和结算所需的资金;对外投资资金是企业投资于其他单位或项目的资金;待分配资金则是企业经营过程中尚未分配的利润或资金。

总体而言,企业的资金运动是一个持续循环的过程,涵盖了资金的筹集、运用、转换和退出。资金的运动形式多种多样,企业需要有效管理这些资金形式,以确保资金能够合理流动和配置,促进企业的可持续发展。

2. 企业的财务活动

企业的财务活动是指资金在企业生产经营过程中,从货币形态转变为企业所需的不同形态,然后再恢复为货币形态的过程。这些财务活动是企业经营的核心,推动着企业的资金流动与再生产。财务活动的存在具有客观必然性,它是随着企业生产经营活动的进行而自然产生的。

在商品经济中,社会产品体现了使用价值与价值的统一。企业的再生产过程不仅是物资的生产和交换过程,也是价值的形成和实现过程。在这个过程中,劳动者通过使用劳动资料进行劳动加工,生产出一定的商品并将其出售,从而实现商品的使用价值。这一过程伴随着物资的运动,同时也体现了资金的运动表现在财务活动中。企业生产中消耗的生产资料的价值转移到商品中,同时创造新的价值,最终通过销售商品实现资金的流动与增值。因此,企业的财务活动反映了物资运动,同时也推动了物资的转移与增值。资金的实质,是在再生产过程中不断流转的价值。

企业的财务活动包括三个主要过程:资金的筹集、资金的运用和资金的分配。

首先,资金的筹集是企业财务活动的起点,是为了满足生产经营的需求,通过不同渠道获得资金的过程。资金筹集可以通过企业资本金和资本公积金获得,这些资金通常来自投资者的投入;盈余公积金和未分配利润则是企业通过生产经营获取的;负债资金通常是通过借款等方式向债权人借入。筹集资金时,企业需要合理安排筹资总量、选择筹资渠道和方式,同时控制成本、优化资金结构,以降低财务风险并充分发挥财务杠杆作用。

其次,资金的运用是将筹集到的资金投入企业的生产经营活动中。资金运用主要是对资产进行投资与运营的过程。资产是企业在交易中获得、拥有或控制的资源,包括财产、债权等,它们是企业生产经营的基础。资产根据流动性的不同可分为非流动资产和流动资产。非流动资产包括固定资产、长期股权投资等,流动资产则包括生产所需的原材料、现金等。企业的资金运用不局限于对自有资产的投资,也包括对外投资,比如购买其他单位的股票、债券或进行股权投资等。资金的投资是资金筹集的最终目的,企业需要合理安排投资项目与投资规模,以降低经济风险并确保资金的有效运用。

最后,资金的分配是企业对从经营活动中获得的收入进行分配的过程。企业通过运营获得的收入包括营业收入、投资收益等。第一,企业要用于补偿生产经营活动中的耗费,保证持续运作。第二,企业需要缴纳相关税款,税后的剩余收入才可以分配给投资者。资金分配还涉及向债权人支付利息和向股东分配利润。企业支付利息时,属于财务费用,是税前分配;而向股东分配利润则是在税后进行的。

资金的筹集、运用和分配构成了企业财务活动的完整过程,这一过程直接影响到企业的资金结构、生产运营和财务健康。通过合理安排这些财务活动,企业能够保障资金的有效流动和增值,为其持续发展提供支持。

3. 财务关系

财务关系指的是企业在资金运动过程中,与相关方之间形成的经济利益关系。这些财务关系对于企业的正常运作至关重要,涵盖了企业与投资者、债权人、税务机关、内部单位、职工等多方面的互动。

第一,企业与投资者、被投资者之间的财务关系是最基本的财务关系,属于所有权关系。企业通过接受投资者的资金支持完成生产经营,同时也会对其他单位进行投资,从而形成投资者与被投资者的关系。在处理这一关系时,企业需要明确各方的权利与义务,保障投资者的合法权益,确保双方的财务交易透明并合理安排收益分配。

第二,企业与债权人、债务人之间的财务关系主要表现为债权债务关系。企业在资金不足时,需要向债权人如银行借款,而当企业资金有盈余时,又可能通过购买债券等方式进行投资。处理这些债权债务关系时,企业应严格遵守合同或协议的规定,按期偿还债务,收回款项,保障债权人和债务人的合法权益,避免发生违约。

第三,企业与税务机关之间的财务关系通过缴纳税款体现。企业在生产经营过程中产生的税收,如流转税和所得税,构成了企业与税务机关之间的财务关系。税收是国家财政收入的主要来源之一,因此,企业有义务按时足额向国家缴纳税款。在此过程中,企业必须严格遵守税法,确保税务合规,避免因税务问题导致的经济损失。

第四,企业内部各单位之间的财务关系表现为企业内部核算和责任分配。尤其是在实行厂内经济核算制和内部经营责任制的情况下,企业内部各单位之间需要对相互提供的产品和劳务进行计价与核算。这不仅能保障企业整体目标的实现,也有助于调动各单位员工的工作积极性。在处理这些内部财务关系时,企业应确保各单位的责任、权力和利益清晰划分,制定科学的内部核算与奖惩制度,避免内部纷争影响企业整体生产经营。

第五,企业与职工之间的财务关系通过工资、津贴、奖金等形式体现。职工是企业运作的基础,企业从生产经营中获得的收入需要按照职工的劳动贡献进行分配,保障职工的合理收入。这种财务关系体现了按劳分配的原则,企业需要合理安排职工的薪酬待遇,并遵守岗位责任制相关规定,确保职工的合法权益不受侵犯。

在处理上述财务关系时,企业不仅要确保各方的经济利益关系清晰明确,还要平衡各方的要求。例如,投资者可能会监督企业经营活动,以避免企业支出过高,从而减少自身的收益;债权人可能会在借款合同中加入限制条款,以保障自己的利益。企业需要在保障自身经营的同时,妥善处理与各方的财务关系,维护所有利益相关方的利益,确保其经济活动的顺利进行。

(二)财务管理的目标

企业的财务管理目标是指企业在进行财务活动时所要实现的目的,它是所有财务活动的出发点和落脚点,也成为衡量财务管理工作好坏的基本标准。在市场经济的环境中,企业的经营管理目标首先是要提升经济效益,也就是以最小的投入获取最大的回报。因此,随着市场环境和企业发展要求的变化,人们对财务管理的目标逐渐形成了不同的认知。

第一,利润最大化作为财务管理目标,是指通过有效管理企业的财务活动,增加企业的利润,力求将其最大化。在我国,利润不仅是衡量企业经营成果的重要指标,它直接反映了企业对国家经济的贡献,也关系到企业员工的经济利益和福利待遇。

将利润最大化作为目标有其合理性。首先,利润最大化与企业的生产经营目标一致。生产经营活动的目的是创造更多的剩余产品,在商品经济条件下,剩余产品的多少可通过利润指标来衡量。其次,追求利润最大化有助于企业加强对资源的合理配置和管理,提高经济核算的准确率,改善经营管理,改进技术,提高生产效率,降低成本,从而促进资源的有效利用和优化配置,进一步提高经济效益。最后,实现利润最大化有助于促进社会经济的整体发展,企业的利润增长能够为社会的繁荣和财富最大化提供资金基础。

以利润最大化为目标也存在一定的局限性。首先,忽视了时间因素。企业通常没有考虑到实现利润的时间价值,因此很难正确判断不同时间段的利润大小。其次,忽视了风险因素。在实际经营中,风险与高利润并存,若忽略风险管理,企业可能会盲目追求高利润,从而带来潜在的风险,损害投资者的利益。再次,利润最大化忽视了投入和产出之间的关系,可能导致企业一味追求规模扩张,而忽视效率提升,最终影响企业的长期发展。从次,企业的规模和结构变化与市场环境的变化都可能对生产经营产生重大影响,这些因素应该在财务管理中被考虑进去。最后,股东和债权人对企业的效用期望不同,以利润最大化为目标时,可能会出现股东与债权人之间的利益冲突,因为债权人更关注偿债能力和资产流动性,而股东则更注重利润。

第二,资本利润率最大化或每股利润最大化是指企业通过有效的财务管理,提高盈利水平,最终实现资本利润率或每股利润的最大化。资本利润率是净利润与资本总额的比率,每股利润是净利润与普通股股数的比值。这两个指标能在一定程度上反映企业的盈利能力,也可用来对不同行业或企业进行比较,揭示其盈利水平。

然而,这两个目标也存在缺陷。首先,它们同样未能考虑风险因素。企业追求资本利润率或每股利润最大化时,可能忽视了企业所承担的风险。其次,这两个目标没有考虑资金的时间价值。资金的时间价值是财务管理中非常重要的因素,若不加以考虑,可能导致企业做出不合理的决策。

第三,企业价值最大化作为财务管理目标,意味着企业在管理财务活动时,需要考虑资金的时间价值和风险报酬,不断增加企业的总价值,最终实现投资者财富的最大化。企业的价值通常通过市场价格体现,特别是在股份有限公司中,股票的市场价值总额就代表了公司的价值。因此,企业价值最大化直接与股东财富最大化挂钩。为了提高公司股票的市场价格,企业需要不断提升盈利能力,降低风险,增强投资者的信心。

在股份有限公司中,企业价值最大化是非常合理的,因为股东的财富与公司股票的市场价格紧密相关。股票价格受企业盈利能力、市场前景和风险因素的影响,而这些因素在一定程度上决定了企业的整体价值和股东的回报。对于非股份制企业,企业价值的计算则依赖于理论公式,其考虑了企业的预期回报、风险调整贴现率与持续运营时间等因素,从而能够估算出企业的整体价值。

企业价值最大化作为目标也有其局限性。首先,这一目标更适用于上市公司,对于非上市公司则不太适用。其次,它更多地关注股东的利益,忽略了企业其他利益相关者(如员工、债权人等)的利益。最后,股票价格受到多种因素的影响,而并非完全由企业控制,许多外部因素不可预见,若将这些不可控因素纳入财务管理目标中,可能导致不合理的决策。

第二节　企业财务管理创新的方向

在新经济时代,企业财务管理面临更加复杂的市场环境,必须进行全面的创新以保持竞争力。这种创新应涵盖财务风险管理、价值系统和信息系统等关键领域。通过利用大数据和AI等技术优化财务风险识别、评估和应对机制,推动价值链和核心竞争力的提升,以及实现财务管理的数字化、智能化和自动化,企业能够提高管理效率、增强长期价值创造能力,并在动态市场中做出更科学的决策。综合性创新将推动财务管理的转型和提升,助力企业在激烈的竞争中获得持续发展的优势。

一、健全财务风险管理机制

(一)企业财务风险管理的目标

企业财务风险管理的目标是通过系统化的策略和行动,全面提升企业的风险应对能力,以确保其财务健康和长期可持续发展。这一目标涉及多层次、多维度的管理要求,具体包括以下方面。

1.增强风险意识与机制建设

培养企业内部尤其是经营管理层的财务风险意识是企业财务风险管理的首要任务。经营管理者应具备深刻的市场洞察力、强烈的竞争意识和较强的风险防范能力,能够全面识别和评估财务风险。企业须建立完善的风险管理机制,确保风险的识别、监控和应对流程系统化和高效化。管理者须掌握财务风险的基本特征与应对策略,以增强企业在复杂多变的市场环境中的应对能力。

2. 确保财务稳定性与风险控制

维持企业财务状况的稳定性是风险管理的核心目标之一。企业应合理控制负债水平,优化生产规模、库存管理、存货周转率等核心指标,确保盈利水平和投资活动处于安全可控的范围内。同时,企业应建立高效的危机预警系统,加强对资金流动的实时监控,从而防范资金链断裂或财务状况恶化,保障企业经营活动的可持续性。

3. 消除经营隐患与优化环境

企业须主动识别并消除可能导致财务风险的潜在隐患,以确保经营活动的安全性与高效性。通过提升管理层的决策能力和应变能力,形成团队协作机制,增强企业应对风险的整体能力。同时,优化企业内部环境和外部关系,减少管理漏洞和经营风险,提升企业的综合竞争力。

4. 提升适应能力与运营弹性

在动态多变的市场环境中,企业必须具备快速响应和调整的能力。为此,企业应构建多样化的生产组织结构,优化产品结构,提升技术创新能力,以确保在市场需求发生变化时能够迅速适应。生产和经营活动的灵活性将帮助企业在激烈的竞争中维持市场地位,增强其长期生存能力。

5. 加强市场预测与风险防范能力

在全球化和市场竞争日益激烈的背景下,企业需要提升市场预测能力,以准确评估外部市场波动对财务状况的影响。经营管理层应能够及时识别潜在风险,制定前瞻性应对措施,避免因市场变化而导致的财务损失。

6. 强化项目风险管理与决策能力

重大融资与投资决策是企业财务风险管理的重要环节。企业应通过科学的决策支持系统,提高项目选择的合理性和融资活动的成功率。在项目实施过程中,采取分散、转移和规避风险等多种方式,确保投资项目的高成功率与高收益率,最大限度降低可能的财务损失。

7. 遵守法规与履行社会责任

企业须严格遵守国家相关法律法规,积极履行社会责任,构建良好的社会责任体系。这不仅有助于降低企业内部潜在的管理风险,还能够减少外部社会矛盾,维护企业的声誉和保持稳定发展。同时,关注职工权益,及时发现和化解不良倾向,将企业的社会责任与财务风险管理紧密结合。

(二)防范财务风险的方法与优缺点

为了有效防范企业的财务风险,加强财务管理的基础性工作,并运用技术手段来规避和控制财务风险是至关重要的。

1. 防范财务风险的方法

（1）强化财务制度的约束性

强化财务制度对丁应对外部市场风险至关重要。财务信息作为社会资源配置的核心调节机制,其真实性和准确性直接影响资源的高效配置。虚假的财务信息不仅会加剧市场的不确定性和风险,还可能导致资源配置的失误,进而加大企业的财务风险。因此,强化财务制度,确保信息公开透明,能够有效降低市场风险,并为企业营造一个稳定的经营环境。

（2）提高财务信息的真实性与决策有用性

财务信息的真实性是企业决策的基础,直接影响经营决策的准确性。虚假的财务信息可能会导致决策失误,进而引发企业财务风险。为此,提高财务人员的专业素质,完善财务核算流程,确保财务信息的全面性、准确性和及时性,是提升财务信息质量的关键。同时,提升财务信息的决策有用性,满足企业内部和外部利益相关者对财务信息的需求,也是防范财务风险的重要举措。

（3）提高信息披露的规范性

企业特别是上市公司须规范财务信息的披露制度。真实透明的财务信息不仅能增加外部投资者的信任,还能防范因信息失实导致的资本过度注入或债务风险。如果企业公开不真实的财务数据,虽然短期内可以吸引到资金,但一旦资金流失或债务违约,将严重破坏企业的财务稳定性,增加财务风险。因此,确保财务信息的真实性和信息披露规范性对维护企业稳定至关重要。

（4）财务政策选择的稳健性

稳健主义原则要求企业在财务处理过程中采取审慎态度,避免过于乐观的财务预测和报表反映,以减少由于信息不确定性带来的风险。例如,采用保守的存货计价方法（后进先出法）、资产计价（成本与市价孰低法）和折旧政策（加速折旧法）等,有助于避免过度乐观的财务报表和过度扩张的经营风险,增强企业在面对不确定性时的韧性。

（5）完善财务控制制度

完善的财务控制制度是防范企业财务风险的有效保障。通过科学合理地设置财务岗位并明确职责与权限,财务控制能够减少操作失误和舞弊行为。同时,将企业财产管理与实物管理结合,及时发现财务与实物之间的差异,有助于有效控制资源浪费,降低财务风险。

（6）提高财务管理计算机系统的安全性

随着信息技术的发展,企业应增强财务管理计算机系统的安全性。除了确保物理安全和网络安全,企业还应采取信息加密、数据传输安全等技术手段,防止信息泄露、丢失、篡改,确保财务数据的完整性与保密性。这不仅能够保护企业财务数据的安全性,还能避免因系统漏洞导致的财务风险。

2. 技术防范方法的优缺点

（1）技术防范方法的优点

财务风险防范的技术方法经过系统性研究,涉及财务计划、风险识别、风险测量、风险处理和风险化解等环节,形成了较为完善的理论框架。虽然仍有部分问题未得到完全解决,但技术手段在防范企业财务风险中不可或缺,为其提供了科学依据。

技术方法覆盖了企业财务活动的全过程,能够针对具体的财务风险问题提供解决方案,并结合企业的财务信息进行分析,从而确保决策者可以做出更为精确的决策,提升了决策的操作性和实用性。

（2）技术防范方法的缺点

当前的财务风险防范措施大多侧重于对财务领域的分析，忽视了与实物流动过程的结合。企业的经营活动是价值流动和实物流动的统一，仅关注财务数据而忽视实际操作的风险，可能导致分析不全面和遗漏重要风险。

财务分析方法通常依赖于固定的财务指标和经验值，但不同企业在经营活动中的具体情况可能差异巨大。使用固定经验值来分析企业风险可能导致误判，因而缺乏一定的灵活性和适应性。

道德风险往往源于企业制度设计的缺陷，这类风险与人的价值观和行为方式密切相关，难以通过技术手段完全规避。道德风险的防范需要通过完善企业内部控制机制、加强员工教育培训等非技术手段来实现。

总之，虽然技术手段在企业财务风险防范中起着至关重要的作用，但它并非万能的。企业应当结合制度设计、人员管理与技术手段等多方面措施，共同防范和化解财务风险，确保企业稳健运营。

（三）健全企业体制，化解制度性财务风险

1. 制度防范的必要性

在现代市场经济中，企业的良好运作和财务健康离不开健全的制度基础。制度化的管理结构能够确保资源的高效配置，规范企业行为，防止各类财务风险的发生。特别是在财务管理领域，完善的制度能够为企业提供操作标准、决策依据、监督机制，确保企业的各项财务活动都在可控范围内，降低潜在的财务风险。

企业内部的财务风险防范机制主要基于两大核心要素：委托代理关系和财务运行机制。委托代理关系是指企业内部股东、董事、管理层之间的相互委托与代理关系，在这种关系中信息不对称与利益冲突是产生财务风险的根源。而财务运行机制则是一个系统性的制度框架，涉及激励机制、约束机制和财务管理的规章制度。二者相辅相成，共同为防范财务风险提供保障。

在企业的委托代理关系中，股东、董事和经营者之间通常存在利益不一致的问题。股东希望获取最大回报，而经营者可能会为了短期利益做出偏离股东利益的决策。例如，经营者可能通过隐瞒负债、操控财务报告等方式来获取贷款或推高企业估值。这类行为的存在增加了企业的道德风险,损害了企业的财务健康。

财务管理机制的核心是如何通过合理的激励与约束机制,让代理人遵循股东的长期目标,避免追逐个人利益的短视行为。缺乏合理的激励和约束机制可能导致管理层对信息利用不当,或未能妥善管理企业资源,从而引发财务风险。

2. 企业财务风险防范制度设计的基本内容

（1）确定明晰的产权关系

产权关系是市场经济中最基础的经济关系,对企业所有权和经营权的明确划分对于规范企业的财务活动至关重要。在企业中,产权清晰是减少利益冲突和管理混乱的基础。只有当企业内部各部门和管理层的职能、权限、责任得到明确划分时,才能有效管理企业的财务风险。产权明晰是防范企业财务风险的首要前提。

（2）建立有效的激励机制

激励机制能够调动管理者和员工的积极性,激发其内在潜力,推动企业实现财务目标。合理的激励措施能够使管理者的行为与企业整体目标保持一致,从而减少道德风险和管理层的不当行为。激励方式可以包括:①目标管理。明确工作目标,确保员工和管理层朝着共同的目标努力。②浮动薪酬方案。根据企业的经营成果和个人绩效发放奖励,确保回报与个人贡献挂钩。③员工参与。通过参与决策,提高员工的归属感和责任感。④灵活福利。针对员工需求提供灵活的福利待遇,增强员工对企业的忠诚度。

（3）强化内部监控制度

在现代企业中,尤其是大型企业和上市公司,管理层与股东之间常常存在一定的权力和利益隔阂。这种隔阂可能导致管理层滥用职权,做出有利于自身而不利于股东的决策,从而损害股东利益。建立健全的内部监控制度是保证企业管理层忠诚履行职责的关键。可以通过以下措施加强监督:①独立董事制度。独立董事与管理层相对独立,能够从客观、公正的角度对经营活动进行监督,确保经营者履行职责时不违背股东利益。②审计委员会。由具备专业知识的独立董事组成,专门负责审查公司的财务报告和内部控制制度,确保财务报告的真实性和公正性。审计委员会通常负责推荐和监督外部审计师的聘用和报酬;审查公司的财务政策和年度报告；监督内部审计人员的任命和工作；对经营层的工作进行独立评估并提出建议。通过发挥独立董事制度和审计委员会的作用，企业能够有效提高经营层的透明度，减少不当行为的发生，从而降低财务风险。

（四）建立财务风险的程序化处理系统

财务风险管理应遵循"预防为主、消防结合"的原则。尽管技术防范和制度防范可以有效地降低财务风险，但它们并不足以完全消除所有潜在风险。因此，建立一个系统化的财务风险处理机制显得尤为重要，这一机制能够快速、及时地应对突发的风险事件，并尽可能地减少由风险带来的损失。

1. 财务风险的识别

在现代经济环境下，企业进行财务风险防控的首要任务是识别潜在的风险。财务风险识别是指通过对企业财务环境、数据和行为进行系统分析，辨别财务风险是否存在以及其潜在的表现形式。准确的风险识别是风险管理的基础，只有在明确识别出风险后，企业才能有效采取相应的预防和化解措施。因此，识别过程应包括对风险来源、生成条件、发生机理与潜在影响的全面分析。

在具体操作中，企业可以根据自身的管理基础、经营环境与财务数据的完善程度，结合管理者的经验和专业判断，选择合适的方法进行识别。对于财务数据齐全、管理规范的企业，可以通过财务指标对比分析、差异分析等方法揭示潜在的风险；对于信息不完备的企业，则可以结合专家意见、现场调查与行业案例等进行风险识别。

2. 财务风险的测定

财务风险测定是通过量化手段评估风险的发生概率、潜在损失及其影响范围，为制定具体的风险管理措施提供技术依据。财务风险的测定揭示了其固有的不确定性，因此这一过程常受到多种内外部因素的影响。在测定过程中，财务风险的显现程度、企业的历史数据积累、管理者的经验与现有技术手段都会影响测定结果的准确性。

财务风险的测定要考虑以下几个方面：首先，要判断风险的发生时间、发生条件以及可能带来的具体损失。其次,要分析财务风险的具体特征,评估企业可能暴露的致命弱点,并根据已有的财务数据进行预警。除此以外,在测定过程中,管理者的经验和判断力起着关键作用,尤其是在面对那些没有明显征兆的潜在风险时。因此,利用先进的风险测量技术和方法,将有助于提高测定的准确性。

3. 财务风险对策的研究与制定

管理者需要明确风险来源和可能的攻击目标,确保企业能够及时进入应对状态,并制定有效的风险防控方案。方案中的管理措施应具有科学性、可操作性和适应性,能够有效应对风险的变化,并尽量避免因风险管理不当而带来的更大损失。

4. 风险措施的实施与运作

风险措施的实施是指将前述制定的风险管理对策具体化并付诸实践,通过合理的资源配置与协调,使风险管理方案在实际操作中发挥作用。这一阶段主要解决具体操作层面的问题,将管理者的决策转化为行动,确保各项风险管理措施能够落实到各个环节。在实施过程中,企业应密切关注措施的执行情况,及时发现并改进其中的缺陷,确保风险管理措施能够在动态变化的环境中保持灵活性和有效性。

5. 风险管理效果的评估与反馈

风险管理效果评估是对已实施的风险管理措施进行全面审视与总结,以验证其是否达到了预期目标,并为下一周期的风险管理工作提供参考依据。效果评估的核心在于总结经验教训,检视管理措施的实际效果,分析是否存在偏差或能否达到预期的目标。如果风险损失超过预期,需要分析其原因并调整相关管理策略。评估工作应结合风险管理的目标、方法和实际操作情况,确保企业能够在未来的风险管理过程中进行持续的改进和优化。

二、加强和改善无形资产管理

随着经济从传统工业模式转向信息化和知识化驱动的新时代,无形资产的作用愈加凸显。在这一转型过程中,企业的财务管理也必须做出相应的调整,以适应无形资产日益重要的地位。无形资产不仅包括传统的专利权、商誉、计算机软件等,还涉及如人才素质、品牌影响力、创新能力等更为复杂且不易衡量的元素。

(一)无形资产计量范围的改革

在传统的工业经济中,企业的财务管理主要关注物质资本和有形资产的管理。随着无形资产的重要性日益增强,现有的财务报表中的无形资产项目往往无法全面反映无形资产的真实价值。例如,很多资产负债表中仅列出专利权、土地使用权等少数几项,而商誉和品牌影响力等重要项目则未被纳入计算。这种局限性导致了无形资产的价值被低估,影响了企业的整体价值评估。

(二)无形资产计量基础的变革

由于无形资产往往涉及大量的知识和技术投入,其成本具有较大的不确定性。因此,仅依靠历史成本法可能导致无形资产被低估,尤其是在无形资产占企业总资产比例日益上升的情况下。

尽管重置成本法可以根据市场上类似资产的价格来评估无形资产的价值,但由于无形资产的独特性和不可复制性,这一方法的适用性较差。

收益法能够更好地反映无形资产的未来潜力,通过对无形资产未来可能带来的收益进行贴现计算来确定其现值。这种方法能够较为准确地反映无形资产的实际价值,尤其适用于知识产权、品牌价值等具有长期收益能力的无形资产。因此,收益法的引入,尤其是对于有潜在收益的无形资产,如技术专利、商标、品牌等,可以更有效地体现其在企业财务管理中的作用。

(三)人力资源的计量纳入价值体系

随着新经济时代的到来,人力资本逐渐成为企业最重要的竞争优势之一。传统的财务管理体系无法全面反映人力资本的价值,这就需要通过建立新的评价体系来弥补这一缺陷。

人力资本的价值不仅表现在其市场价值与账面价值的差异上,还包括其对企业未来发展的潜力和方向的影响。例如,像英特尔、微软等高新技术企业,其市场价值往往比其账面价值高出数倍,这体现了人力资本在企业估值中的重要性。因此,企业财务评价体系中应当加入对人力资源的计量,特别是在技术创新、员工知识储备、管理团队的领导力等方面的指标。这些指标能够为投资者、管理层及其他利益相关者提供企业未来发展的信号,避免低估某些潜力巨大的企业,或过度乐观地看待某些表面繁荣的企业。

无形资产在新经济时代占据着越来越重要的地位,企业财务管理的重点也应从传统的物质资本管理转向对无形资产的评估和管理。通过改革无形资产的计量范围和计量基础,以及纳入人力资源的价值评估,企业能够更加准确地把握自身的竞争力和未来潜力。这不仅有助于改善企业的财务管理,还能够为投资者和管理者提供更为科学和全面的决策支持。

三、ESG 财务融合新范式

在全球可持续发展理念日益深入人心的当下,ESG 财务融合正逐渐成为企业财务管理创新的新范式。ESG 分别代表环境(Environment)、社会(Social)和治理(Governance),它从这三个非财务维度,为企业提供了一种综合考量可持续发展能力的评估框架。越来越多的企业意识到,将 ESG 因素纳入财务管理,不仅有助于提升企业的社会责任感,还能为企业带来实际的财务效益,增强企业的长期竞争力。

从表 6-1 的数据中可以清晰地看出,高 ESG 评级企业在多项财务指标上表现优异。高 ESG 评级企业的净资产收益率(ROE)达到 15.2%,而行业平均水平仅为 9.8%,这表明高 ESG 评级企业有着更强的盈利能力;其融资成本率为 3.1%,显著低于行业平均的 5.4%,意味着这类企业在融资时能获得更优惠的条件;股价波动率为 18%,低于行业平均的 27%,反映出高 ESG 评级企业的股价更为稳定,抗风险能力更强。

表 6-1　2023 年全球 ESG 投资规模与财务绩效关联度

指标	高 ESG 评级企业	行业平均水平
净资产收益率（ROE）	15.2%	9.8%
融资成本率	3.1%	5.4%
股价波动率	18%	27%

数据来源：MSCI《2024 全球可持续金融报告》。

在实际市场中，诸多创新实践充分展现了 ESG 财务融合的积极影响。2023 年，中国绿色债券发行规模达 1.2 万亿元，同比增长 40%[①]。绿色债券的激增，反映了企业在融资过程中更加注重环境因素，将资金投向绿色产业项目，既推动了环保事业的发展，又为企业树立了良好的社会形象，吸引了更多关注可持续发展的投资者，降低了融资成本。

N 公司建立产品全生命周期碳足迹模型这一举措，是企业在 ESG 实践中的又一典型案例。通过该模型，企业对产品从原材料采购、生产制造、使用到最终回收处理的全过程碳排放进行精准核算，并据此制订供应链减排目标。数据显示，其供应链减排目标完成度提升 63%。这不仅有助于减少企业对环境造成的不利影响，还优化了供应链管理，降低了长期运营成本，提升了企业的市场竞争力。

ESG 财务融合新范式为企业财务管理带来了全新的视角和方法。企业在追求经济利益的同时，积极践行 ESG 理念，关注环境和社会问题，加强公司治理，能够实现经济效益、社会效益和环境效益的多赢局面，为企业的可持续发展奠定坚实的基础。

第三节　基于现代企业财务制度的财务创新

一、构建一般会计、责任会计与管理会计三个层次的会计管理体系

为适应现代企业复杂的经营环境，构建分层次的会计管理体系显得尤为重要。将会计管理体系细化为一般会计、责任会计与管理会计三个层次，不仅能够提升财务管理的精准性，还能有效促进各职能之间的协

---

① 数据来源：中国人民银行

同作用,从而确保企业的经营决策与执行更加科学和高效。

一般会计是会计职能的传统基础,负责全面记录企业的各类经济活动,并编制详尽的财务报表。其主要职能是提供企业经营管理层与决策层所需的财务信息,确保信息的准确性与完整性,进而为企业的战略决策提供可靠的数据支持。良好的财务信息质量是保障企业决策科学性的基础。

责任会计通过设立专门的责任会计部门,采用会计管理手段,对企业各部门的经济活动进行监督与管理。责任会计的核心任务是明确各部门的责任与权力,确保其按既定目标执行任务,并在过程中有效协调各部门之间的关系。责任会计还承担着各部门成本核算的职责,在企业规模扩张的背景下,为实现高效的内部控制提供了有力的保障。

管理会计着重于通过收集和分析企业运营相关数据,为决策层提供战略性的支持。其主要作用在于提升企业决策的可行性和科学性。管理会计不仅负责对企业预算的编制和执行进行监督,确保各项预算的合理性与执行力,还通过对企业内部各环节的有效管理,促进企业资源的最优配置和战略目标的实现。

通过这三个层次的会计管理体系,企业能够实现财务数据与管理职能的有机结合,为企业运营的各个层面提供精确的财务支持,确保企业在动态市场环境中的长期稳健发展。

二、构建完备的企业成本核算体系,实现企业活动的全面翔实记录

为了提升企业财务管理的精准性与科学性,构建完善的成本核算体系具有至关重要的意义。该体系不仅能够确保企业经营活动的成本数据得到全面、翔实的记录,还能为成本控制与资源优化配置提供坚实的基础。

根据《中华人民共和国会计法》的相关规定,企业应当制定系统且详尽的成本核算规范,明确核算方法、核算对象、费用归属标准等关键内容。通过制定统一的核算规范,企业能够确保成本数据的准确性、一致性与可比性,从而为管理层进行决策提供可靠的财务依据。

企业应定期开展对成本核算人员的专业培训,不仅提升其专业技能,还应强化其职业道德教育。培训内容应包括新的会计准则、成本核算方法的更新与变化,以确保核算人员能在日常工作中迅速适应并准确执行核算任务。此外,企业应建立有效的沟通机制,及时通知核算人员在具体核算过程中的处理方法或政策变动,确保核算工作的顺畅进行。

在信息技术迅速发展的背景下,企业应充分利用信息化手段提升成本核算的效率与准确性。通过建设完善的财务信息平台,企业可以实现对财务数据的实时采集、处理与分析,确保信息流通的透明与高效。[①]信息化平台还应具备数据集成与共享功能,使得财务信息能够在企业内部各部门之间无缝对接,进而提升决策层的财务决策支持能力。

预算管理是成本核算体系中不可或缺的环节。企业应重视预算的编制工作,成立专门的预算编制委员会,负责年度预算的制定与审批。在预算编制过程中,企业应注重方法的科学性,充分考虑经济环境与市场变化带来的不确定性因素,确保预算具有可操作性与前瞻性。在预算执行过程中,企业应严格按照既定预算进行监控与评估,发挥预算的约束管理功能,将预算执行情况纳入绩效考核体系,以激励各部门提高预算执行的积极性与精准度,最终推动企业资源的优化配置和成本控制目标的实现。

通过这些措施,企业能够建立起一套科学、系统、可操作的成本核算体系,为其经营活动提供全面、翔实的财务数据支持,从而提升整体财务管理水平,推动企业持续健康发展。

三、构建严格科学的投融资管理体系,提高企业资金运转效率

为了提高企业资金的运转效率,增强资金的安全性与流动性,企业需要构建一个科学、严谨的投融资管理体系。这一体系不仅能确保企业融资的合理性和投资的有效性,还能优化资金配置,推动企业的可持续发展。

（一）企业融资管理方面

首先,企业应建立完善的融资管理制度,明确融资管理在财务管理中的核心地位。融资管理制度应涵盖融资决策流程、融资渠道选择、融

---

① 李素敏.加强会计信息化建设提高企业财务管理水平[J].中国农业会计,2023,33（20）:52-54.

资成本控制与风险评估等方面,以确保融资活动在规范化框架内进行。企业还应成立专门的融资小组,负责对外融资信息的收集、分析与决策,确保融资活动符合企业整体战略目标。

其次,在融资实施过程中,企业应树立良好的信用形象,并通过优化财务信息质量、提高透明度等措施,增强外部投资者与金融机构对企业的信任。加大财务信息的披露力度,提供更加详尽且及时的财务报告,是提高融资能力和融资条件的关键。企业还应与银行等金融机构保持稳固的合作关系,通过建立良好的银企关系来获得更加优惠的融资条件。

再次,企业应积极拓宽融资渠道,充分利用国家金融改革背景下的政策优势。通过多元化的融资手段(如发行企业债券、引入战略投资者等),企业可以获得长期、稳定的资金支持,减少融资的单一性风险。同时,应关注资本市场的发展动态,通过股票、债券等融资工具,在适当时机进行资本市场融资,以获取更多的发展资金。

最后,为了防范盲目融资的风险,企业应加强对融资工作的审批与监督。融资决策需严格经过风险评估与审批程序,杜绝无计划、无依据的融资行为。融资管理的成效应纳入企业整体财务管理水平的考核范畴,以确保融资活动的透明性、规范性与合规性。

(二)企业投资管理方面

首先,企业应建立一套严格的投资管理制度,确保投资活动的规范化与科学化。投资管理制度应明确各部门的职责与权限,规范投资项目的立项、汇报、审批、评估与事后总结等环节。通过建立清晰的审批流程与责任追溯机制,保障投资决策的科学性与执行的有效性。

其次,企业应组建专门的投资管理部门,配备专业的投资管理团队,负责对投资项目进行综合评估与管理。该部门不仅要具备专业的投资分析能力,还应掌握市场动态、资金流动和风险评估等方面的知识,确保每一项投资都经过充分的调查与分析,具备明确的收益预期与风险控制措施。

再次,每一个投资项目都应配备详细的投资分析报告,报告应涵盖投资项目的财务可行性、预期收益、风险评估、资金需求与回报周期等内容。通过专业的分析与评估,确保投资决策的科学性和合理性。

最后,投资项目的风险管理应得到充分重视。对于每个投资项目,都应通过科学的方法进行风险评估,包括市场风险、技术风险、管理风险与政策风险等,确保项目在实施过程中能有效应对潜在的不确定性。所有投资项目的风险评估报告都应提交至主管部门进行审查与审批,以确保企业的投资行为符合战略目标,并在控制风险的前提下实现资金的增值。

四、国际准则本地化适配

在经济全球化的大背景下,企业跨国经营活动日益频繁,国际财务准则对企业财务管理的影响越发显著。然而,直接套用国际准则并不能完全适应企业在本土市场的发展需求,因此国际准则的本地化适配成为企业财务管理创新的重要内容。

2024年,国际财务报告准则(IFRS)与中国企业会计准则(CAS)在核心原则上趋同,但在执行细节和特定领域仍存在显著差异:比如,IFRS以原则为导向,强调实质判断,而CAS更依赖规则和本土化指引;在收入确认中,IFRS允许更宽松的合同成本资本化和可变对价确认,CAS则更为谨慎;在金融工具分类与减值模型、租赁豁免标准、政府补助计量方法(总额法 vs 递延收益)、资产减值转回(CAS允许非商誉资产转回)等方面存在差异。此外,CAS对研发支出资本化不强制要求,关联方定义排除"仅同受国家控制"企业,且公允价值计量更依赖评估技术。新增差异包括IFRS强制披露气候风险(CAS未要求)与数字资产处理方式不同。跨境企业和审计需关注差异调整,结合业务场景与最新政策实现合规经营。

这些差异涉及会计政策选择、会计估计判断、财务报表列报等多个关键领域。企业需要深入研究这些差异,根据自身经营特点和国内市场环境,对国际准则进行本地化调整,确保财务信息既能满足国际投资者的需求,又能符合国内监管要求。

B公司在匈牙利设厂时,采用动态自然对冲策略实现了欧元收入与欧元采购成本自平衡。这一创新举措有效降低了汇率波动带来的风险,保障了企业的财务稳定。通过合理规划生产经营活动,B公司使得欧元计价的收入和采购成本相互匹配,减少了因汇率变动导致的汇兑损失,为企业在海外市场的持续发展奠定了坚实的基础。

国际准则的本地化适配要求企业在财务管理过程中,既要紧跟国际财务准则的发展趋势,又要充分考虑本土实际情况。通过创新工具和方法,如动态自然对冲和 AI 汇率预测等,企业能够更好地应对跨国经营中的财务挑战,实现国内外市场的协同发展,提升整体财务管理水平。

五、增强企业风险管理意识,强化企业经营资金的风险管理水平

企业的运营资金管理是确保企业持续稳定经营的核心,构建完善的资金管理体系对降低财务风险、保障资金安全至关重要。强化资金风险意识和管理能力是企业应对复杂经济环境的基础。

第一,通过系统的培训与教育,培养财务管理人员的风险识别和防范能力。财务管理不仅涉及现金流调度,更关系到企业的长期稳健发展。提升财务人员的风险管理意识,有助于企业更全面地把握资金安全与运营稳定之间的平衡。

第二,优化资产的流动性是提升资金管理效率的关键。企业应加强对资产负债表的综合管理,合理配置流动性资产。在应收账款方面,企业须加大催收力度,减少账期延误,以提高回款率和现金流周转效率。在库存管理上,采取精益管理策略,降低过剩库存,确保资产的高效利用,进而提升资金运作效率。

在负债管理上,企业应建立多元化的融资渠道,降低对单一融资方式的依赖。通过打造良好的信用形象,企业能够在资本市场和金融机构中争取低成本融资。同时,通过优化资本结构和控制负债水平,企业可以降低融资成本,提升资金使用效益。为此,保持财务的透明度尤为重要,企业应定期披露财务状况,以增强外部投资者与金融机构的信任,从而确保融资渠道的多样化与稳定性。

六、建立完善的企业绩效考核体系,构建科学的薪酬激励结构

完善的企业绩效考核体系应综合考虑企业各部门的经济效益与管理效果,从而为企业目标的实现提供有力的支持。具体而言,绩效考核体系应涵盖以下两个主要方面:首先是经济效率,主要评价各部门的生产成本控制与企业销售收入的增长情况。这一指标有助于衡量各部门在资源配置与利用上的效率,为企业提供科学的经济决策依据。其次是管理效果,评估内容包括企业预算编制与执行情况、各部门在企业风险

控制与合规管理方面的表现等。这些指标能够有效反映各部门管理能力的强弱，为绩效优化与资源分配提供参考。

在此基础上，科学的薪酬激励结构有助于激发员工的工作积极性，从而提升企业的整体经营效率。构建科学的薪酬激励结构应充分考虑薪酬激励的多样性，包括短期激励与长期激励相结合，如股权激励、年终奖金等，既能够提高员工短期内的业绩表现，又能够确保员工长期的投入与忠诚度。企业还应注重员工的需求层次，满足员工物质需求的同时，也要关注其精神层面的需求，并为其提供职业发展与个人成长的机会。薪酬激励结构的设计应做到公平性与激励性的统一，通过合理的绩效评价体系与薪酬激励手段，使员工在工作中感受到自身价值的实现。

需要特别注意的是，构建和谐的企业文化对于提升员工的凝聚力、增强企业的核心竞争力至关重要。通过注重企业文化的建设，营造开放、包容、合作的工作环境，提升员工的归属感与团队协作精神，使企业能够在激烈的市场竞争中保持竞争优势。一个积极向上的企业文化不仅能够促进员工的主动性与创造力，还能够推动企业长远发展的可持续性。

第四节　金融环境变化与企业财务管理创新

一、金融环境变化的趋势以及现状

（一）我国出台各种政策措施促进金融市场的发展

改革开放之前，我国的金融市场尚未得到真正发展，政府的行政调控成为市场经济发展的主要手段，这在一定程度上制约了市场资源的有效配置与金融市场的深化发展。然而，随着国家对市场经济运行机制的认知逐步提升，政府逐渐认识到市场经济能够更有效地配置资源并促进经济增长。在这种背景下，政府开始逐步放宽对金融市场的管制，并出台了一系列政策，旨在推动金融市场的健康发展。特别是近年来，国家通过多次实施降息、降准等政策,降低了融资成本,进一步促进了金融市场的发展和对企业融资环境的优化。

（二）金融企业与金融市场共同发展

伴随着国家政策的推进,金融企业在适应政策调整的同时,也在不断推动金融市场的扩展和深化。金融企业不仅是融资服务的提供者,还在金融市场的流动性、资本供给等方面发挥着至关重要的作用。银行、基金、保险等金融机构的快速发展,填补了金融市场对资金需求的空缺。随着市场经济的逐步深化,金融企业与金融市场呈现出高度的相互依存关系,金融企业通过提供多样化的金融产品和服务,助力资本市场的完善,同时也为我国经济增长提供了强有力的支持。

（三）金融市场逐渐国际化、全球化

改革开放以来,我国加强了与世界各国的经济交流与合作,经济全球化进程加速。随着国际贸易日益频繁与外资金融机构进入中国市场,我国的金融市场逐渐向国际化、全球化发展。这一趋势为国内企业带来了更多的融资渠道和资金来源,也促使我国金融市场加快与国际金融体系的接轨。与此同时,国内企业在积极融入全球金融市场的过程中,不仅学习借鉴了国外的先进财务管理经验,还通过实践不断推动我国财务管理理论与国际标准的接轨。金融市场的全球化为我国企业的跨境融资、风险管理与资本配置等方面提供了更加多元化的选择,有效促进了我国企业的国际化进程与全球竞争力的提升。

二、金融环境变化对企业财务管理的影响

（一）对企业财务管理水平提出了更高要求

随着市场经济的逐步扩展,企业面临着日益增长的流动资金需求与扩大融资规模的压力。这一过程中,企业必须在融资的同时有效控制其财务风险,因为企业的融资风险承受能力是有限的。因此,企业需要引入更加先进的财务风险管理工具,并建立健全的风险管理体系,以便在复杂的经济环境中应对潜在的财务风险。同时,随着市场竞争的全球化,企业不仅要应对国内市场的竞争,还需要面对来自全球范围内的竞争者。这使得企业在进行财务管理时,必须提升管理水平,提升财务决策的科学性和前瞻性,以确保在激烈的市场竞争中立于不败之地。

(二)丰富了企业财务管理的内容

金融市场的全球化不仅为企业带来了新的发展机遇,同时也带来了更多的挑战。随着全球经济一体化,市场价格的波动性增大,企业面临的价格风险不断加剧;企业的经营范围不断扩大至国际市场,也暴露于汇率波动、利率变动等金融风险中。企业的竞争对手也不再局限于国内企业,而是拓展至全球市场。在这种环境下,企业财务管理的内容变得更加复杂,需要涵盖跨国经营的风险控制、全球资金调度与配置、外汇管理等方面。因此,企业财务管理不仅要处理日常的财务核算、预算管理,还需要更为广泛地考虑外部经济环境的变化,增强应对多种金融风险的能力。

(三)影响企业投资、融资和收益分配

金融环境的变化对企业的投资决策、融资方式与收益分配制度等方面产生了深远的影响。在金融市场的不断发展下,企业的投资主体发生了显著变化,从原来由政府主导的投资模式,逐步转变为民间资本和企业自有资金主导的模式。这种转变使得企业在投资决策时,必须更加注重资本的来源与使用效率,优化投资结构。此外,企业的融资方式也发生了变化,传统上依赖于政府和国有银行的融资模式逐渐演变为更加多元化的融资渠道,如股权融资、债券发行、风险投资等,融资主体的多样化为企业提供了更多的资本选择。与此同时,金融市场的改革推动了企业收益分配制度的完善,企业的利润分配机制不仅要考虑对股东的回报,还需关注员工激励和社会责任,这在一定程度上促使企业在制定财务政策时更加综合和审慎地考虑各方面因素。

三、企业财务管理应对金融环境变化的策略

（一）树立正确的投资、融资原则，对运营风险进行把控

在金融环境不断变化的背景下，企业应树立正确的投资和融资原则，以确保财务管理的稳健性和可持续性。在投资方面，企业应坚持"企业利益服从社会利益，眼前利益服从长远利益"的原则。这意味着企业要充分考虑投资的长期回报和战略价值，而不仅仅追求短期的财务收益。同时，企业要合理配置人力、财力和物力资源，注重投资效率，最大化资源利用率。在融资方面，企业需要根据自身的经营需求、融资成本与偿债能力和收益能力，合理选择融资渠道和融资方式。融资周期的选择应与企业的现金流状况和偿债能力相匹配，以免发生资金链断裂的风险。同时，企业应通过建立全面的风险管理体系，监控和控制运营过程中可能出现的财务和经营风险，确保各项投资和融资活动的顺利进行。

（二）调整投资策略，多渠道融资，防止资金链断裂

面对金融市场变化带来的不确定性，企业应积极调整投资策略，选择适合的投资方式，以达到最优的投资成本。通过引入金融创新产品，了解市场交易规则，增强市场竞争力，企业能够有效降低投资风险，并提升财务管理的灵活性。同时，企业要扩展融资渠道，避免过度依赖单一融资来源。通过建立多元化的融资体系，包括银行贷款、资本市场融资、股权融资等方式，企业可以提高资金调度的灵活性和可持续性，降低融资成本。[①] 多渠道融资不仅可以提高企业的融资能力，还能够确保在资金链紧张时获得及时的资金支持，防止因资金流动不畅而引发的资金链断裂问题。

---

① 崔姗姗.航空物流企业的财务风险分析与控制[J].纳税,2023,17（18）：97-99.

（三）财务管理要与企业经济周期相协调

企业财务管理的成效往往与宏观经济周期密切相关。经济周期的波动会对企业财务状况和资金管理产生显著影响，企业必须提前识别这些宏观经济变化的潜在风险，并根据变化进行财务调整。企业管理层应密切关注经济趋势，及时识别经济周期的变化，如通货膨胀、利率调整或汇率波动等因素可能对企业的财务状况产生的影响。通过提前预测宏观经济变化，企业可以制定灵活的财务应对策略，并根据实际情况调整投资和融资计划。例如，经济衰退时，企业可以减少高风险投资，控制运营成本；而在经济增长周期中，则可以加大投资力度，扩大市场份额。企业还应定期评估财务策略，确保财务管理与经济周期同步调整，从而最大限度地降低外部经济波动对企业财务管理的负面影响。

（四）汇率风险对冲策略升级

在金融环境变化的诸多因素中，汇率波动对企业财务管理的影响日益显著。为有效应对汇率风险，企业需要升级汇率风险对冲策略。

收入和采购成本相互匹配，从而自然地对冲了汇率波动风险。这不仅有效降低了因汇率变动导致的汇兑损失，还保障了企业在海外市场的财务稳定性，为企业的跨国经营提供了坚实的财务支持。

华为应用 LSTM 神经网络模型进行汇率预测，其汇率预测准确率达89%（数据来源：IMF 工作论文数据）。借助 AI 技术的强大分析能力，华为能够更精准地把握汇率走势。基于准确的预测结果，华为可以提前制定相应的汇率风险管理策略，如合理安排外汇资产配置、优化进出口业务时机等，从而有效降低汇率波动对企业财务状况的不利影响，提升企业在国际市场的竞争力。

企业在升级汇率风险对冲策略时，应综合考虑自身业务特点、货币波动情况以及各类对冲工具的使用效率。通过采用创新工具和优化策略，如动态自然对冲和 AI 汇率预测等，企业能够更好地应对汇率风险，保障财务管理的稳健性，从而在全球化的市场环境中实现可持续发展。

随着金融环境的持续变化与企业对财务管理要求的不断提高，数智化技术在财务管理领域的应用越发深入。接下来,我们将从数智化视角探讨财务管理的变革,进一步剖析税收筹划、区块链技术、AI技术等在企业财务管理中的创新应用与发展趋势。

第五节　数智化视角下的财务管理变革

一、基于企业税收筹划的企业财务管理

随着我国经济的不断发展和市场竞争的加剧,企业需通过各种手段提高竞争力。而税收筹划作为一种重要的财务管理工具,在提升财务管理水平、降低税负和增强市场竞争力方面具有重要意义。税收筹划不仅是一个财务管理活动,它还结合了企业经营、投资与理财活动,旨在通过合理规划,实现合法节税并提高企业整体财务效益。纳税人在进行税收筹划时应注意优化企业利益、关注税收筹划的不确定性、理解税收筹划的联动性与经济性等问题。

(一)税收筹划的定义及特征

税收筹划是企业在符合国家法律和税收法规的前提下,通过事前选择合适的税务方案,最大化税收利益,从而优化企业的生产、经营、投资与理财活动。这一行为不仅是企业理财的一部分,也为企业的财务管理增加了新的维度。

税收筹划不局限于企业支付所得税的计划,它涉及对多种税种的影响和相应的筹划。这意味着企业需要从财务决策、财务预测、财务预算等多个方面考虑税收筹划,使之成为财务管理的一个重要组成部分。

企业在制定经营战略时,政府的税收政策和宏观经济政策往往对其决策产生影响。税收筹划通过对不同行业、地区、税种之间的差异进行分析,使得企业能够提前策划、权衡,控制税负,以达到税务优化的目标。

税收筹划的前提是合法性。企业在进行税收筹划时,必须遵守税收法规,避免与避税相混淆。避税通常是通过规避税法漏洞或不完善的税

务条款来减少税负,这种行为具有短期性和风险性。而税收筹划是一种合法的中长期决策,通过合理利用税法,引导企业实现更高的财务效益和长期发展,符合企业实现长远利益的目标。

税收筹划与避税在经济结果上可能相似,都是为了减少企业的税负,但两者的方式和目的有所不同。税收筹划是在合法税法的框架下进行的系统规划,企业通过合理选择税务方案来优化税负,而避税则是通过规避法规漏洞或不完善的条款来达到减少税款的目的,具有短期性和风险性。税收筹划关注的是企业长远的发展和综合利益,而避税则侧重于当前经济利益的最大化。

税收筹划有助于企业在合法合规的前提下优化税务安排,提升经济效益,在市场竞争中获得更多的优势。税收作为国家对企业经济成果的无偿占有,缴纳的税款减少了企业的财务资源,因此,通过税收筹划,企业可以更好地管理财务,减少不必要的资金流出,从而提高市场竞争力并促进长期发展。

（二）税收筹划得以实现的前提条件

税收筹划的实施离不开一系列前提条件,主要包括税收政策的灵活性与企业发展战略的合理性。具体来说,以下是两个主要的前提条件。

1. 税收政策的支持与调整

随着全球经济一体化进程的加快,各国纷纷调整税收政策,以吸引资本、技术及其他资源的流入。税收政策在不同的国家和地区可能存在差异,这为企业税收筹划提供了空间。税收筹划方案并不是一成不变的,它会随着国内外经济形势和税收政策的变化而进行调整。因此,企业要定期跟踪税收政策的变化,并根据最新的政策动态及时调整税收筹划方案,以确保筹划方案能够更好地适应企业的发展需求。

在我国,《中华人民共和国行政许可法》的实施使税务部门对纳税人的税务事项审批从事前审批转变为事后检查,这在一定程度上为企业提供了更多的灵活性和空间,允许企业在会计政策和税务处理方面有更多的选择权。这种政策变化为税收筹划提供了更多的可能性,使得企业能够更好地利用税收政策的优势,从而减少税负,提高经济效益。

2. 企业的发展战略

企业在制定发展战略时,需要综合考虑宏观环境和自身的经营情况。宏观环境包括国家的税收政策、市场需求、行业发展趋势等方面。然而,不是所有税收政策都对企业发展有利,某些税收政策可能会对企业经营战略产生不利的影响。例如,不同地区的税收政策差异可能导致税负不均,影响企业在不同地区的投资决策和市场布局。

因此,企业在制定发展战略时,必须通过税收筹划来尽量规避这些不利因素,优化税务结构,降低税务成本,从而使得税收筹划方案能最大限度地支持企业战略的实施。通过有效的税收筹划,企业可以在确保合法合规的前提下,通过合理选择税收政策、税率以及纳税地点等,减轻税收负担,增强竞争力,并促进企业的可持续发展。

(三)税收筹划在财务管理中的应用

税收筹划不仅是税务管理的工具,它还可以有效地嵌入企业的财务管理体系中,帮助企业优化资金运作、降低税负、提升资金使用效率,从而在财务管理中发挥重要的作用。税收筹划的应用能够通过多个方面表现出其对企业财务利益的优化。以下是两种主要的应用形式。

1. 通过延期纳税,实现财务利益

资金的时间价值是财务管理中的一个核心概念,而延期纳税正是实现资金时间价值的重要手段。通过延迟纳税,企业能够将应付税款的支付推迟到未来,从而使得现阶段可以使用更多的资金进行其他经营活动或投资。

延期纳税的具体运作:假设企业在某些经营环节中不立即缴纳税款,而是根据会计政策的选择,分期缴纳。这种安排在不影响长期税负的情况下,通过将税款支付延后,实现了短期内的资金积累。例如,存货成本的确认、折旧的提取方法等会影响税务的支出,但在长期内,企业的税款总额不会有显著变化。通过不同的会计处理方法,企业可以调节每期的税款缴纳时间,从而利用延迟的资金进行再投资或偿债,带来额外的财务利益。

企业还可以在遇到突发的财务困难时,利用延期纳税的政策获取

"无息贷款"。例如,在税务上存在延期缴纳税款的空间时,企业可以在特定情况下要求税务机关允许延期缴纳税款,即使需要支付滞纳金,也能通过延缓税款支付争取到资金流动的时间,缓解企业的短期财务压力。

2. 优化企业税负,实现财务利益

税负优化是税收筹划中另一重要应用领域。企业通过控制和选择合适的税收优惠政策、税务安排,能够降低整体税负,释放财务资源,提升企业的资金运作效率。

税收筹划不局限于对税收优惠政策的选择,还包括对企业整体经营、投资与财务活动的筹划。以融资决策为例,企业通过选择不同的融资渠道(如借款或权益资金)来筹集资金。借款资金与权益资金在成本、风险和权益等方面存在差异,这不仅影响资金成本,也会对企业的税负和现金流产生不同的影响。因此,企业可以通过对融资方式的选择,优化其税负结构。例如,借款利息通常可以作为税前费用列支,从而减轻企业的税负,而权益资金则无法享受类似的税收优惠。通过综合考虑融资渠道的选择,企业可以更好地管理税务支出,提升资金使用效率。

税收筹划在财务管理中的应用主要体现在延期纳税和优化税负两个方面。延期纳税不仅有助于企业缓解短期财务压力,而且能够通过延迟税款支付实现资金的时间价值。而优化税负则通过利用税收优惠政策和合理安排财务活动,帮助企业减少税务支出,提升财务效益。税收筹划的有效实施,能够增强企业的财务灵活性和竞争力,进一步推动企业的持续发展。

(四)税收筹划应注意的问题

首先,税收筹划的目标是实现企业利益的最大化。在实践中,许多人误认为税收筹划仅仅是为了少缴税或降低税负,这种理解存在一定偏差。税负只是衡量财务状况的一个指标,税收筹划是一项中长期的财务决策,必须平衡当期利益与未来发展的需求。单纯的税负低并不意味着对企业最有利,税收筹划需要考虑企业的整体发展战略、财务环境与未来的投资计划,通过合理的财务模型来优化税负配置,确保企业在税务合规的基础上获取最佳的财务收益。

其次,税收筹划的实施充满不确定性。作为一项前期的财务策划活

动,税收筹划依赖于对未来经营和投资活动的预估,但企业所依赖的数据和模型仅仅是基于过去的经验和统计资料来进行预测的,这使得筹划结果具有一定的估算性。此外,经济环境的变化和外部因素的影响也会带来不确定性。因此,在进行税收筹划时,企业需要收集更多的信息,减少外部不确定性产生的影响。制定多个纳税方案,并通过对实施过程中的不断监控与调整,优化税收筹划方案,使其更加科学和灵活。

最后,税收筹划的联动性和经济性也是不可忽视的因素。企业的多个项目决策往往会涉及对不同税种的缴纳,这些税种的影响是相互关联的。税收筹划时,不应单纯地注重某一环节的税负高低,而应从整体的税负角度出发,进行全面的统筹。合理选择涉及较大财务影响且可筹划性较强的税种(如增值税、企业所得税等),同时对其他税种(如房产税、车船税等)进行正确计算和缴纳,确保税收筹划符合经济性的原则。此外,不同行业的企业所涉及的税种不同,企业应根据自身的经营特点,重点对影响较大的税种进行精细筹划,避免对所有税种都进行过度关注,以节省资源和成本。

随着市场经济体制的不断完善,企业面临的内外部竞争压力愈加严峻,财务管理在企业的生存、发展和盈利中起着越来越重要的作用。税收筹划不仅是一种短期的税务优化手段,更是帮助企业增强财务管理能力、提升市场竞争力的长远策略。通过税收筹划,企业可以在合规的基础上,优化财务结构、改善资金使用效率,从而提高企业的整体经济效益。在日益复杂的市场环境中,树立积极的理财意识,科学实施税收筹划,将更有助于企业的持续发展和实现长远利益。

二、基于区块链技术的企业财务管理

(一)区块链技术的概念

区块链技术是一种基于分布式账本的创新型数据存储与传输技术,通过去中心化的结构和加密算法,实现数据的共享、透明、不可篡改和安全性。它的核心特征是"分布式""共识机制"和"不可篡改性",这些特性使得区块链技术在多个领域具有广泛的应用前景,尤其是在金融、供应链管理和数据存储等方面。

（二）区块链技术在企业财务管理中的应用

1. 资金流动与支付管理

（1）实时结算与支付

传统的支付系统通常需要通过银行等中介机构进行清算，过程烦琐且时间长。通过区块链技术，企业可以实现资金的即时结算和支付，特别是在跨境支付中，区块链的去中心化特性能够大幅降低中介费用，缩短交易时间。这种实时结算机制可以确保企业在资金流动方面更加高效，提升资金周转率。

（2）去中介化与降低成本

区块链技术使得企业能够直接进行资金支付和资金流动，避免了银行或第三方支付平台的参与。通过智能合约的执行，企业能够在无须中介的情况下直接完成交易，减少了转账手续费、汇率差异和第三方处理费用，从而显著降低了财务管理成本。

2. 智能合约与自动化财务管理

（1）智能合约的自动执行

智能合约是基于区块链技术的一种自动化执行协议，它能够根据预设的条件自动执行财务操作，如自动支付款项、自动结算、自动记录交易等。在企业财务管理中，智能合约可以用来自动化处理工资支付、供应商付款、税务申报等一系列财务操作，从而降低人工成本、减少人为错误和提高财务流程的效率。

（2）优化财务工作流程

智能合约不仅可以用于支付和结算，还可以用于财务报告和审计。通过智能合约的自执行机制，企业在进行财务报告时，相关的交易和数据记录会被自动记录到区块链上，确保了数据的完整性和透明性。这使得财务报告的生成更加及时、准确且低误差，降低了传统财务管理中手动输入和操作错误产生的风险。

3. 财务数据透明性与可追溯性

（1）提高财务透明度

区块链技术通过其去中心化和公开透明的特性，使得财务数据能够在不需要第三方介入的情况下进行共享。企业的所有财务交易记录都能被实时记录，并且任何一方都可以查询到。这样，企业不仅能够提高内部管理效率，还能提升外部投资者、审计师和监管机构的信任度。

（2）数据追溯与审计

区块链的不可篡改性使得财务数据一旦被录入就不能更改，这为审计工作提供了巨大的便利。在传统财务管理中，审计人员需要依赖大量的纸质记录和文档进行核对，而区块链提供了实时、自动的记录方式，审计人员可以通过区块链平台直接追溯到每一笔交易的详细信息，确保了财务数据的真实性和完整性。

4. 提升资金风险管理与控制

（1）降低财务欺诈风险

区块链基于其不可篡改和全程可追溯的特性，可以有效防止财务数据被篡改和虚假账目的生成。在传统的财务管理中，企业往往面临着人为篡改数据和账目造假的风险，而区块链能够确保所有交易和账目信息一经记录就无法被修改或删除，极大地降低了财务欺诈的发生概率。

（2）实时监控资金流动

区块链技术使得企业可以实时追踪资金的流动。财务管理人员可以在区块链平台上查看所有交易的详细记录，及时发现资金流动中的异常和潜在风险。这样，企业可以在问题发生之前就及时采取措施，从而有效降低财务风险。

（3）智能合约中的风险控制

通过智能合约，企业可以设定特定的条件和规则，以确保资金的使用符合预定目标。这些规则可以包括资金的使用范围、支付条件、账目审核等，智能合约的自动执行确保了资金的使用不会超出规定范围，降低了财务管理中的合规风险和操作风险。

5. 税务管理与合规

（1）自动化税务申报

区块链技术可以帮助企业实现税务的自动化申报和合规管理。基于智能合约和区块链的透明性特点，企业可以自动生成税务报告并提交给税务机关。所有的交易记录、账目和税务信息都可以通过区块链实时更新，以确保税务申报的及时性和准确性，减少人工干预和错误。

（2）税务合规性检查

区块链使得税务机关能够直接访问企业的财务交易记录，从而提高了税务检查的效率和准确性。税务机关可以实时获取企业的财务数据和交易信息，对其进行合规性审查，以确保企业遵守税法规定，并防止税务欺诈和逃税行为。

6. 供应链与财务管理的结合

（1）供应链金融与资金流动

区块链技术可以优化企业的供应链管理，通过实现供应链中各方的资金流动和对交易的实时记录，提升供应链的透明度。通过区块链，供应商、企业和金融机构能够实时共享信息，促进供应链金融的发展。区块链的去中心化和不可篡改性确保了交易数据的真实可靠，从而降低了融资风险。

（2）提高供应链融资效率

通过区块链技术，供应链中的每一笔交易都可以被实时记录并验证，这使得企业能够为其供应商提供更加灵活和高效的融资方式。企业可以通过区块链平台快速获得资金，供应商也能够及时获取应收账款融资，从而提高资金周转效率。

三、"RPA+AI"重构财务流程

在数智化技术蓬勃发展的当下，RPA（机器人流程自动化）与AI的结合正为企业财务流程重构带来全新的契机，助力企业实现财务管理的高效化、智能化变革。

L公司作为行业标杆，在财务流程自动化领域取得了突出的成果。其部署的财务机器人集群规模庞大，累计上线1200个RPA流程，覆盖了85%的标准化业务。这一举措极大地提升了财务工作效率，单月就能处理500万张发票，为企业节省了大量人力成本，每年可降低人力成本4200万元。

在技术架构方面，L公司财务机器人集群结合了OCR（光学字符识别）技术，其识别准确率高达99.3%，能够精准识别各类财务票据和文件中的信息。同时，引入区块链存证技术，确保财务数据的不可篡改，保障了数据的安全性和可信度。通过RPA与AI的深度融合，L公司实现

了财务流程的自动化和智能化升级。在费用报销流程中,机器人可以自动收集、整理和审核报销单据,依据预设规则进行智能判断,快速完成审批流程,大大缩短了报销周期,提升了员工的满意度。在账务处理环节,机器人能够自动完成记账、对账等重复性工作,减少了人工操作带来的错误,提高了财务数据的准确性。

L 公司的实践充分展示了"RPA+AI"技术在重构财务流程方面的巨大潜力。通过模仿人类操作流程,RPA 机器人可以高效处理大量重复性、规律性的财务任务;而 AI 技术则赋予机器人智能分析和决策的能力,使其能够处理更为复杂的财务场景。这种结合不仅提升了财务工作的效率和准确性,还释放了财务人员的时间和精力,使其能够专注于更具价值的财务分析、战略规划等工作,为企业创造更大的价值。其他企业可以借鉴阿里巴巴的成功经验,结合自身实际情况,积极引入"RPA+AI"技术,实现对财务流程的优化和重构,提升企业的财务管理水平和核心竞争力。

综上所述,数智化技术为企业财务管理带来了全方位的变革,从税收筹划到区块链、AI 技术的应用,再到"RPA+AI"对财务流程的重构,企业在财务管理创新的道路上不断探索前行。这些创新不仅提升了企业的财务管理效率和质量,还增强了企业应对市场变化的能力,为企业的可持续发展奠定了坚实的基础。

案例分享

案例一:N 公司 ESG 导向的绿色金融实践

一、背景与挑战

在全球可持续发展的浪潮下,新能源产业成为推动经济绿色转型的关键力量,动力电池作为新能源汽车的核心部件,其生产与应用的可持续性备受关注。2023 年,欧盟《新电池法》正式实施,该法规聚焦电池全生命周期的环境、安全和可持续性问题,其中对碳足迹追溯的要求成为全球动力电池行业面临的重大挑战。

欧盟市场对绿色产品的标准日益严苛,要求企业精准核算并披露电池从原材料开采、生产制造、使用到回收全流程的碳排放数据。这一要求对供应链复杂、涉及众多环节的动力电池行业来说,实施难度极大。N公司作为全球动力电池行业的领军企业,在全球市场中占据重要地位,欧盟市场更是其重要的海外市场之一,因此必须严格遵守相关法规。

从碳排放结构来看,N公司面临着艰巨的减排任务。Scope3碳排放主要涵盖了企业上下游供应链活动产生的间接排放,其在N公司的碳排放总量中占比高达85%。这意味着N公司要满足欧盟碳足迹追溯的要求,就必须深度介入供应链的各个环节,推动供应商进行减排改造。然而,供应链减排并非易事,需要投入大量资金用于技术升级、设备更新和工艺改进。这不仅涉及对供应商的资金支持,还包括企业自身在研发、管理和监督方面的成本增加,进而给N公司的融资成本控制带来巨大的压力。在保证供应链减排效果的同时,维持合理的融资成本,成为N公司在绿色发展道路上必须攻克的难题。

二、创新策略

(一)绿色债券发行创新

N公司积极探索绿色金融工具,发行了首只"碳中和 + 可追溯"双认证债券,规模达50亿元[①]。该债券所募集资金专门用于四川零碳工厂建设,旨在打造一个从原材料采购、生产制造到产品交付全过程实现碳中和的绿色工厂典范。这一项目不仅契合了N公司的可持续发展战略,也为行业提供了零碳生产的实践样本。

该债券获得了标普AA+评级,这一较高评级体现了国际权威评级机构对N公司在绿色金融领域努力的认可。评级的获得得益于N公司在可持续发展方面的长期投入、强大的技术实力与完善的风险管理体系,这大大增强了投资者对该债券的信心。

---

① 数据来源:中国人民银行2023年绿色金融报告

为了提高债券的透明度和可信度，N公司在债券条款中创新性地嵌入区块链溯源技术。区块链具有去中心化、不可篡改、可追溯的特性，通过这一技术，投资者能够实时追踪资金流向，清楚了解每一笔资金在四川零碳工厂建设中的具体用途，包括设备采购、技术研发、能源改造等方面的支出。投资者还可以实时监测工厂的减排成效，如能源消耗数据、碳排放减少量等。这种透明化的资金使用和减排成果展示，增强了投资者对项目的信任，也为绿色金融产品的设计和发行提供了新的思路。

（二）供应链碳会计体系

N公司自主研发了"电池护照"系统。该系统利用物联网、大数据和AI等先进技术，实现了对从锂矿开采到电池回收全周期碳排放数据的精确采集。根据国际清洁交通委员会2024年评估报告，其数据精度高达93%[①]。通过"电池护照"系统，N公司能够详细掌握每一块电池在各个环节的碳排放情况，为企业制定精准的减排策略提供了有力的数据支持。例如，通过分析数据发现某一供应商在锂矿开采环节的碳排放较高，N公司可以与供应商合作，共同探索更环保的开采技术或优化开采流程，以降低碳排放。

N公司建立了供应商碳积分奖惩机制，将供应商的碳排放表现与合作紧密挂钩。根据供应商在碳排放控制、绿色技术应用、能源效率提升等方面的实际表现，给予相应的碳积分。对于碳积分较高的供应商，N公司在订单分配、合作期限、货款结算等方面给予优惠待遇，如增加订单量、延长合作期限、缩短货款结算周期等；对于碳积分较低的供应商，N公司要求其制订详细的减排计划，并提供技术和资金支持，帮助其改进。若供应商长期不达标，N公司则会减少与其合作。在这一机制的激励下，2023年N公司供应链整体碳强度下降了19%，有效推动了整个供应链的绿色转型。

---

① 数据来源：国际清洁交通委员会2024年评估报告

三、实施成果

绿色债券的发行让 N 公司获得了明显的融资成本优势。绿色债券利率较普通债券低 1.2 个百分点。以 50 亿元的债券规模计算,每年可节省利息支出 6000 万元。这些节省下来的资金可以进一步投入供应链减排项目、绿色技术研发与企业的可持续发展战略中,形成绿色金融与可持续发展的良性循环。

N 公司在绿色金融和供应链减排方面的努力,显著提升了其在欧洲市场的竞争力。欧洲客户订单增长了 37% 这主要得益于 N 公司满足了欧盟碳关税合规要求,为欧洲客户提供了符合法规标准的绿色动力电池产品。随着欧洲市场对绿色产品的需求不断增加,N 公司凭借其在可持续发展方面的优势,成功扩大了市场份额,巩固了其在全球动力电池市场的领先地位。

N 公司在 ESG 导向的绿色金融实践方面的突出表现,得到了国际社会的广泛认可。并入选联合国全球契约组织《2024 可持续金融最佳实践案例集》,这一荣誉不仅提升了 N 公司的品牌形象和国际影响力,还为全球企业在可持续金融领域提供了宝贵的借鉴经验。N 公司成为行业标杆,激励着更多企业将 ESG 理念融入企业战略和运营中,推动全球可持续发展事业的进步。

N 公司通过绿色债券发行创新和供应链碳会计体系建设,成功应对了欧盟《新电池法》带来的挑战,在供应链减排和融资成本控制之间实现了平衡。其 ESG 导向的绿色金融实践为企业创造了经济价值和社会价值,也为动力电池行业乃至其他行业的可持续发展提供了可复制的模式和宝贵经验。

案例二:L 公司"RPA+AI"财务机器人集群——数字化转型驱动财务变革

一、背景与挑战

在数字经济蓬勃发展的时代,L 公司作为全球知名的互联网企业,业务规模呈爆发式增长态势。其电商平台、金融科技、云计算等多元化业务的协同发展,产生了海量的交易数据。在财务管理领域,L公司每天要处理超过200万笔的交易结算和300万张发票,如此庞大的数据体量给传统财务工作模式带来了巨大的挑战。

随着业务量的持续攀升,传统财务团队的人力成本急剧增加,年均增长率达到15%。一方面,企业需要不断招聘新员工来应对日益增长的工作量,但招聘和培训新员工的成本高昂;另一方面,过多的人力投入也增加了管理难度和运营成本。传统财务处理方式的差错率高达0.7%。在海量数据处理过程中,人工操作难免出现失误,如数据录入错误、账目核对不准确等,这些错误不仅影响财务数据的准确性,还可能导致财务风险,给企业带来潜在的经济损失。在追求高效、精准的现代财务管理要求下,L公司迫切需要创新财务管理模式,引入先进技术提升财务处理效率和质量,降低成本与风险。

二、创新策略

(一)全链路自动化部署

L公司大规模部署RPA流程,实现了财务流程的深度自动化。在应收应付自动对账方面,以往依靠人工进行的烦琐对账工作需要耗费大量时间,处理时效长达8小时。而引入RPA流程后,机器人能够按照预设的规则自动匹配应收应付数据,处理时效大幅缩短至15分钟,单流程效率提升了32倍。这不仅极大地提高了对账工作的效率,还减少了人工对账可能出现的疏漏,确保了财务数据的准确性和及时性。

在税务申报方面,RPA流程实现了18省增值税的一键申报。机器人可以自动收集、整理和填写税务申报所需的数据,按照各地税务机关的要求生成合规的申报文件并提交。这一自动化流程的准确率高达99.5%,有效避免了人工申报可能出现的错误,降低了企业的税务风险,也节省了大量的时间和人力成本。

L公司结合AI技术,为财务机器人集群增添了智能"大脑"。在智能审单方面,利用计算机视觉(CV)和自然语言处理技术,机器人能够快速识别合同中的关键条款,如交易金额、付款方式、交货期限等,并通过预先设定的风险模型进行风险评估。根据阿里达摩院技术白皮书数据,其风险提示准确率达到91%,能够帮助财务人员及时发现潜在的合同风险,并提前采取应对措施,保障企业的合法权益。

为了更精准地进行资金管理,L公司采用LSTM(长短期记忆网络)模型进行现金流预测。该模型能够对历史数据进行深度分析,结合市场动态、业务趋势等多维度信息,预测未来的现金流情况。其预测误差率小于2%,为企业的资金调度提供了可靠的依据。企业可以根据预测结果提前规划资金使用,合理安排投资和融资活动,确保资金链的稳定,提高资金使用效率。

（二）组织架构变革

为了更好地推动RPA和AI技术在财务管理中的应用,L公司成立了"财务智能实验室"。该实验室专注于对财务智能化技术的研发和应用,致力于培养既懂RPA开发又懂财务分析的复合型人才。目前,已培养了200名这样的专业人才,他们能够将技术与财务业务深度融合,根据企业的实际需求开发和优化财务机器人流程,同时利用数据分析为财务管理提供决策支持。

为了确保1200个自动化流程的高效运行,L公司建立了机器人效能看板。通过这一看板,财务管理人员可以实时监控每个自动化流程的运行状态、处理效率、错误率等关键指标。一旦某个流程出现异常,系统就会及时发出预警,以便技术人员和财务人员迅速采取措施进行修复和优化。这种实时监控机制保证了财务机器人集群的稳定运行,提高了财务管理的整体效率。

三、实施成果

通过"RPA+AI"财务机器人集群的应用和组织架构变革,L公司在成本控制方面取得了显著成效。根据德勤《2024全球财务机器人ROI调研》数据,L公司每年节约财务运营成本4.2亿元,人力投入减少65%。这主要得益于自动化流程对人力的替代,以及工作效率的大幅提升。节约下来的成本可以投入企业的核心业务创新和发展中,从而增强企业的竞争力。

财务机器人的精准处理使得财务工作质量得到了质的提升。差错率从原来的0.7%降至0.05%,审计调整事项减少了82%。准确的财务数据为企业决策提供了可靠的支持,降低了财务风险,提升了企业内部管理的精细化水平。高质量的财务数据也增强了投资者和合作伙伴对 L 公司的信心,有助于企业在资本市场和商业合作中获得更多机会。

L 公司将自身在财务智能化领域的成功经验转化为"SaaS(软件即服务)"服务产品——"阿里财务大脑"。该服务已为 1500 家企业提供了财务智能化解决方案,帮助这些企业实现财务流程自动化、智能化升级。通过技术输出,L 公司不仅拓展了业务领域,还推动了整个行业的数字化转型,提升了行业的财务管理水平。

L 公司"RPA+AI"财务机器人集群的实践,为企业在数字化时代的财务管理变革提供了成功范例。通过全链路自动化部署、组织架构变革等创新策略,有效应对了业务增长带来的挑战,实现了成本降低、质量提升和技术输出的多重目标,为其他企业在财务管理数字化转型方面提供了宝贵的借鉴经验。

第七章　企业人力资源管理创新

第一节　人力资源管理的内涵及现状

一、企业人力资源管理的内涵

企业人力资源管理,是围绕"人"展开的一系列系统性管理活动。它运用多种方法和实践,吸引、开发、激励并保留符合企业战略目标的人才,旨在有效利用和优化配置人力资源,提升个人与企业的共同价值,进而提高企业绩效,助力组织目标的实现。

二、企业人力资源管理的特征

(一)战略性

在现代企业中,人力资源管理(HRM)不再局限于事务性工作,而是上升到战略高度,成为企业实现长期目标的关键一环。企业通过将人力资源战略与总体战略有机结合,依据自身发展需求制订精准的人才规划,开展科学的招聘、系统的培训与合理的绩效管理等工作。以苹果公司为例,为了保持在全球科技领域的领先地位,其人力资源管理紧紧围绕产品创新战略,积极招募全球顶尖的技术人才和设计人才,并为他们提供专业的发展路径和广阔的创新空间,从而有力地推动了企业的持续发展。

（二）系统性

人力资源管理涵盖了从员工招聘、入职到离职的全流程,包括岗位分析、人才选拔、培训开发、绩效考核、薪酬设计、职业发展规划与劳动关系管理等多个模块。这些模块相互关联、相互影响,共同构成一个完整的管理系统。例如,精准的岗位分析能够为人才选拔提供明确的标准,而科学的绩效考核结果又能为薪酬设计和培训开发提供有力的依据。

（三）人本性

"以人为本"是企业人力资源管理的核心原则。这意味着企业将员工视为宝贵的资源,而非单纯的成本要素。在实际管理中,企业注重员工的需求,挖掘员工的个体潜能,支持员工的长期职业发展。比如,谷歌公司为员工提供丰富的福利和多元化的职业发展渠道,如免费的餐饮、医疗保健、育儿福利,以及内部培训、导师辅导等,极大地提升了员工的归属感,调动了员工的工作积极性。

（四）动态性

外部市场环境的快速变化(如技术升级、行业竞争加剧和政策调整)与企业内部需求的变化,使得人力资源管理必须具备动态性。例如,当企业进行业务转型或组织结构调整时,人力资源管理需要迅速调整招聘策略、重新设计岗位和职能分布,以确保人力资源能匹配到新的业务需求。这种灵活性和适应性,保障了企业在变化中依然能够高效运作,保持竞争力。

（五）规范性

人力资源管理的实践需严格遵守相关法律法规和政策要求,如《中华人民共和国劳动法》《中华人民共和国劳动合同法》等,同时在制度设计中体现公平和公正。通过建立合规的人力资源管理体系,企业既能保护员工权益，又能有效规避劳动争议风险。例如，在薪酬设计和绩效考核中，企业需要确保透明性和客观性，为员工营造公平的竞争环境，维护内部的和谐关系。规范性不仅是企业合法经营的基础，也是树立良好企业形象的重要保障。

（六）激励性

激励是人力资源管理的重要特征之一，其核心在于通过多元化的激励手段提高员工的积极性和创造力。激励的形式可以是物质上的，如奖金、加薪和福利，也可以是精神上的，如表彰、荣誉称号和职业发展机会。科学的激励机制能够让员工感受到其价值被认可，进而增强其对企业的忠诚度。例如，许多企业通过绩效奖金和股权激励的结合，既激发了员工的短期动力，又鼓励员工关注企业的长期成功。

（七）灵活性

随着社会的发展，灵活就业已成为一种重要的就业趋势，对传统人力资源管理模式提出了新的挑战。灵活就业的兴起反映了劳动力市场多元化的发展方向和劳动关系的日益复杂化。据统计，2024 年全球全职远程工作者达 4.2 亿人，较 2020 年增长 220%[①]，这一变化使得企业的工作模式和管理方式面临重大调整。

在此背景下，人力资源管理需要与时俱进，适应灵活就业的特点和需求。企业应开发更具弹性的绩效管理体系、薪酬福利方案与技能发展计划，以满足灵活用工的多样化需求。同时，要高度关注灵活就业者的权益保障，确保他们在劳动关系中享有公平的待遇，包括合同透明度、社会保险覆盖率与工作稳定性等方面。

然而，灵活就业模式在实践中也暴露出一些问题，如用工风险的不确定性、劳动者权益保障的难题以及相关政策法规的不完善等。这些问题需要政策制定者、企业和劳动者共同努力，通过完善法律法规、优化管理实践与提升劳动者自身能力素养等方式加以解决。

---

① 数据来源：世界银行数据

三、企业人力资源管理面临的若干挑战

（一）全球化带来的挑战

全球化的进程给企业带来了显著的收益，同时也带来了诸多挑战。全球化意味着企业将销售、所有权与制造活动扩展至海外新市场。这种趋势推动了国际贸易的发展，增加了跨国公司之间的竞争。全球化使得企业面对更激烈的市场竞争，不仅要求他们降低成本，提高生产率，还要寻找更高效、更低成本的工作方法。例如，许多跨国公司通过将工作外包到低成本地区来削减费用。

随着全球化的发展，公司资本结构的变化与政府管制的放松同样推动了经济的转型。自20世纪60年代以来，许多企业为了实现更高效的运营，逐渐调整了自己的资本结构，并根据市场需求做出战略调整。同时，政府也放松了一些管制措施，以增强跨国公司在全球市场的竞争力。

（二）技术进步带来的挑战

互联网技术的普及使得企业能在全球范围内建立销售网络并与全球的物流中心紧密连接。随着技术的不断发展，企业的工作方式和竞争策略发生了改变。企业必须及时调整其战略以应对技术变革的挑战，而人力资源部门也必须跟上这些变化，确保员工具备必要的技能和知识，以支持公司战略的转型。

技术的影响不局限于改变企业的工作方式，还改变了工作的性质，尤其是技术进步使得工作环境对技能的要求发生了转变。例如，现代蓝领工人需要掌握高技术设备的操作，而许多传统的人工操作已经被自动化机器取代。中国也面临着类似的挑战，尤其是在提升智力型员工的工作效率方面，如何通过技术来优化人力资源配置是亟待解决的问题。随着服务型和知识型岗位的增多，劳动力市场也在发生深刻的转型。

（三）人口结构变化带来的挑战

近年来，全球人口结构发生了显著变化，这对企业人力资源管理产

生了多方面的影响。首先,年轻一代员工的工作价值观与以往有很大不同,许多年轻人更加注重工作与生活的平衡,对家庭的重视程度较高,不再愿意全身心投入工作。

其次,企业面临着劳动力老龄化的问题。随着大量退休人员的涌现,年轻劳动力的供给相对不足,可能导致企业出现人力资源短缺的情况。

此外,兼职、临时工与独立承包商等非传统劳动者的比例逐渐增加,企业需要调整人力资源政策,以适应灵活用工模式的发展。仲量联行《2024 职场空间白皮书》显示,73% 的企业采用"3+2"混合办公模式,每工位成本降低 35%,这一变化对企业的管理方式和员工关系维护提出了新的要求。

随着企业面临的竞争和经济挑战日益加剧,人力资源管理的角色和功能也在不断转变。现代人力资源管理者不再仅仅负责事务性工作,而是深度参与到企业的战略决策中,成为公司内部的咨询顾问和战略合作伙伴。

企业期望人力资源管理者能够敏锐地识别出有助于员工更好地为企业做贡献的变化,并将这些变化制度化,以推动组织的长期发展。同时,新的工作方法要求人力资源管理者具备更广泛的专业技能,熟悉企业的战略规划、财务、市场等领域的知识,能够运用财务指标和可衡量的方式来评估人力资源活动的效果。

由于高层管理者逐渐认识到人力资源在实现企业战略目标中的关键作用,人力资源管理者在组织中的地位和薪酬水平也在逐步提高。

第二节　人力资源基本战略管理模式与实施

一、企业人力资源战略管理的模式

(一)竞争型人力资源战略管理

竞争型人力资源战略管理是最为基础且普遍应用的一种模式,其核心特点在于通过科学分析企业外部与内部环境的变化,评估人力资源的优势与劣势,从而有效识别并应对战略管理中的不稳定因素。简言之,竞争型人力资源战略管理将企业的经营竞争力作为人力资源战略的核心目标,并将此目标融入人力资源管理的各项活动中,形成能够提升企业市场竞争力的战略决策,最终通过现有的人力资源管理体系予以落实。

(二)服务型人力资源战略管理

服务型人力资源战略管理模式强调人力资源管理(HRM)在企业战略实施中的保障作用,如作为企业组织优势发挥的基础,以及企业文化建设和适应性的源泉。该模式的特征在于高度重视人力资源管理对组织战略和经营战略的影响,力图通过这一管理模式充分发挥人力资源管理对企业灵活性和适应性的促进作用。通过重组人力资源功能与将人力资源开发与管理的战略整合,企业能够更有效地支持战略目标的实现。

(三)投资型人力资源战略管理

投资型人力资源战略管理是一种利用财务与金融分析方法最大化评估与管理人力资源价值的战略模式。在这一模式下,企业需对人力资源的投资进行专门的立项与审查,采用诸如成本—收益分析、现金流量分析等方法进行规划与控制,从而确保人力资本投资的合理性和效果。通过对投资成本与收益的科学分析,企业能够制订切实可行的人力资源战略目标,并设计适当的员工激励机制以确保目标的实现。然而,这一模式的核心挑战在于对投资风险的管理,尤其是决策风险和管理风险。决策风险指的是企业未能达到预期战略目标的可能性,而管理风险则是由管理不善导致的人力资本低效或人才流失。有效的风险管理和科学的决策机制是成功实施投资型人力资源战略的关键。

(四)资源配置型人力资源战略管理

资源配置型人力资源战略管理模式着眼于人力资源作为企业核心能力的基础作用,强调通过优化资源配置以提升企业的长期竞争力。该模式认为,人力资源战略在众多职能战略中处于至关重要的位置,主要作用在于保障企业的生存与发展,同时为持续的竞争优势提供有力的支持。资源配置型战略的成功依赖于企业总体经营战略与人力资源战略目标的高度一致性。通过合理配置人力资源,激发员工的积极性和创造力,企业可以实现资源的最优利用,从而推动组织的可持续发展。该模式通常包含四大核心要素:人力资本储备、员工关系与行为、人力资源管理系统和高绩效工作系统(HPWS),这些要素相互作用,共同推动企业核心竞争力的提升。

（五）目标型人力资源战略管理

目标型人力资源战略管理模式基于目标管理理论,以企业整体经营目标为导向,通过与各项管理目标的战略协调来实现组织目标。在该模式中,企业战略目标的设定需由决策者、管理者与员工共同参与,并特别强调员工对组织目标的贡献。目标型战略管理高度依赖绩效反馈与监控机制,通过对目标实现过程的持续监控与反馈,促进员工绩效的不断改进和目标的实现。然而,该模式也面临若干挑战,尤其是在员工与管理者之间可能因对目标理解的差异而导致冲突。此外,员工在关注目标的同时,往往对实现目标所需的具体行为缺乏明确的认知,因此如何在目标设定过程中避免偏差并确保目标与行为的高度一致是成功实施该模式的关键。

目标型人力资源战略管理可以根据目标实现的形式和评价方法划分为以下几种类型:

①传统模式。以财务指标为基础,通过分解财务会计指标来落实既定目标。该模式主要侧重于短期财务效益,适用于那些以财务绩效为核心指标进行考核的企业。然而,传统模式的局限性在于其未能全面反映员工的工作能力和态度,且在财务与非财务指标的结合上存在操作困难。

②经济增加值(EVA)评价模式。EVA评价模式以股东财富最大化为目标,利用EVA和市场增加值(MVA)来量化企业目标的实现情况。尽管这一模式能够较为准确地衡量企业的价值创造,但由于其过于侧重经营结果,难以揭示影响未来成功的关键驱动因素。此外,EVA和MVA在中国资本市场的应用尚存在信息不完全的问题。

③综合评价模式。以平衡计分卡(BSC)为基础,综合考虑财务和

非财务指标,力图通过战略目标的分解和互动促进企业各部门的协同工作。平衡计分卡作为一种战略性绩效管理工具,在将战略目标与人力资源管理结合方面展现了较大的潜力。它通过设立多层次的目标评价体系,为实现企业的战略目标提供了新的视角和方法。然而,平衡计分卡模式在实施过程中面临着如何平衡各项任务指标的问题,任何单一指标的变化都有可能影响到企业整体的利益。

二、新兴人力资源管理模式

随着时代的发展,一些新兴的人力资源管理模式逐渐兴起,它们为企业的人力资源管理带来了新的思路和方法,同时也对企业的管理能力提出了新的挑战。

(一)智能型人力资源战略管理

在企业人力资源管理领域,传统的依赖人的管理模式存在诸多缺陷,容易导致对人力资源的利用不充分,影响企业的经济效益和正常发展。相比之下,基于 AI 的智能化管理模式具有显著优势。它能够有效解决传统管理模式下的诸多问题,提升企业员工的工作效率,增强企业的竞争力,推动企业的可持续发展。

在现代企业智能化发展的背景下,人力资源管理人员能够将更多时间和精力投入企业人力资源战略规划与企业战略转型等深层次的工作中,充分发挥人力资源管理在企业经营发展中的作用。

例如,利用 VR、AR 等先进技术,可以创造出新颖的工作场景,使员工身临其境地感受复杂抽象的工作内容,实现人力资源培训场景与知识的可视化和趣味性。近年来,我国一些企业已经开始在人力资源培训中引入 AI 技术,利用 AI 挖掘和分配深层次的知识信息,探究知识信息之间的关联性,并以直观生动的方式呈现给员工,同时提供便捷的在线学习链接,有效拓展了人力资源培训的知识深度和广度,为培训强化工作提供了有力的支持。

AI 技术的应用以数据信息为核心,涉及数据信息的形成、采集、分析等关键环节。企业应重视人力资源管理产生的各项数据信息,创建面试简历对比、员工特征画像等应用场景,以促进人力资源管理工作的有序开展。

（二）远程团队管理

随着远程办公的日益普及，远程团队管理成为企业人力资源管理的重要内容。远程团队管理的特点在于团队成员分布在不同地理位置，通过网络技术进行沟通和协作。其优势在于能够突破地域限制，扩大人才招聘范围，降低企业运营成本。然而，远程团队管理也面临着一些挑战，如沟通障碍、协作效率低下、团队凝聚力不足等。

为了实现对远程团队的有效管理，企业可以采取以下策略：一是利用先进的沟通工具，如视频会议软件、即时通信工具等，确保团队成员之间的信息及时传递和沟通顺畅；二是建立明确的工作流程和规范，明确团队成员的职责和任务，提高协作效率；三是定期组织线上团队建设活动，增强团队凝聚力。

（三）零工经济下的人力资源管理

零工经济的发展使得企业的用工模式更加多元化，零工经济下的人力资源管理具有灵活性高、成本可控等的特点。企业可以根据业务需求灵活招聘和使用零工人员，降低人力成本。但这种管理模式也面临着人才稳定性差、管理难度大等挑战。

在零工经济下进行人才招聘和管理，企业需要采取有针对性的策略。在招聘方面，利用在线平台扩大招聘渠道，精准匹配零工人员的技能和岗位需求；在管理方面，建立灵活的绩效考核和激励机制，关注零工人员的工作体验，提高他们的工作积极性和忠诚度。

三、企业人力资源战略管理的实施

（一）人力资源战略的制定和选择

1.人力资源战略的制定

人才是企业发展的基石，保障企业人才的稳定性是确保其长期发展的核心任务。因此,制定人力资源战略以确保企业人才的持续供应,是每一个企业高层管理者在制定整体发展战略时必须优先考虑的问题。这一过程可以从多个方面来理解。首先,人力资源战略能够促进高层领导提前并主动地进行战略性思考,帮助他们更清晰地预见未来的人才需求。其次,人力资源战略能够激发员工的工作热情,鼓励基层管理人员发挥创新能力,并参与到企业发展战略的制定中。再次,它也能发挥中层管理者的作用,增强各层级管理者之间的沟通与合作,提高信息流通的效率,从而为企业的决策提供支持。最后,人力资源战略能够帮助领导层与员工识别组织现状与未来目标之间的差距,为企业战略调整提供依据。

制定企业人力资源战略的流程通常包括四个重要环节:SWOT 分析、战略制定、战略实施与战略评价。

第一,在进行战略制定时,SWOT 分析是一个关键步骤。任何战略的成功都离不开对组织内外部环境的充分了解,人力资源战略亦是如此。通过 SWOT 分析,企业能够识别出内外部环境中的有利因素和不利因素。具体而言,SWOT 分析不仅能帮助企业全面了解当前的人力资源状况,还可以识别出企业在人才管理方面的优势与劣势,以及外部环境中的机会与威胁。这一过程为企业明确合适的战略方向提供了信息支持,并有助于提升人力资源管理的效能。

第二,战略制定是人力资源战略的核心步骤。战略制定是一个需要集体智慧、精心策划的过程。在制定战略之初,必须明确战略目标,确保人力资源目标与企业整体发展目标相一致。人力资源战略的目标不仅要考虑到企业当前的状况,还要充分分析未来的发展趋势与外部环境变化。战略目标一旦确定,企业内部的人力资源结构、开发和管理成本、员工素质与能力、员工士气等方面都会有明确的方向。然而,战略目标不应是静态的,必须具备灵活性,能够根据环境的变化进行适时的调整。因此,战略目标需要是具体、可衡量的,并具备动态适应的能力。

一旦明确战略目标,企业需制定实施这些目标的具体措施。战略的实施需要通过明确的行动计划、规章制度与操作流程来实现。一个成功的人力资源战略应当是一个灵活的框架,它能够与组织内外的各种情况相契合,组织可根据这一框架,制定出极具可操作性和针对性的具体战略措施。

第三,战略的成功不仅依赖于战略的制定,更取决于其实施的有效性。战略实施是将理论转化为实践的关键环节,涉及将既定的战略付诸行动,并确保企业的运营活动沿着设定的战略目标推进。在这一过程中,战略的有效性和可操作性是关键因素。如果战略方案在实施过程中遇到极大困难,或者执行效果不佳,且未能及时调整战略,则战略的实施可能会失败。因此,确保战略实施的有效性是战略管理中的核心环节。在实施过程中,企业需要确保以下两点:一是通过日常的人力资源开发和管理活动,提高员工的满意度和工作绩效,这对于实现战略目标至关重要;二是在组织与个人之间寻求平衡,既要确保组织利益的最大化,也要考虑员工的个人利益。忽视员工利益或过度强调员工利益,都会对战略实施产生不利的影响。

第四,战略评价是人力资源战略制定的最后一个环节。其主要任务是识别战略实施过程中的偏差与不足,找出战略目标与实际情况之间的差距,并在此基础上进行调整优化,以便更符合组织的实际需求。战略评价与战略管理是相辅相成的,没有有效的战略评价,战略管理将缺乏完善的反馈机制,也无法及时修正可能存在的问题。建立合理的战略评价体系,能够为企业的战略管理提供持续改进的动力,形成良性循环,进一步促进战略目标的实现。

通过上述四个环节的系统化操作,企业可以确保人力资源战略的制定与实施更加科学和高效,进而为企业的长远发展奠定坚实的基础。

2. 人力资源战略的选择

人力资源战略的选择必须紧紧围绕企业的经营战略和发展战略,确保两者高度契合,如此才能充分发挥人力资源在企业战略实践中的关键作用。企业应综合考量自身所处的行业特点、市场竞争态势、内部资源与能力等多方面的因素,审慎权衡不同战略模式的利弊,选择最适合的人力资源战略。

例如,处于快速发展且竞争激烈的科技行业企业,可能更倾向于选择竞争型或投资型人力资源战略管理模式,以吸引和留住顶尖技术人才,强化企业的技术创新能力;而一些追求稳定发展、注重内部协作和文化传承的企业,则可能更适合服务型或资源配置型人力资源战略管理模式。

（二）人力资源战略的实施

第一，人力资源战略能否取得预期成效，往往取决于日常管理工作的执行情况。因此，企业必须确保人力资源战略规划中的各项具体任务得以落实，定期对战略计划的执行情况进行检查与监督，及时发现问题并提出改进方案。通过不断提高员工的满意度和改善工作绩效，企业能够有效推进战略目标的实现。

第二，协调组织与员工之间的利益关系是人力资源战略实施中的另一项重要任务。企业的最终目的是获得利润，员工则希望通过工作获得合理的报酬与提升生活质量。在某些情况下，企业的经营目标和员工的个人目标存在一定程度的冲突，员工的薪酬支出是企业的一个重要成本。这就要求，企业在保障组织利益的同时，关注员工的利益，做到利益的平衡与共同增长。如果企业过度强调组织的利益，忽视员工的需求，会导致员工的不满和抵触情绪；如果过度关注员工的个人利益而忽视企业的整体利益，则可能导致成本上升，影响企业的长远发展。因此，在实施人力资源战略时，企业必须合理协调组织和个人利益之间的关系，确保二者在共赢的基础上共同发展。

第三，充分利用企业资源是人力资源战略管理实施中的重要环节。企业的各类资源，包括信息技术工具、员工的潜力、企业文化和价值体系等，都是实施人力资源战略的重要支持力量。通过优化资源的配置和共享，企业可以加强各个系统和经营目标之间的联系，确保人力资源战略与其他业务战略协同发展。例如，信息处理工具和方法的运用可以提高管理效率，员工潜能的开发可以增强企业的整体竞争力，企业文化的应用可以提升员工的认同感和凝聚力，从而推动人力资源战略的有效实施。

综上所述，人力资源战略的实施不仅要求强化日常管理、协调利益关系、有效利用资源，还需要企业在战略实施过程中进行持续优化和调整，以确保企业战略目标的实现和竞争力的持续增强。

第三节 积极组织行为学影响下的人力资源管理创新

一、积极组织行为学的产生

积极组织行为学（POB）起源于 20 世纪 90 年代末，得益于心理学家马丁·塞利格曼（Martin E. P. Seligman）的积极心理学运动。在此之前，传统的组织行为学长期专注于对消极行为的改进，如员工的压力、工作懈怠与工作动机的不足等。塞利格曼及其团队提出，心理学研究不仅应关注人类的负面状态，也应当关注人类的优点与积极性，探索如何利用这些优势使生活更加有意义。

积极组织行为学的产生可以追溯到 1924 年著名的霍桑研究。研究由 Elton Mayo 和 F.J.Roethlisberger 在美国霍桑工厂进行，实验分为照明实验、继电器室实验和绕线室实验。霍桑研究的结果令传统的管理理论遭受到质疑，特别是"霍桑效应"，即工人由于感受到被关注而表现出更高的生产力。这一发现表明，工人的工作动机不仅是金钱，还与社会因素、心理因素如自尊、归属感等紧密相关。基于这一发现，管理者开始认识到员工的情感和社会需求同样影响着工作绩效。

霍桑效应揭示了传统管理理论的不足，特别是那些假设员工是被动、懒惰的个体，认为只需通过金钱奖励便能提高生产力。相反，积极组织行为学强调人类的积极心理特质，认为通过尊重、关心和帮助员工，可以激发员工的积极工作态度，从而提高组织绩效。

积极组织行为学关注的是如何通过开发和应用员工的积极心理能力与人力资源优势，来提升员工的工作绩效。与传统组织行为学侧重改善员工的消极情绪和行为不同，积极组织行为学的目标是利用员工的积极特质，如希望感、韧性、乐观等，促进其成长与发展。

积极组织行为学与积极心理学密切相关，但两者的研究目标和角度有所不同。积极心理学侧重于个体的整体积极心理状态，而积极组织行为学则专注于如何在组织环境中发挥这些积极心理状态，进而提高组织的整体绩效。与传统的组织行为学相比,积极组织行为学更注重于员工的潜能开发,强调心理状态的可发展性,认为员工的心理状态是可以通过特定的措施进行培养和改变的。通过关注员工的心理优势,积极组织行为学不仅能提升员工的个人绩效,还能推动整个组织的绩效增长。

因此,积极组织行为学为传统的组织行为学带来了全新的视角,它不仅强调组织管理的效能,更关注员工的内在动力和心理需求。这一领域的研究表明,组织的成功不仅是通过改善生产力和减少负面行为实现的,更是通过培养员工的积极情绪和心理状态来增强组织的整体表现。

二、积极组织行为学在人力资源管理中的应用

在积极组织行为学中,自我效能感、希望感、乐观主义、韧性和主观幸福感等心理变量不仅在理论研究中占有重要地位,还在实际的人力资源管理中得到了广泛应用。通过合理运用这些积极心理变量,组织能够提升员工的绩效、满足员工的心理需求,最终推动组织的整体发展。

(一)自我效能

具备高自我效能的员工往往对自己的能力充满信心,更有可能在工作中取得卓越的绩效。他们敢于设定高目标,并全力以赴去实现。与之相反,具备低自我效能的员工通常对自身能力缺乏信任,面对困难时容易退缩。例如,在某销售企业中,通过培训提升员工的自我效能感后,员工设定的销售目标平均提升了30%,且实际销售额增长了25%。

在招聘过程中,评估候选人的自我效能水平,有助于更准确地预测其未来的工作表现。值得注意的是,自我效能具有可发展性。组织可以通过设计有效的培训项目,如提供成功案例分享、模拟工作场景练习等,帮助员工提升自我效能感,从而进一步提高其工作绩效。

目标设置是自我效能的重要实践领域。研究表明,自我效能与目标实现之间存在显著的正相关关系。具备高自我效能的员工通常倾向于设定更具挑战性的目标,并在困难面前展现出更强的韧性和创新能力。这种特质不仅推动了个人绩效的提升,也为组织带来了更多具有创造性和持久力的价值输出。

（二）希望

具备高希望水平的员工能够迅速适应新环境和新任务，在工作中积极应对压力与挑战。这种特质有助于减少焦虑和消极情绪，提升员工的工作满意度和忠诚度。例如，在一家新成立的互联网创业公司中，对新入职员工进行希望水平评估，并为希望水平较低的员工提供专门的支持和培训。结果显示，接受培训的员工在面对项目压力时，离职率降低了20%，工作满意度提高了15%。

为了进一步提升员工的希望水平，组织可以采取多种策略，如提供支持性的平台，营造鼓励与关怀的氛围，帮助员工培养积极的归因方式，以及强化其科学思维和解决问题的能力。这些措施不仅有助于增强员工的工作动力，还能够促进团队协作能力的提升，从而为企业创造更高的整体价值。

（三）乐观主义

乐观主义在预测员工绩效方面具有重要价值。乐观主义者倾向于将困难结果归因于外部因素，并认为这些结果是暂时的且可以通过努力改变。这种思维模式使得他们通常拥有较高的自我效能，能够更积极地应对工作中的障碍和挑战，从而实现更高的工作绩效。在某保险公司的销售团队中，在乐观主义评估中得分较高的销售人员，其业绩比得分较低的销售人员平均高出35%。

在人员选拔中，乐观主义是评估候选人潜在能力的关键因素，尤其适用于对抗压力要求较高的岗位，如销售和客户服务。同时，领导者的乐观主义水平也与团队绩效密切相关。乐观的领导者能够激发团队的积极情绪，促使员工以建设性的心态面对问题，并推动组织成功应对变革。

为了发挥乐观主义的优势，企业应注重培养员工和领导者的乐观心态。通过培训和发展计划，帮助员工优化归因方式，引导他们从积极的角度看待工作中的问题和挑战。这不仅能提升个体的抗压能力，还能营造更加积极向上的企业文化氛围。

（四）韧性

韧性作为一种应对压力和困境的心理能力,是员工、管理者和组织面对不确定性时不可或缺的特质。人力资源管理人员可以通过有针对性的策略来提高员工的韧性。这些策略包括通过教育和培训提升员工的资源储备,帮助他们积累能产生积极结果的资产;通过合理的生理和心理保健来减少可能带来的风险因素;以及通过积极的心理训练来增强员工的自我调节能力。研究表明,韧性能够有效提升个体和团队的绩效,尤其是在面临复杂和不确定的工作环境时,韧性显得尤为重要。

（五）主观幸福感

研究表明,主观幸福感不仅能够有效预测员工的工作满意度,还能显著提升员工的工作表现和忠诚度。为了提升员工的主观幸福感,企业可以从改善员工的工作生活质量入手。这包括提供公平合理的薪酬、营造健康安全的工作环境、构建和谐的人际关系、满足员工的社会归属需求,以及为员工提供职业发展机会,助力其成长。合理安排工作与生活的平衡同样有助于增强员工的幸福感,进而提升其工作满意度,履行对组织的承诺。

三、员工心理健康投资回报分析

关注员工的心理健康,对企业而言不仅是人文关怀的体现,更能带来显著的经济效益。

以 G 公司的 Mental Health 2.0 计划为例,G 公司通过一系列创新举措提升员工的心理健康水平。首先,建立即时干预系统,并整合可穿戴设备数据(如 Fitbit 压力指数),一旦检测到员工压力过大等异常情况,便会自动触发心理咨询服务;其次,推出数字疗法平台,提供 AI 认知行为治疗(Woebot),该平台的使用率高达 78%。

G 公司 2023 年内部评估显示,每 1 美元心理健康投入能够产生 4.3 美元的绩效回报。这一数据充分证明,对员工心理健康进行投资,能够有效提升员工的工作效率和工作质量,进而为企业带来更高的绩效。越来越多的企业开始意识到员工心理健康的重要性,并积极探索适合企业自身的心理健康支持方案。

第四节　信息化背景下企业人力资源管理创新

一、信息化背景下企业人力资源管理的创新对策

在信息化的背景下,企业的人力资源管理面临着前所未有的挑战和机遇。为了增强企业的竞争力并更好地适应快速变化的市场环境,企业需要采取一系列创新策略。这些创新策略不仅有助于提升企业的管理效率,还能激发员工的潜力,推动企业的可持续发展。

首先,管理与企业文化的融合是推动人力资源管理创新的核心策略之一。信息化时代要求企业在管理上更加开放和灵活,强化员工的参与感和归属感。华为公司便通过紧密结合员工参与和企业文化的方式,成功推动了创新并调动了员工积极性。华为公司鼓励员工提出创新想法,并通过严格的绩效管理推动员工不断进行自我提升。这种以企业文化为支撑的管理模式不仅激发了员工的创造力,还提升了企业的工作氛围,有效地促进了整体绩效的提升。其他企业可以借鉴这一做法,结合信息化手段,营造更加开放的管理氛围,进一步激发员工在数字化环境下的活力,以推动企业发展。

其次,以人为本的管理理念与灵活的考核体系是适应信息化变革的重要策略。华为公司秉持"以客户为中心、以奋斗者为本"的理念,重视员工的成长与创新能力,并通过独特的考核体系平衡员工发展与企业目标。全方位的反馈和自我认知的提升,帮助员工在不同职业发展路径上发挥自身优势。这种考核体系不仅促进了员工的个人成长,也确保了企业的目标能够顺利完成。企业应当根据这一理念,设计灵活且全面的考核体系,以激发员工的潜力,推动企业的可持续发展。

再次,丰富管理思维与创新手段是信息化背景下人力资源管理的另一创新策略。华为公司通过赋予员工更多的自主权和增强其责任感,推动员工提出创新想法,提升了公司对市场变化的反应能力。通过灵活的

团队结构,如"雨林"与"干涸"团队,华为公司能够在创新与稳定之间保持平衡,确保组织的持续创新能力和高效运作。信息化时代的企业需要借鉴这一经验,积极探索新的管理模式,推动实施更加灵活和创新的人力资源管理策略,以适应数字化时代的挑战。

最后,数据驱动的智能招聘与人才匹配成为提升人力资源管理创新的关键举措。企业可以通过构建大数据平台,运用 AI 技术和机器学习,精准分析候选人的技能、背景和潜力,并进行智能匹配。智能招聘系统不仅提高了招聘决策的科学性和准确性,还能根据员工的特质预测其职业发展方向,帮助员工制订个性化的培训计划。通过这种精确的招聘和人才匹配方式,企业能够提升整体组织的灵活性和创新能力,保持竞争优势。

二、HR SaaS 平台:重构人力资源管理的数字化底座

在数字化转型的浪潮中,人力资源管理领域正经历着深刻的变革,HR SaaS 平台凭借其独特优势成为推动这一变革的关键力量。该平台不仅革新了企业人力资源管理的模式,更在提升管理效率、优化员工体验等方面发挥着重要作用。下面将对 HR SaaS 平台进行全面且深入的剖析。

(一)概念演进与核心价值

HR SaaS(Human Resource Software as a Service)是依托云计算技术构建的人力资源管理平台。它摒弃了传统软件一次性购买和本地部署的模式,采用订阅方式为企业提供涵盖招聘、薪酬、绩效、培训等全流程的人力资源服务。这种模式让企业能够以较低的成本获取专业的人力资源管理工具,实现了数据驱动决策与流程自动化,有效提升了管理效能。

与传统 eHR 系统相比,HR SaaS 平台优势显著。传统 eHR 系统通常需要企业投入大量资金进行本地化部署和后续维护,且系统更新迭代较慢,难以满足企业不断变化的需求。而 HR SaaS 平台基于云计算,企业只需通过互联网即可便捷使用,无须担忧硬件设施和维护问题,同时还能及时享受到最新的功能升级。

从市场发展来看，HR SaaS 平台呈现出蓬勃发展的态势。2023 年，全球 HR SaaS 市场规模达到 346 亿美元，年复合增长率高达 19.2%[①]。在中国，其企业渗透率从 2020 年的 18% 快速攀升至 2023 年的 37%[②]，越来越多的企业开始接纳并运用这一数字化工具来优化人力资源管理。

（二）核心功能模块与技术创新

HR SaaS 平台的核心功能模块借助先进技术实现了深度创新，为企业人力资源管理带来了全新体验。

在招聘管理方面，智能化程度不断提高。以北森 iTalentX 为例，其 AI 简历解析功能可对岗位描述（JD）与简历进行匹配度评分，大幅提升了筛选效率，相较于传统筛选方式效率提升了 80%。SAP Success Factors 集成情绪识别技术的视频面试分析功能，能有效降低面试官的决策偏差，使偏差率降低 43%。数据看板则直观展示了招聘过程中的关键指标，如招聘渠道的有效性、候选人来源分布等，助力企业优化招聘策略。

薪酬与绩效一体化是 HR SaaS 平台的重要特色。Workday 具备强大的实时薪酬计算能力，可支持全球 150 多个国家的个税规则自动适配，计算错误率低于 0.1%，确保了薪酬管理的精准性和合规性。钉钉 OKR 模块通过实现目标对齐度可视化，让部门间协同更加高效，使部门协同效率提升 55%。同时，通过薪酬公平分析，企业能够及时发现并解决薪酬差距问题，提升员工满意度。

学习与发展模块注重个性化服务。Oracle HCM Cloud 构建的技能图谱能动态识别员工技能缺口，推荐课程的匹配度高达 91%。腾讯 HR SaaS 接入 VR 设备开展危险作业模拟培训，显著降低了事故率，降幅达 72%。普华永道的元宇宙新人营借助新技术将完成率从 68% 提升至 94%。SAP Litmos 的 AI 学习助手根据员工情况生成个性化学习路径，使得人均年度培训时长增加 42 小时，有效促进了员工专业技能的提升。

---

① 　数据来源：IDC
② 　数据来源：艾瑞咨询报告数据

（三）市场格局与典型玩家

全球 HR SaaS 市场呈现出三强鼎立的竞争格局,各大巨头凭借技术、资源和市场份额优势占据主导地位。

在中国市场,企业通过差异化竞争脱颖而出。在垂直场景突破方面,薪人薪事专注于中小微企业,推出的 10 人以下团队免费版吸引了超过 80 万名用户。易路则深耕复杂薪酬计算领域,支持 1000 多种津贴规则配置,满足了不同企业的个性化薪酬管理需求。在技术融合创新方面,用友 BIP 集成数字员工,可自动处理 86% 的 HR 事务工单,实现了人力资源管理的智能化。金蝶 s-HR 利用区块链技术存证员工档案,保障了档案的安全性和可审计性,便于企业进行管理和追溯。

（四）企业实践案例

在全球化进程中,2023 年 N 公司海外工厂急速扩张,新增 5 国基地,同时需要满足欧盟 GDPR《通用数据保护条例》、美国 EEOC 平等就业机会委员会等的多重合规要求。为此,N 公司采用 Workday 作为全球人力资源主数据平台,并结合本地化插件,如德国蓝卡签证自动预警系统、印尼宗教节日津贴智能配置等。此外,还搭建了支持 12 种语言的多语言自助服务平台,实现了全球化轮岗申请的自动化审批,提升了员工体验。通过这些举措,海外 HR 运营成本降低 35%,合规风险事件下降 90%[①]。

字节跳动通过 OKR 全链路数字化提升组织效能。其系统具备智能对齐度分析功能,可自动检测部门目标冲突,预警效率提升 6 倍。利用 NLP 分析周报情绪倾向,提前识别离职风险,准确率达到 83%。这些技术应用使得战略目标拆解耗时从 3 周缩短至 3 天,高绩效人才保留率提升至 92%[②]。

---

① 数据来源:宁德时代 2023ESG 报告
② 数据来源:字节跳动《2024 组织效能升级白皮书》

（五）挑战与应对策略

随着 HR SaaS 平台的广泛应用，数据安全与隐私合规成为关键问题。面对欧盟 GDPR 的严格要求，Workday 等厂商提供数据主权专区，如法兰克福独立集群，确保数据存储和处理符合法规要求。在中国，金蝶 s-HR 通过等保三级认证，并实施字段级权限管控，保障数据安全，符合《中华人民共和国信息保护法》的相关规定。

系统集成复杂度也是 HR SaaS 平台面临的挑战之一。北森通过开放 300 多个 API 接口，采用低代码连接器，方便对接主流 ERP/CRM 系统。Informatica Cloud 则利用智能数据管道，实现 HR 与财务数据的实时同步，提高数据流通效率，降低集成难度。

为提升用户体验，各大厂商积极创新。Oracle HCM 推出多语种语音查询的 AI 语音助手，使事务办理时长缩短 65%。SAP SuccessFactors 设计积分勋章体系，运用游戏化设计，将员工系统使用率提升至 89%，增强了员工使用系统的积极性和主动性。

HR SaaS 平台正处于快速发展阶段，尽管面临诸多挑战，但随着技术的持续进步和市场的不断成熟，它将在企业人力资源管理中发挥更为重要的作用，助力企业实现人力资源管理的数字化转型，提升企业核心竞争力。

第五节　企业人力资源管理与企业核心竞争力提升

一、人力资源管理与企业核心竞争力的关系

人力资源管理与企业核心竞争力之间有着深刻的内在联系和相互依赖关系。人力资源管理不仅是企业核心竞争力的关键因素之一，而且在人力资源的开发与利用过程中，直接影响着企业的技术创新、市场反应、生产能力等方面的提升。

人力资源是企业最重要的生产要素，是推动企业各项活动的根本力

量。无论是技术创新、市场营销,还是生产管理,均依赖于人才的能力和素质。例如,企业科技人员的水平决定了技术创新的能力,管理人员的素质决定了组织的反应速度和市场应对能力,而生产工人的能力则直接影响到产品的质量和生产效率。因此,企业的核心竞争力在很大程度上取决于其对人力资源的配置和管理。

企业核心竞争力的培育过程本质上是人力资源管理的过程。这个过程可以分为获取和开发关键技能、整合不同的核心能力与开发市场等几个阶段。在每个阶段,企业都需要通过高效的人力资源管理来获取所需的专业人才,并通过培训和激励机制提高他们的技能和积极性,进而推动企业竞争力的提升。人力资源管理的目标是通过对员工智力和技能的开发,提高员工的工作积极性,确保企业在激烈的市场竞争中占据有利位置。

增强企业核心竞争力是人力资源管理的根本目的之一。通过科学的管理方法,企业不仅能提高员工的专业技能,还能激发其敬业精神和团队合作意识,这对于提升企业的整体竞争力至关重要。企业通过系统的人力资源管理,能够有效地整合各类资源,促进人力资源管理的创新和改进,从而提升企业整体核心竞争力。

人力资源管理与核心竞争力之间的关系也可通过一些理论模型进行解释。例如,黑箱模型认为人力资源管理与企业核心竞争力之间存在着复杂的"黑箱"关系,很多企业虽拥有相似的管理实践,但只有少数能够真正从中获得竞争优势。人力资源管理作为一个中介变量,能够通过影响员工行为、提升管理效率和适应市场变化,最终形成核心竞争力。

环节控制模型强调人力资源管理的各个环节对企业核心竞争力的促进作用。有效的管理不仅仅依赖于人力资源部的工作,整个企业的管理人员,包括高层管理者和各个部门的领导,都应参与到人力资源管理中。通过与企业战略目标的紧密结合,人力资源管理能够确保组织目标的实现,并动态优化资源配置,提升组织的整体效率。

在人力资源管理实践中,尤其是在知识经济时代,知识型员工的比例不断提高,如何有效管理和开发这些人力资源,成为提升企业核心竞争力的关键。企业不仅需要针对外部环境和市场需求进行战略调整,还要通过合理的组织结构、岗位责任制和绩效管理等手段优化人力资源配置,确保每个环节协同工作,形成推动企业发展的强大合力。

二、加强人力资源管理提升企业核心竞争力的策略

（一）绩效管理创新提升企业核心竞争力

绩效管理被认为是提高企业核心竞争力的关键策略之一。为了提升企业的适应能力和竞争能力，绩效管理不仅需要评估员工的工作结果，还应关注行为层面，因为员工的行为对组织绩效的影响更为深远。一个有效的绩效管理体系包括明确的绩效目标设定、业绩辅导、绩效档案记录、绩效考评和体系的诊断与提高。建立客观公正的绩效管理体系，能够有效地激励员工提高工作绩效，从而推动企业实现战略目标，增强核心竞争力。

（二）建立学习型组织提升企业核心竞争力

学习型组织的核心理念强调组织内部持续地学习与知识创新，以适应快速变化的外部环境。彼得·圣吉提出的"五项修炼"理论为学习型组织的构建提供了理论基础。学习型组织具备自主管理、强大的自我学习能力和灵活应变的能力，这使得企业能够持续创新并提高其市场竞争力。通过创建学习型组织，企业能够在快速变化的环境中提升员工的综合素质，进而提升企业的整体竞争力。

（三）加强企业文化建设提升企业核心竞争力

企业文化是支撑企业核心竞争力的隐性力量。拥有独特企业文化的公司能够形成独特的竞争优势，这种文化不仅体现在技术和制度层面，还反映在员工的行为和管理层的价值观上。加强企业文化建设，特别是在精神文化、行为文化和物质文化方面的培育，能够增强员工的凝聚力和执行力，从而提升企业的市场表现和竞争力。

（四）推动技术创新提升企业核心竞争力

技术创新被认为是企业保持长期竞争力的重要因素。企业应加大

对技术创新的投资,创建学习型的企业环境,鼓励员工持续创新。通过技术创新,企业能够提升生产效率、降低成本,甚至开拓新市场,确保在激烈的全球竞争中占据领先地位。技术创新与人力资源管理相辅相成,企业只有在管理层重视技术创新,并为员工提供创新支持时,才能持续保持技术优势。

综上所述,通过绩效管理创新、建立学习型组织、加强企业文化建设和推动技术创新,企业能够有效地提升其核心竞争力,应对不断变化的市场挑战。

三、Z世代员工管理范式重构

随着Z世代逐渐成为职场的主力军,他们独特的价值观和工作诉求对传统的企业管理模式提出了新的挑战,企业需要重构管理范式以更好地吸引、激励和留住这一群体(见表7-1)。

表7-1 2024年Z世代员工核心诉求与企业响应措施

核心诉求	具体表现	企业响应措施
工作灵活性与自主权	要求混合办公(远程＋线下);弹性工时,拒绝"坐班打卡";重视结果而非时间投入	推行"4天工作制"试点;允许50%以上时间远程办公;部署协作工具(如飞书、Notion)优化流程
职业成长与技能增值	需要清晰的晋升路径;持续学习资源(如在线课程);跨部门轮岗与创新项目机会	AI分析技能缺口,定制学习计划(如Coursera企业账号);设立创新基金,支持员工主导孵化项目
价值观驱动的职场文化	关注企业ESG实践(环保、公益);追求多元包容(性别平等、LGBTQ+友好);抵制形式化"狼性文化"	定期发布ESG进展数据,员工参与决策;建立兴趣社群(如环保小组);推行扁平化管理,增强心理安全感
即时反馈与透明沟通	要求扁平化沟通与实时反馈;薪酬、晋升规则透明化	使用OKR工具(如Tita)进行每周目标对齐;公开岗位薪资区间和绩效算法
科技适配与效率工具	依赖数字化工具提升效率;对元宇宙、Web3.0等技术感兴趣	试点元宇宙虚拟办公室(如Microsoft Mesh);部署AI助手(如生成式AI简化财务/HR流程)

续表

核心诉求	具体表现	企业响应措施
心理健康与生活平衡	需要心理咨询与压力管理支持；拒绝无偿加班，要求灵活假期	提供免费 EAP 服务和冥想 App 会员；允许年假拆分"小时制"或兑换旅行津贴

　　辛企业试点了"EPIC 工作法"，将游戏化元素融入工作任务系统。通过设置明确的任务目标、即时反馈机制和奖励体系，员工在完成工作任务时仿佛置身于游戏情境中，任务完成速度提升了 40%。这种方式极大地激发了 Z 世代员工的工作积极性和创造力，让他们在工作中获得了更多的成就感和乐趣。

　　GitLab 采用 DAO 式架构进行管理创新。在这种架构下，项目决策不再由少数管理者主导，而是由全体成员共同参与，通过智能合约和社区治理规则确保决策的公平性和透明度。这一架构使项目决策效率提升了 3 倍，充分发挥了 Z 世代员工自主管理和协作的能力，满足了他们对工作自主性和参与感的追求。

　　企业只有深入了解 Z 世代员工的特点和需求，积极创新管理方式，才能更好地发挥他们的优势，为企业发展注入新的活力。

第六节　企业人力资源管理的未来趋势：科技与理念驱动的变革

　　在快速变化的时代背景下，企业人力资源管理正经历着前所未有的变革。生成式 AI 的崛起、数字员工的普及与 ESG 理念的深度融入，正从多个维度重塑人力资源管理的模式和内涵，深刻影响着企业的运营和发展。

一、生成式 AI 深度嵌入 HR 服务

　　生成式 AI 技术的飞速发展为 HR 服务带来了革命性的变化，显著

提升了工作效率和服务质量。在文档处理环节，GPT-4展现出强大的能力，能够依据丰富的法律知识、企业过往合同数据以及各类法规政策要求，快速生成高质量的劳动合同初稿。这一创新应用极大地缩短了合同起草周期，使法务部门的审核时间减少80%。以往，起草劳动合同需要HR人员耗费大量的时间和精力，如今借助GPT-4，不仅效率大幅提高，而且合同的规范性和准确性也得到了有效保障，降低了潜在的法律风险。

智能问答助手的出现，为员工获取HR政策信息提供了极大的便利。Chat GPT集成企业专属知识库后，能够快速、准确地解答90%的HR政策咨询。无论是薪资福利、休假制度，还是职业发展规划等方面的问题，员工都能在第一时间得到清晰、准确的答复。这不仅减轻了HR部门的工作负担，使其能够将更多精力投入战略性工作中，还提升了员工的满意度和工作积极性，增强了员工对企业的归属感和认同感。

二、数字员工推动HR流程革新

数字员工的广泛应用，正逐步改变着HR工作的运作模式。德勤在这方面走在了前列，已部署600多个数字员工，这些数字员工具备高度的自动化和智能化能力，能够精准、高效地处理简历筛选、考勤核对等重复性较高、规律性较强的任务。通过对数字员工的应用，HR流程的效率得到了大幅提升，人为错误明显减少，招聘流程得以加速，考勤管理更加规范化，让HR团队能够将更多精力集中在人才评估、员工关系维护等更具价值的工作上，为企业提供更具前瞻性的人力资源解决方案。

丁企业Watson HR助手的应用，实现了人力资源服务的全天候在线支持。它全年无休地处理全球员工的各类查询，打破了时间和空间的限制，确保员工的问题能够得到及时响应和解决。无论员工身处世界何地，在任何时间遇到与人力资源相关的问题，都可以通过丁企业Watson HR助手获得帮助。这一服务模式不仅提升了员工体验，还有助于增强企业在全球范围内的凝聚力和竞争力，为企业的全球化发展提供有力的支持。

三、ESG深度融入人力资源管理体系

ESG理念已逐渐成为企业可持续发展的核心要素，对人力资源管理产生了深远影响。在环境（E）层面，Workday新增的员工通勤碳排放

计算模块,开启了企业对员工通勤环节碳排放的量化管理。该模块通过收集员工的通勤方式、通勤距离等数据,精确计算出每位员工的通勤碳排放量。企业可以基于这些数据,制定有针对性的节能减排措施,如鼓励员工采用公共交通、拼车或绿色出行方式,或者为选择绿色通勤的员工提供一定的奖励和福利,从而推动企业向绿色办公转型,降低碳排放,为应对气候变化贡献力量。

在社会(S)和公司治理(G)维度,多元化和包容性成为企业人力资源管理的重要关注点。SAP SuccessFactors 通过实时监测管理层性别比例偏差,为企业提供及时、准确的数据反馈。企业可以根据这些数据,制定和实施促进性别平等的策略,如优化招聘流程,确保不同性别候选人拥有平等的机会;开展有针对性的培训和发展项目,提升女性员工的领导力和职业技能;建立公平的晋升机制,消除性别歧视,为员工提供公平的职业发展环境。通过这些举措,企业能够营造更加包容和多元化的企业文化氛围,提升员工的满意度和忠诚度,增强企业的创新能力和市场竞争力。

企业人力资源管理的未来将在生成式 AI、数字员工与 ESG 理念的共同作用下,呈现出更加智能化、高效化和可持续的发展趋势。企业需要积极拥抱这些变化,充分利用新技术、新理念,优化人力资源管理策略,以适应不断变化的市场环境,实现企业的长期稳定发展。

案例分享

案例一:G 公司 Mental Health 2.0 计划——积极组织行为学的成功实践

一、背景与挑战

在全球科技产业迅猛发展的浪潮中,G 公司凭借其创新的技术和广阔的业务版图,成为行业的领军者。然而,随着业务的不断拓展和市场竞争的日益激烈,G 公司员工面临的工作压力与日俱增,心理健康问题逐渐凸显。

G 公司的业务范围覆盖搜索引擎、AI、云计算、广告技术等多个前沿领域,员工需要持续学习新知识、攻克复杂的技术难题,还要在快速迭代的项目周期中保持高效产出。长期处于这种高强度、高要求的工作环境,员工极易产生心理压力。根据行业研究数据,在科技行业,超 70%的员工表示工作压力对其身心健康产生了负面影响,而 A 公司内部调查也发现,近 60% 的员工曾在过去一年中感到过工作压力带来的焦虑和疲惫。

过大的压力对员工的工作表现和企业的发展产生了诸多不利影响。在工作效率方面,压力使员工难以集中注意力,决策速度降低,错误率上升,导致整体工作效率下降 15% ~ 20%。创新是科技企业的核心竞争力,而高压环境下员工的创新思维受到抑制,创新项目的推进速度放缓,创新性成果的数量和质量也有所下滑。此外,员工因无法承受工作压力而选择离职的情况越发频繁,G 公司的离职率在部分部门一度达到12%,这不仅增加了企业的招聘和培训成本,还对团队的稳定性和项目的连续性造成了冲击。如何通过有效的人力资源管理手段提升员工心理健康水平,缓解工作压力,成为 A 公司亟待解决的重要问题。

二、解决方案

为应对员工心理健康挑战,G 公司推出了"Mental Health 2.0 计划",该计划深度融合积极组织行为学理论与前沿技术,从多个维度构建了全面的心理健康支持体系。

(一)即时干预系统

借助可穿戴设备(如 Fitbit)的强大功能,实时收集员工的生理数据,如心率变异性、睡眠时长和质量、活动量等。通过算法将这些数据转化为压力指数,设定压力阈值,一旦员工的压力指数超过正常范围,系统就会自动触发心理咨询服务。咨询服务涵盖线上视频咨询和线下一对一咨询两种模式,由专业心理咨询师提供个性化的心理疏导,帮助员工缓解压力、调整心态。

（二）数字疗法平台

引入 AI 认知行为治疗工具"Woebot"，为员工提供 7×24 小时不间断的心理支持。"Woebot"运用自然语言处理技术与员工进行对话，通过引导员工识别负面思维模式、改变不合理信念，来缓解焦虑、抑郁等不良情绪。它还能根据员工的情绪状态和对话内容，提供有针对性的心理训练和放松练习，如深呼吸训练、正念冥想练习等，帮助员工提升情绪管理能力。

（三）心理健康培训

利用 VR 技术打造沉浸式培训场景，模拟如重要产品发布前的紧张筹备、关键技术难题的攻关等高压工作场景。在模拟过程中，专业培训师指导员工运用积极的应对策略，如情绪调节技巧、时间管理方法和问题解决技能等。培训结束后，员工之间进行经验分享和交流，共同探讨应对压力的有效方式，强化培训效果。

三、实施过程

（一）前期准备与技术整合

G 公司成立了由人力资源专家、心理学家、技术工程师组成的专项团队，负责"Mental Health 2.0 计划"的设计与实施。团队对市场上的可穿戴设备进行评估筛选，最终选定与 Fitbit 合作，将其数据监测功能与 G 公司内部系统进行整合，确保压力数据的准确收集和及时传输。同时，与"Woebot"的研发团队紧密合作，对其进行定制化开发，使其更符合 G 公司员工的工作场景和心理需求。在 VR 心理健康培训方面，团队联合专业的 VR 内容制作公司，根据 G 公司员工常见的工作压力场景，开发出一系列高质量的培训课程。

（二）员工宣传与培训推广

在计划正式推行前，通过内部邮件、全员大会、办公区海报等多种渠道，向员工详细介绍"Mental Health 2.0 计划"的内容、目的和意义，消除员工对心理健康干预措施的顾虑和误解。组织多场线上线下培训活动，帮助员工了解如何使用即时干预系统、数字疗法平台和参与 VR 心理健康培训，确保员工能够熟练运用这些工具和资源。

（三）计划执行与持续优化

在计划实施过程中，设立专门的项目管理小组，定期收集员工使用各项心理健康服务的反馈数据，分析系统运行中出现的问题。根据反馈，对即时干预系统的压力监测算法进行优化，提高检测的准确性；丰富"Woebot"的对话内容和心理训练模块，提升其交互性和实用性；更新 VR 心理健康培训课程，使其更贴合员工实际工作需求。同时，加强对心理咨询师和培训师的专业培训，提升服务质量。

四、结果评价

经过一段时间的实施，G 公司对"Mental Health 2.0 计划"进行了全面深入的评估，结果显示该计划取得了显著成效。

（一）财务回报显著

2023 年 G 公司内部评估表明，每投入 1 美元在心理健康项目上，能够产生 4.3 美元的绩效回报。这主要体现在员工工作效率提升带来的产出增加、离职率降低节省的招聘和培训成本等方面。例如，在某关键技术研发项目中，实施计划后项目交付周期缩短了 18%，研发成本降低了 12%，产品质量也得到了明显提升。

（二）员工工作表现提升

员工工作效率平均提升了 20%。以广告业务部门为例，员工在处理客户的广告投放需求时，响应速度加快，广告投放效果优化，客户满意度提高了 15%。离职率下降了 15%，员工对企业的归属感和忠诚度显著增强。在一项针对全体员工的调查中，超过 85% 的员工表示愿意长期留在 G 公司工作，较计划实施前提高了 10 个百分点。工作满意度增长 30%，员工对工作环境、职业发展机会和企业关怀的认可度显著提高。

（三）企业文化强化

"Mental Health 2.0 计划"的实施，使 A 公司"以人为本"的企业文化得到进一步强化。员工深切地感受到企业对他们心理健康的重视和关怀，团队凝聚力明显增强。在企业外部，这一计划也为 G 公司树立了良好的雇主品牌形象，吸引了更多优秀人才的关注和加入。在当年的校园招聘中，G 公司收到的简历数量比上一年增长了 25%，其中不乏来自顶尖高校和科研机构的优秀毕业生。

"Mental Health 2.0 计划"通过创新的手段和全面的实施策略，成功提升了 G 公司员工的心理健康水平，为企业带来了显著的经济效益和文化价值，成为积极组织行为学在企业人力资源管理中应用的成功范例，为其他企业提供了宝贵的借鉴经验。

案例二：N 公司全球化 HR SaaS 实践——信息化管理的效率革命

一、背景与挑战

在全球倡导绿色能源转型的大趋势下，新能源产业蓬勃发展，N 公司作为全球领先的动力电池系统提供商，抓住机遇，积极推进全球化战略布局。2023 年，N 公司迎来了海外市场的高速拓展期，新增 5 个国家的生产基地，业务版图迅速扩大。

然而,全球化扩张也给 N 公司的人力资源管理带来了前所未有的挑战。不同国家和地区有着各自独特的法律法规、文化习俗与劳动用工政策。例如,欧盟 GDPR 对员工数据的收集、存储、使用和共享提出了极高的要求,企业一旦违规,将面临巨额罚款;美国 EEOC 则重点监管企业在招聘、晋升、薪酬等方面是否存在歧视行为。

传统的人力资源管理系统和模式在应对这些复杂的海外用工环境时显得力不从心。数据分散、流程烦琐,使得跨地区的人力资源管理难以实现高效协同。在处理不同国家的薪酬计算、社保缴纳、签证办理等事务时,容易出现数据错误和信息延误,不仅增加了运营成本,还带来了巨大的合规风险。同时,由于缺乏统一的数字化平台,无法及时获取和分析海外人力资源数据,管理层难以做出科学、精准的决策,严重制约了 N 公司全球化战略的推进。因此,引入先进的数字化工具,实现人力资源管理的升级,成为 N 公司亟待解决的关键问题。

二、解决方案

为了突破人力资源管理的困境,N 公司引入了 Workday HR SaaS 平台,并结合本地化插件,打造了一套创新的全球化人力资源管理解决方案。

(一)智能合规管理

Workday HR SaaS 平台具备强大的智能合规管理功能,能够自动适配全球 150 多个国家的个税规则,计算错误率低于 0.1%。这一功能极大地提高了薪酬计算的准确性和效率,避免了因个税计算错误引发的税务纠纷和法律风险。

针对德国蓝卡签证办理流程复杂、时间敏感的问题,N 公司部署了德国蓝卡签证预警系统。该系统实时跟踪签证申请进度,一旦出现潜在风险或延误的情况,会及时发出预警,提醒人力资源部门采取相应措施,有效降低了因签证问题导致的用工风险,确保海外员工能够顺利入职和工作。

（二）多语言自助服务

为了提升海外员工的体验，N 公司搭建了支持 12 种语言的员工自助服务平台。员工可以通过该平台便捷地查询个人信息、薪酬明细、福利政策等，还能在线提交请假、报销、轮岗申请等各类业务。在轮岗申请方面，实现了自动化审批流程，员工只需在系统中提交申请，系统会根据预设的规则和权限，自动流转到相关审批人进行处理，大大缩短了审批周期，提高了工作效率。这一举措不仅方便了员工，还增强了员工对企业的认同感和归属感。

（三）数据驱动决策

N 公司利用 Workday HR SaaS 平台的薪酬公平分析模块，对不同性别、种族、职位的员工薪酬数据进行深入的分析。通过数据挖掘和可视化展示，能够快速识别出潜在的薪酬差距问题，并及时采取措施进行调整。例如，在发现某部门存在性别薪酬差距后，N 公司通过重新评估岗位价值、调整薪酬结构等方式，消除了这一差距。这一举措使得员工满意度提升了 25%，有效促进了企业内部的公平与和谐。

三、实施过程

（一）前期规划与系统选型

N 公司成立了由人力资源专家、信息技术人员、法务人员组成的专项项目组，负责全球化人力资源管理系统的选型和实施工作。项目组对市场上主流的 HR SaaS 平台进行了全面的调研和评估，综合考虑功能适配性、数据安全性、供应商口碑等因素，最终选择了 Workday HR SaaS 平台。在选型过程中，充分结合了 N 公司的全球化业务需求和未来发展战略，以确保平台能够满足企业长期的人力资源管理需求。

（二）本地化定制与插件开发

Workday平台提供了丰富的可配置选项，但为了更好地适应不同国家和地区的特殊需求，N公司与Workday团队紧密合作，进行了大量的本地化定制开发工作。针对各国的法律法规和政策要求，开发了相应的本地化插件，如德国蓝卡签证预警系统、印尼宗教节日津贴智能配置模块等。同时，对平台的界面和功能进行了优化，使其更符合当地员工的使用习惯和文化背景。

（三）数据迁移与系统测试

在系统实施过程中，数据迁移是关键环节。N公司制订了详细的数据迁移计划，以确保原有系统中的员工信息、薪酬数据、绩效记录等重要数据能够准确、完整地迁移到Workday HR SaaS平台。在迁移过程中，进行了多轮数据校验和测试，确保了数据的准确性和完整性。同时，对Workday平台的各项功能进行了全面测试，包括薪酬计算、考勤管理、招聘流程、员工自助服务等，及时发现并解决了系统中存在的问题，保证了系统上线后的稳定运行。

（四）员工培训与推广

系统上线前，N公司组织了大规模的员工培训活动，帮助员工熟悉新系统的操作流程和功能特点。培训内容涵盖了线上视频教程、线下实操培训、模拟业务演练等多种形式，确保员工能够熟练使用Workday HR SaaS平台进行日常工作。同时，通过内部宣传渠道，向员工宣传新系统的优势和价值，提高员工对系统的接受度和使用积极性。

四、结果评价

N公司2023年ESG报告显示，引入Workday HR SaaS平台并实施相关创新举措后，取得了显著的成效。

（一）成本降低

海外 HR 运营成本降低了 35%。通过自动化的薪酬计算、考勤管理等功能，减少了人工操作和错误，提高了工作效率，降低了人力成本。同时，系统的优化和整合减少了对多个系统的维护和管理成本，实现了资源的高效利用。

（二）风险管控

合规风险事件减少了 90%。智能合规管理功能和本地化插件的应用，确保了 N 公司在全球范围内的人力资源管理严格遵守当地法律法规，有效避免了因违规行为带来的罚款和声誉损失。德国蓝卡签证预警系统的部署，使得签证办理过程更加顺畅，降低了因签证问题导致的用工风险。

（三）效率提升

员工入职周期缩短了 50%。通过招聘流程的数字化和自动化，从简历筛选、面试安排到入职手续办理，各个环节都实现了高效协同，大大缩短了新员工的入职时间，使企业能够更快地获取所需人才，满足业务发展需求。

（四）员工满意度提升

通过薪酬公平分析和调整，以及对多语言自助服务平台的搭建，员工满意度得到了显著提升。数据透明化增强了员工对企业的信任，员工感受到企业对他们的公平对待和关怀，工作积极性和忠诚度得到提高，为 N 公司在新能源领域的持续领先提供了坚实的人才保障。

N 公司的全球化 HR SaaS 实践，成功实现了人力资源管理的效率革命，为企业的全球化发展提供了有力的支持，也为其他企业在应对全球化人力资源管理挑战时提供了宝贵的借鉴经验。

参考文献

[1] 张道海,金帅.企业信息化管理与创新 [M].北京:机械工业出版社,2024.

[2] 朱影影,王新艳.企业管理方法与创新研究 [M].长春:吉林人民出版社,2023.

[3] 张永祥,马飞,刘春红,等.商业模式重塑与升级 [M].北京:企业管理出版社,2023.

[4] 鲍秀文.大数据时代下企业财务管理发展与创新 [M].西安:西北工业大学出版社,2023.

[5] 陆昊,于水,姜小花.企业经济管理理论创新与发展研究 [M].北京:中国商业出版社,2023.

[6] 杨玉娟,郭志超,高文翰.企业管理改革与创新 [M].长春:吉林出版集团股份有限公司,2022.

[7] 寇改红,于新茹.现代企业财务管理与创新发展研究 [M].长春:吉林人民出版社,2022.

[8] 王剑华.企业管理创新与内部控制 [M].长春:吉林科学技术出版社,2022.

[9] 邴玉阶.企业管理改革与创新 [M].北京:中国原子能出版社,2022.

[10] 欧立光.信息化背景下企业人力资源管理创新研究 [M].长春:吉林大学出版社,2021.

[11] 纪莉莉,魏来.企业创新管理 [M].北京:中国纺织出版社有限公司,2021.

[12] 成静.中小企业财务会计准则解析与管理实务 [M].西安:西北工业大学出版社,2021.

[13] 敖翔.企业管理的创新模式 [M].长春:吉林出版集团股份有限公司,2020.

[14] 温晶媛,李娟,周苑.人力资源管理及企业创新研究[M].长春:吉林人民出版社,2020.

[15] 滕兴乐.中小企业管理创新研究[M].长春:吉林人民出版社,2020.

[16] 田占广,冷思平,王明雪.现代企业管理与创新[M].南昌:江西科学技术出版社,2020.

[17] 胡娜.现代企业财务管理与金融创新研究[M].长春:吉林人民出版社,2020.

[18] 张春辉,李锦慧,耿波.企业管理与模式创新[M].延吉:延边大学出版社,2019.

[19] 郑谢臣.中小企业管理创新视角与运营[M].北京:航空工业出版社,2019.

[20] 丁蕊.中小企业管理创新[M].长春:吉林出版集团股份有限公司,2019.

[21] 熊淑萍.基于积极组织行为学的心理资本与企业人力资源管理创新研究[M].北京:北京工业大学出版社,2018.

[22] 荆伟.企业管理创新与运营[M].北京:中国纺织出版社,2017.

[23] 季德富.动态开放大环境下的现代企业管理研究[M].北京:中国商务出版社,2016.

[24] 林海芬.中国企业引进型管理创新理论与实践研究[M].北京:中国人民大学出版社,2015.

[25] 宋治国.现代企业营销策划与方式研究[M].北京:中国商务出版社,2015.

[26] 孔军.数字化转型下企业管理创新路径探究[J].产业创新研究,2024(13):154-156.

[27] 李科为.现代企业管理创新策略[J].今日财富,2024(20):104-106.

[28] 吴庆刚.新形势下企业管理创新策略研究[J].老字号品牌营销,2024(3):202-204.

[29] 李素敏.加强会计信息化建设 提高企业财务管理水平[J].中国农业会计,2023,33(20):52-54.

[30] 崔姗姗.航空物流企业的财务风险分析与控制[J].纳税,2023,17(18):97-99.

[31]颜哲.经济新常态背景下企业管理模式创新[J].市场瞭望,2023（2）：85-87.

[32]叶成.战略管理视域下的企业管理创新策略[J].科技经济市场,2022（9）：110-112.

[33]刘向辉.企业市场营销管理策略创新化研究[J].经济师,2019（8）：288+290.

[34]陈龙.青岛银行投资银行业务竞争战略研究[D].济南：山东大学,2022.

[35]孟杰.新零售下A超市WJ店营销策略研究[D].成都：电子科技大学,2021.

[36]赵连征.国有企业内控信息化建设[D].西安：西京学院,2020.

[37]丁元虎.YXG公司网络营销研究[D].重庆：西南大学,2020.